出雲鰐淵寺文書

鰐淵寺文書研究会編

法藏館

[illegible]

法藏館

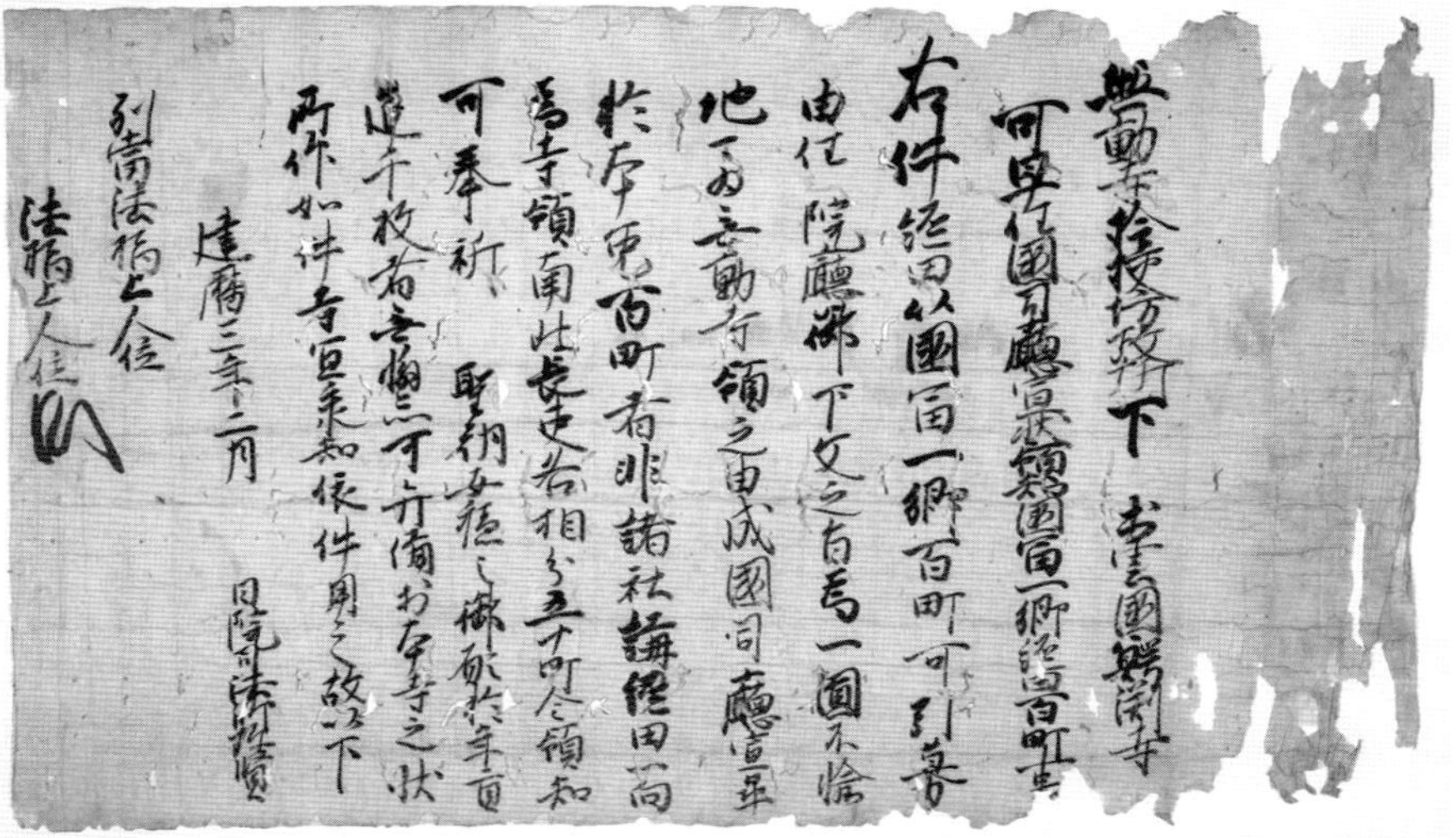

1　無動寺検校坊政所下文

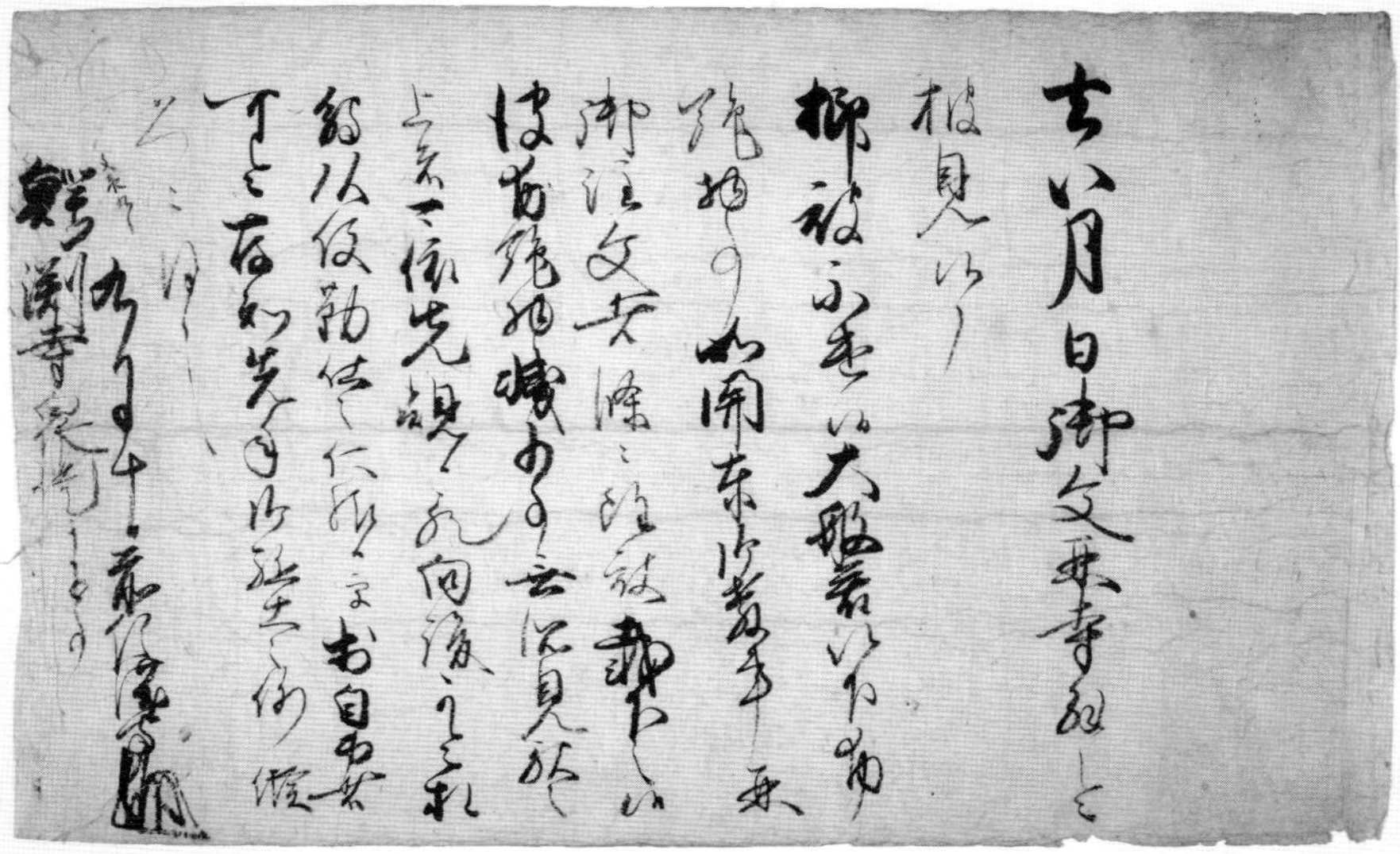

16　出雲守護佐々木泰清書状

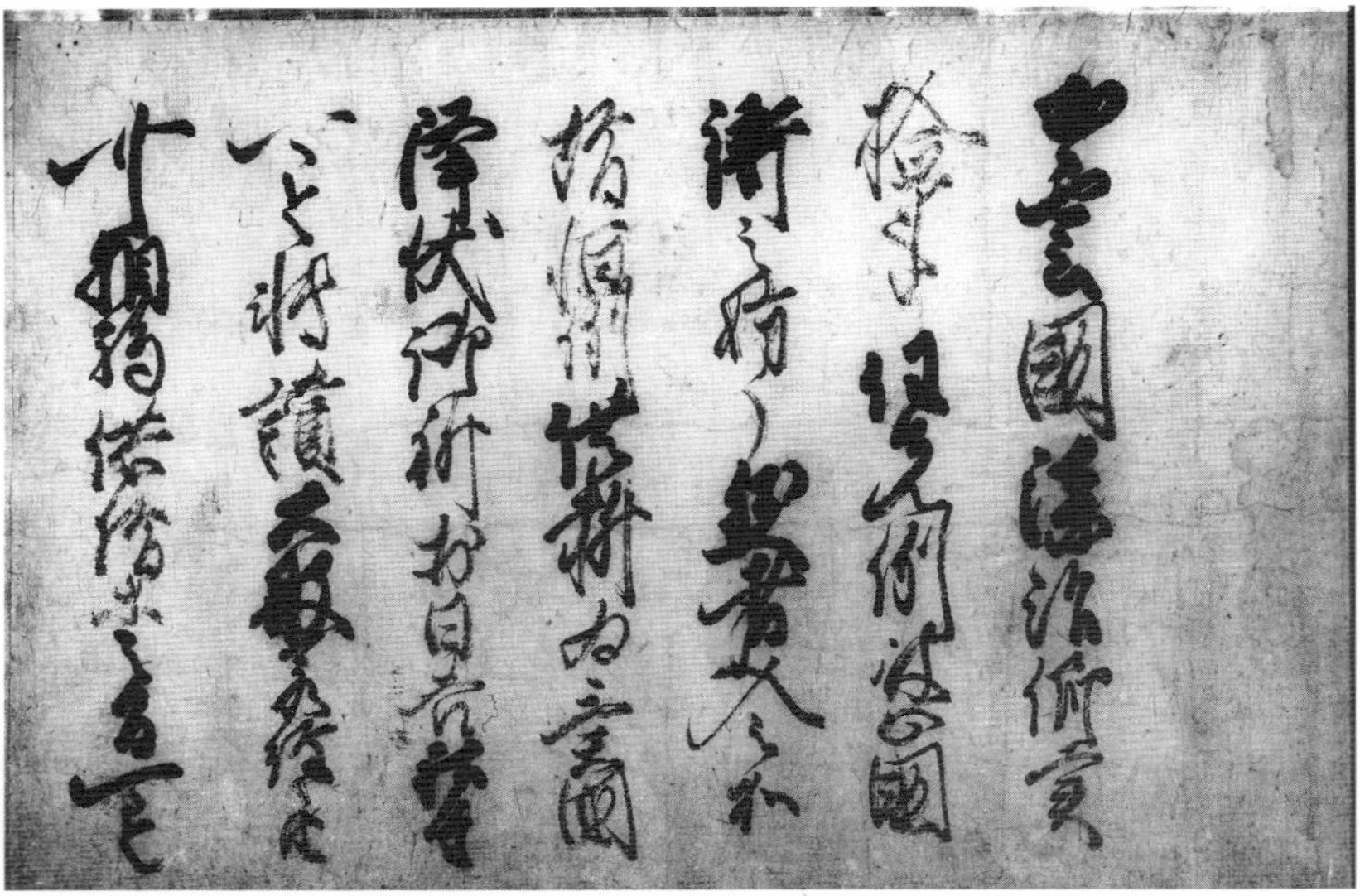

19　後深草上皇院宣

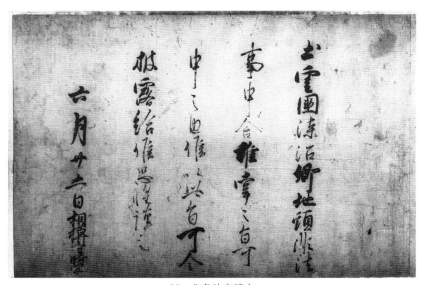

26　北条時宗請文

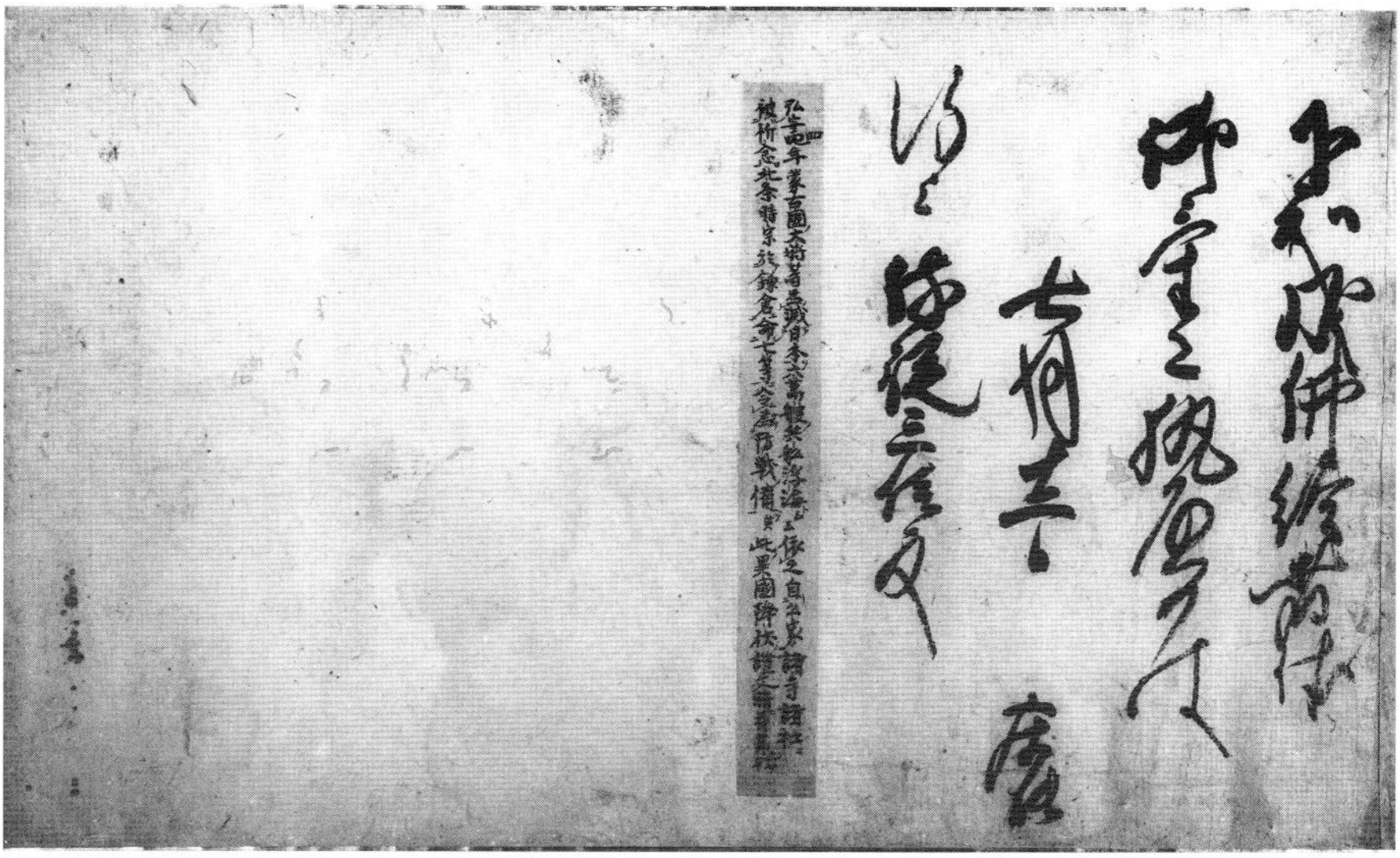

同　右

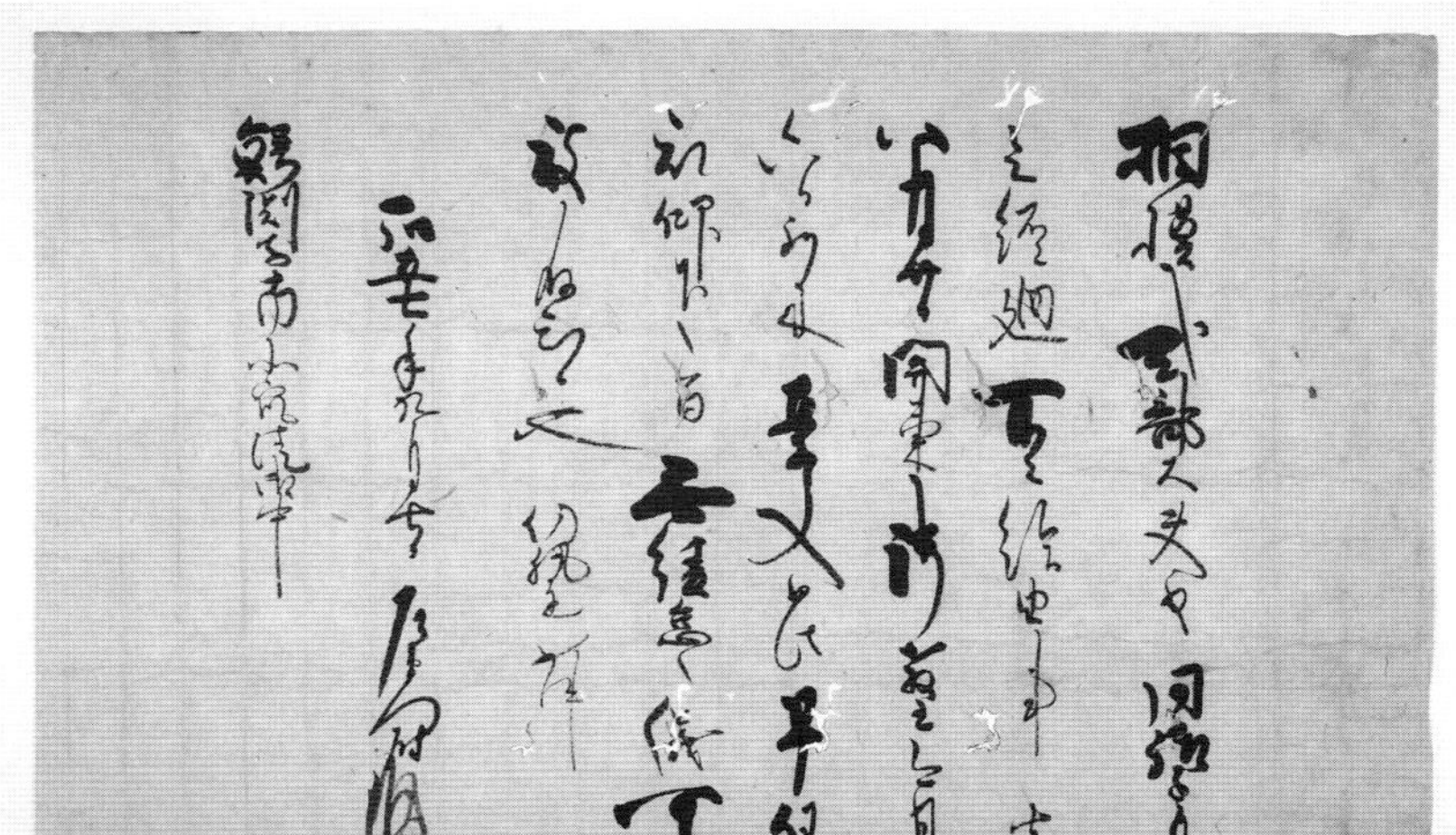

27　出雲守護佐々木頼泰施行状

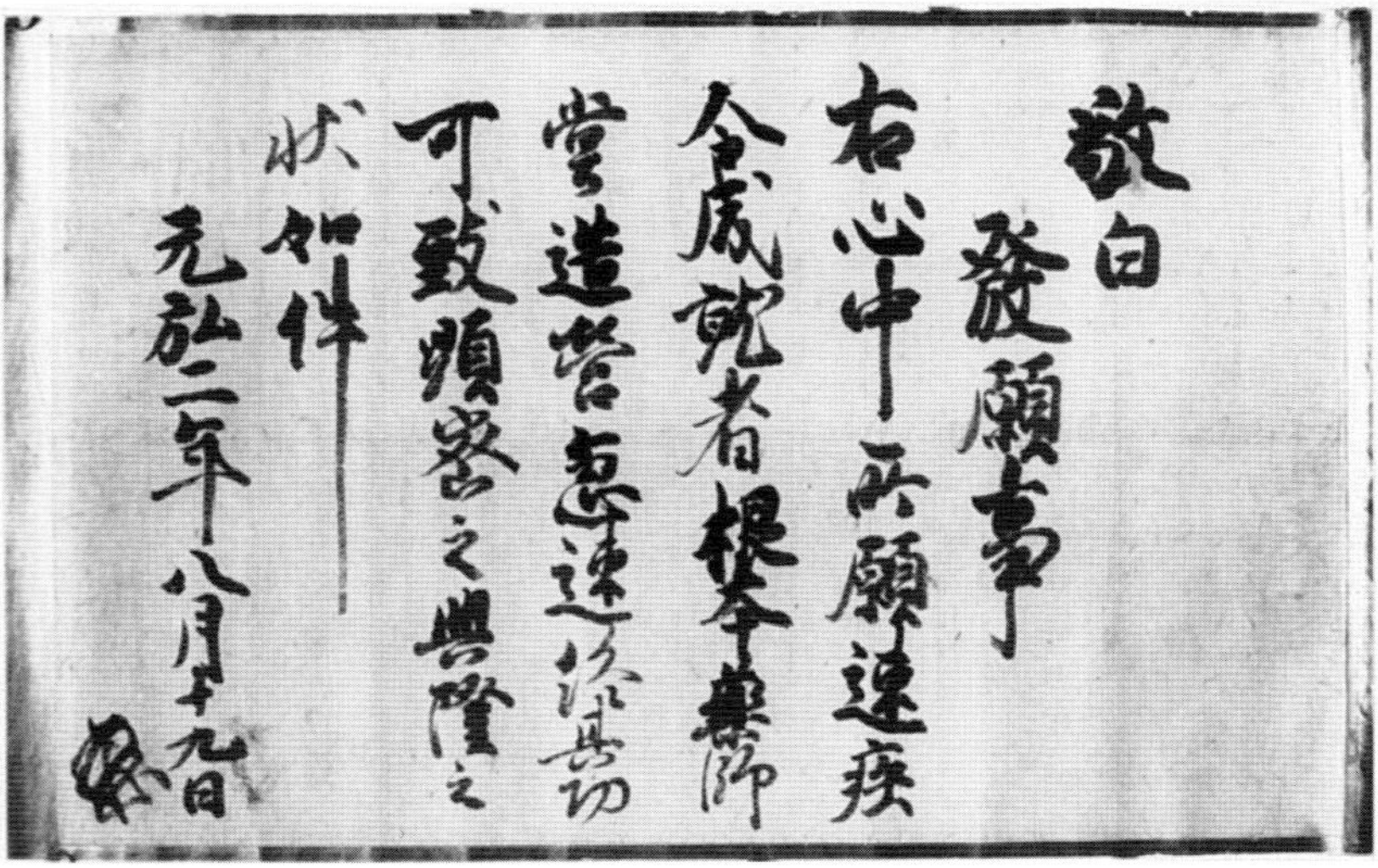

敬白
發願事
右心中所願速疾
令成就者根本薬師
堂造營急速作其功
可致頻繁之興隆之
状如件
元弘二年八月十九日

45　後醍醐天皇願文

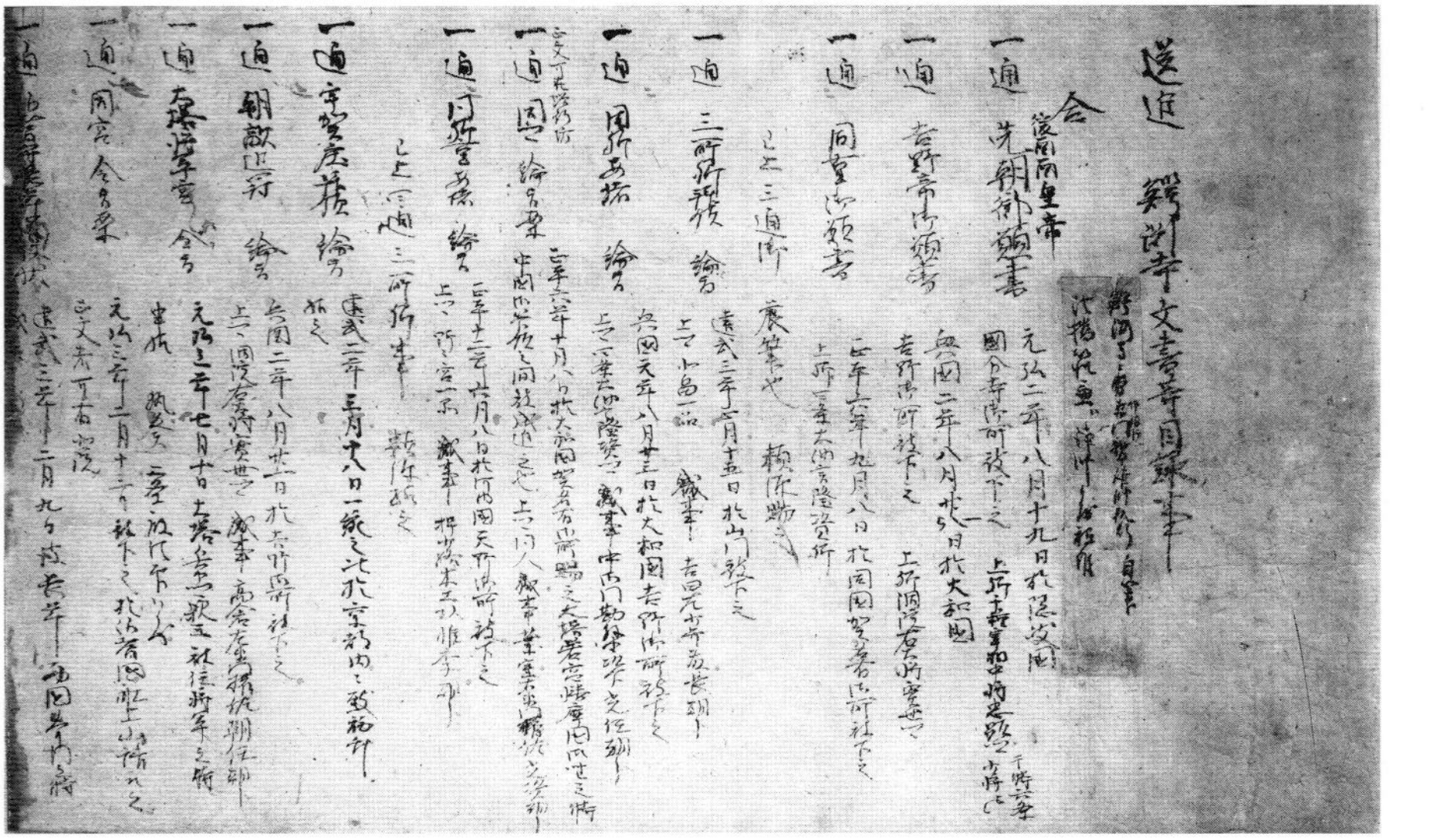

74　頼源文書送進状

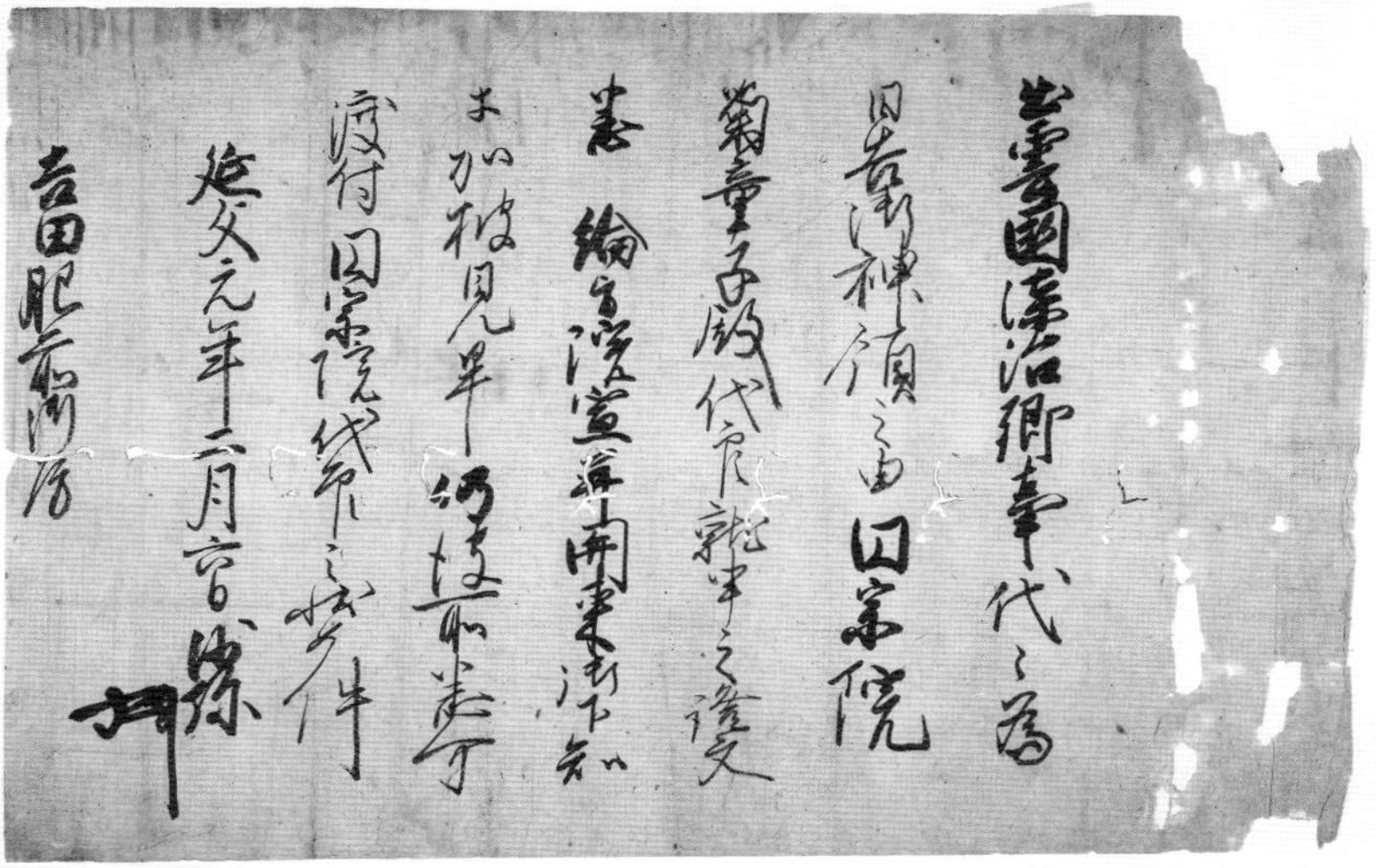

79　出雲守護佐々木導誉書下

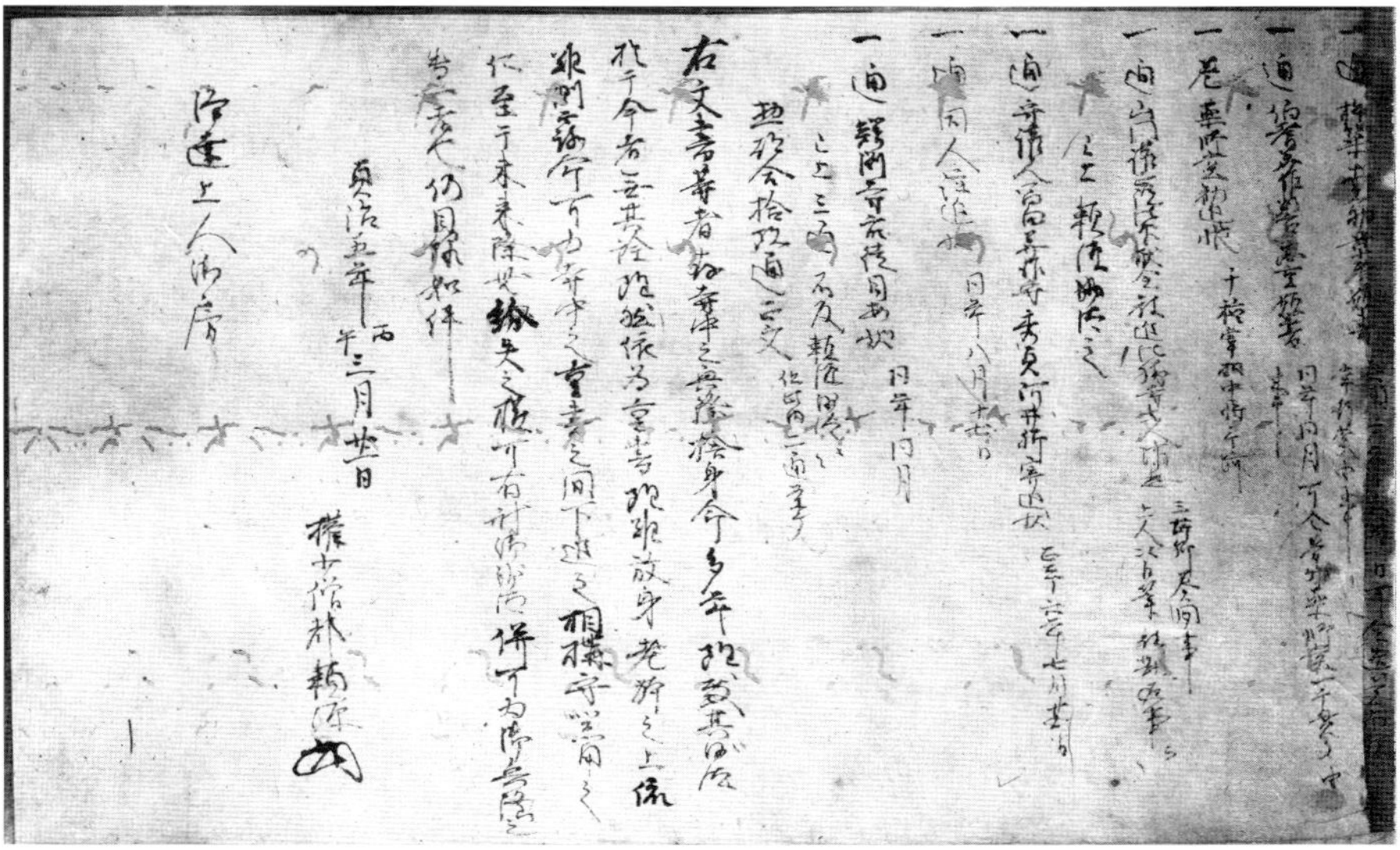

同　右

96　青蓮院義円御教書

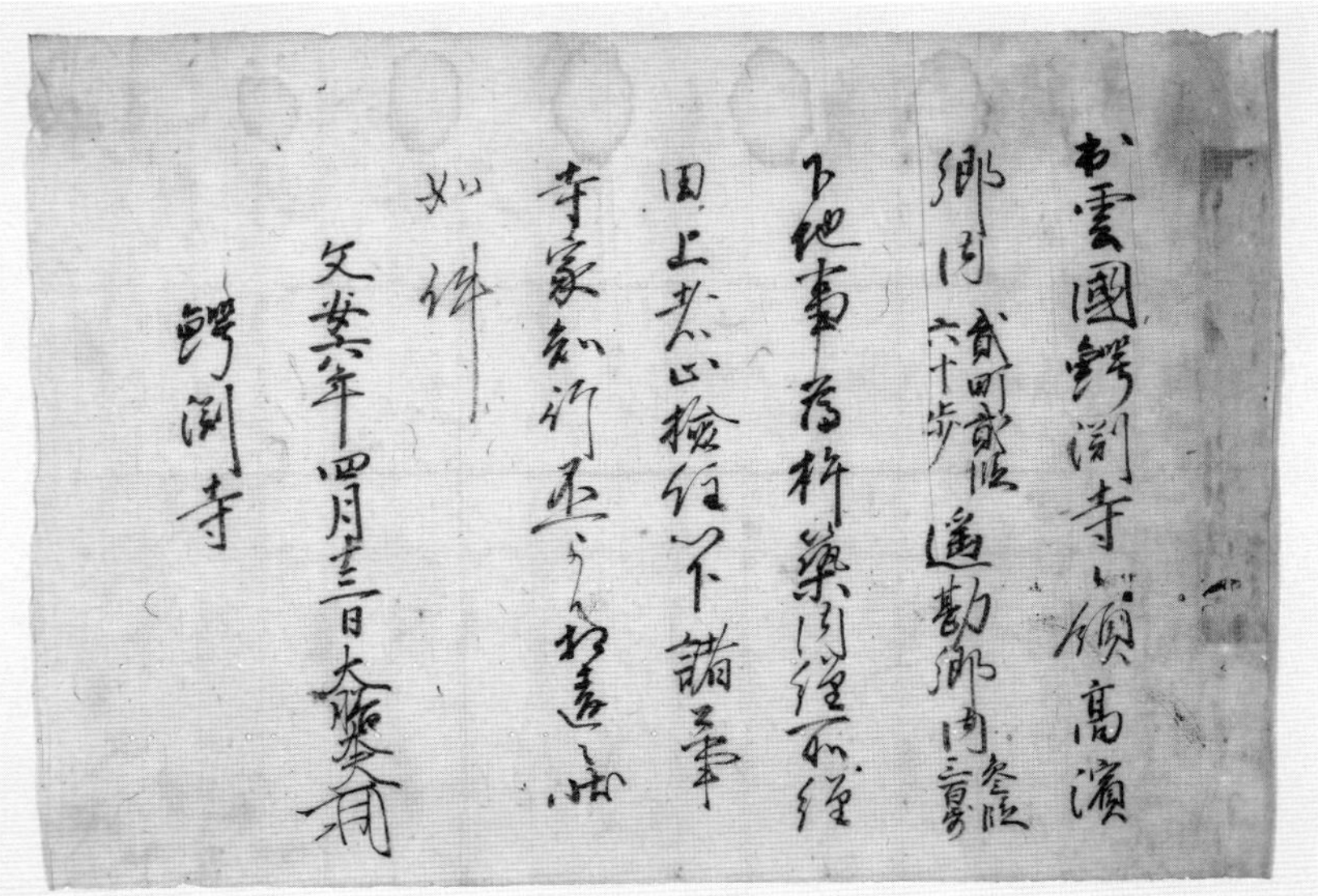

118　出雲守護京極持清書下

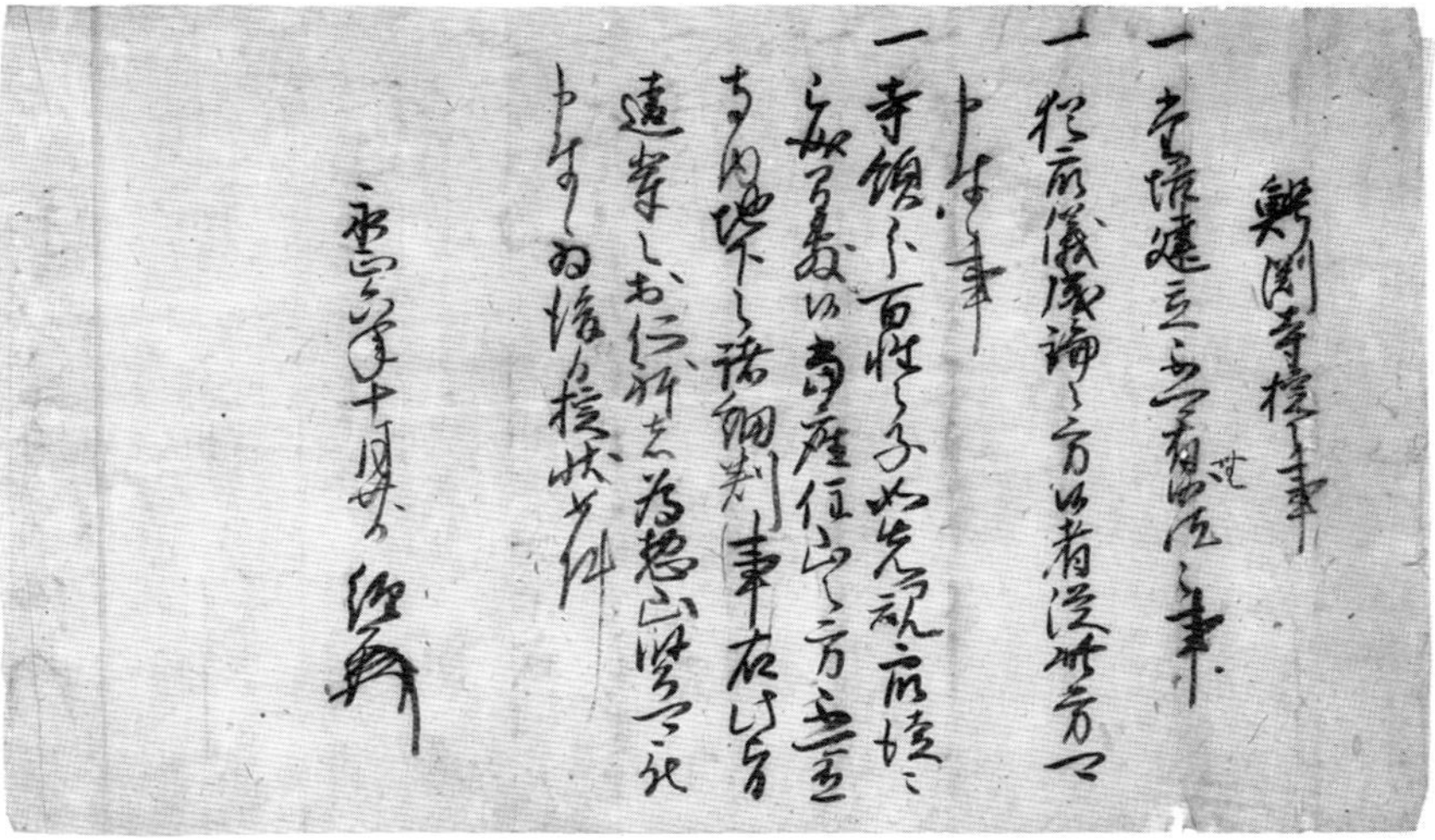

132　尼子経久鰐淵寺掟書

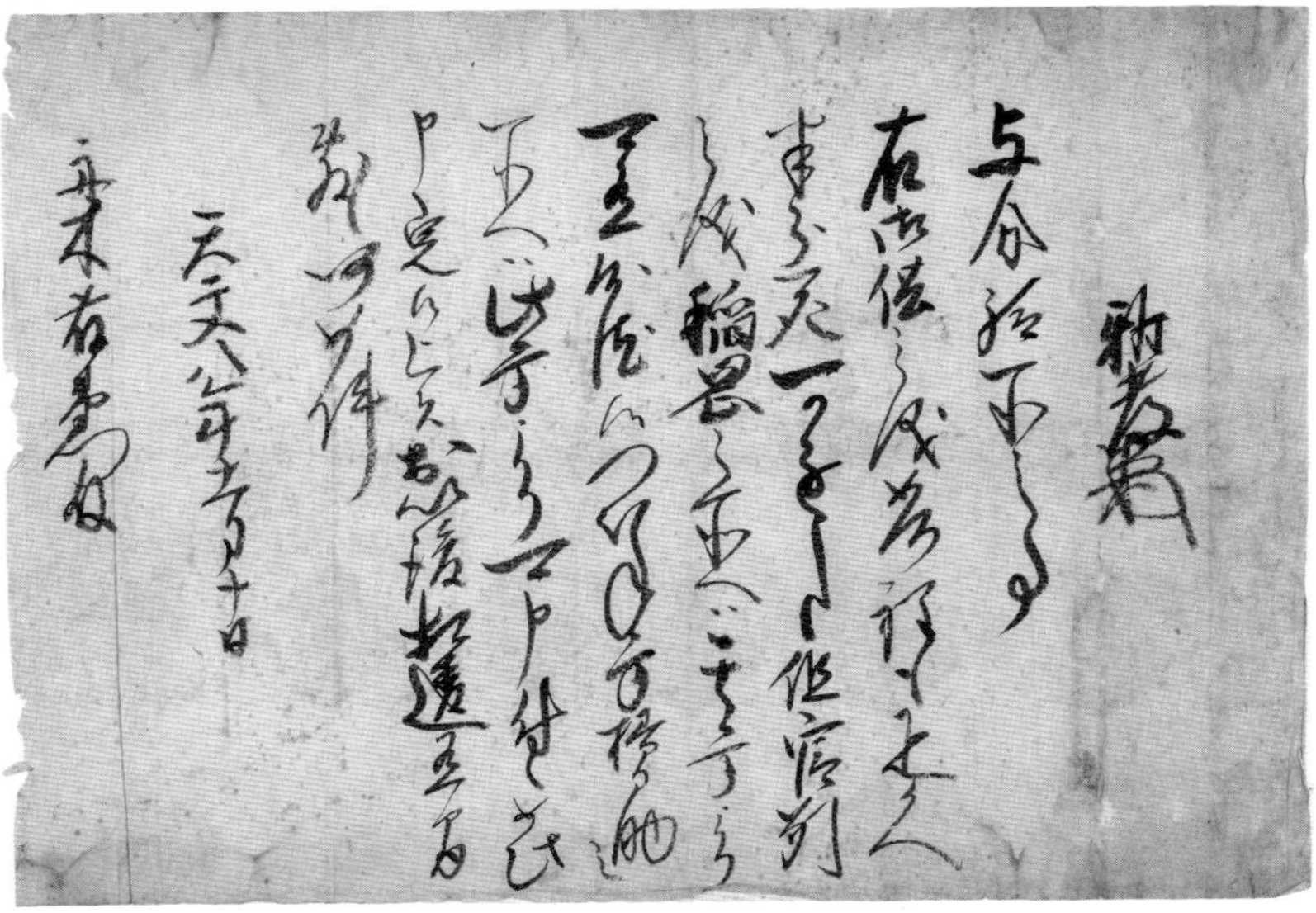

143　北島雅孝書下

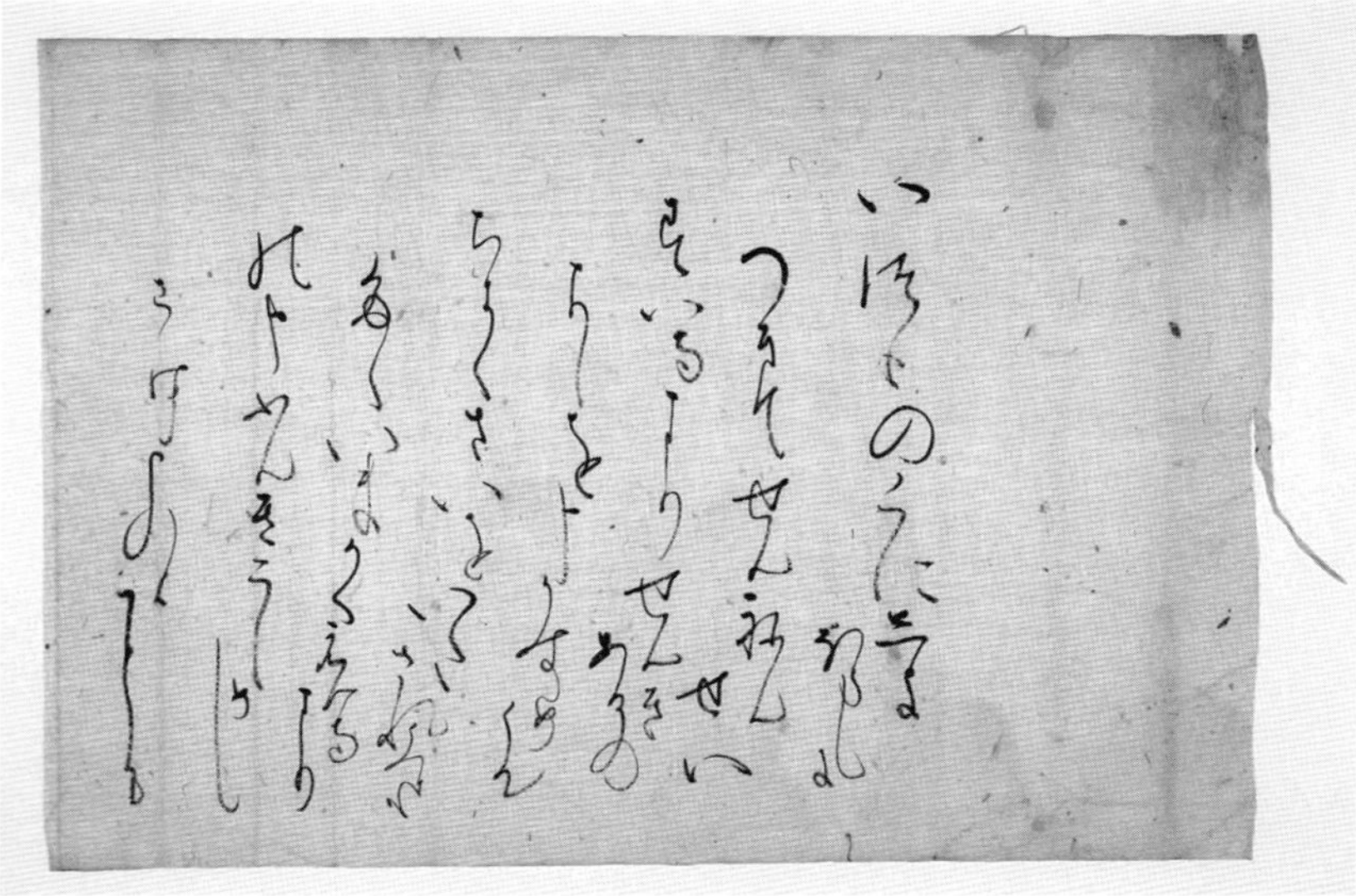

165　後奈良天皇女房奉書

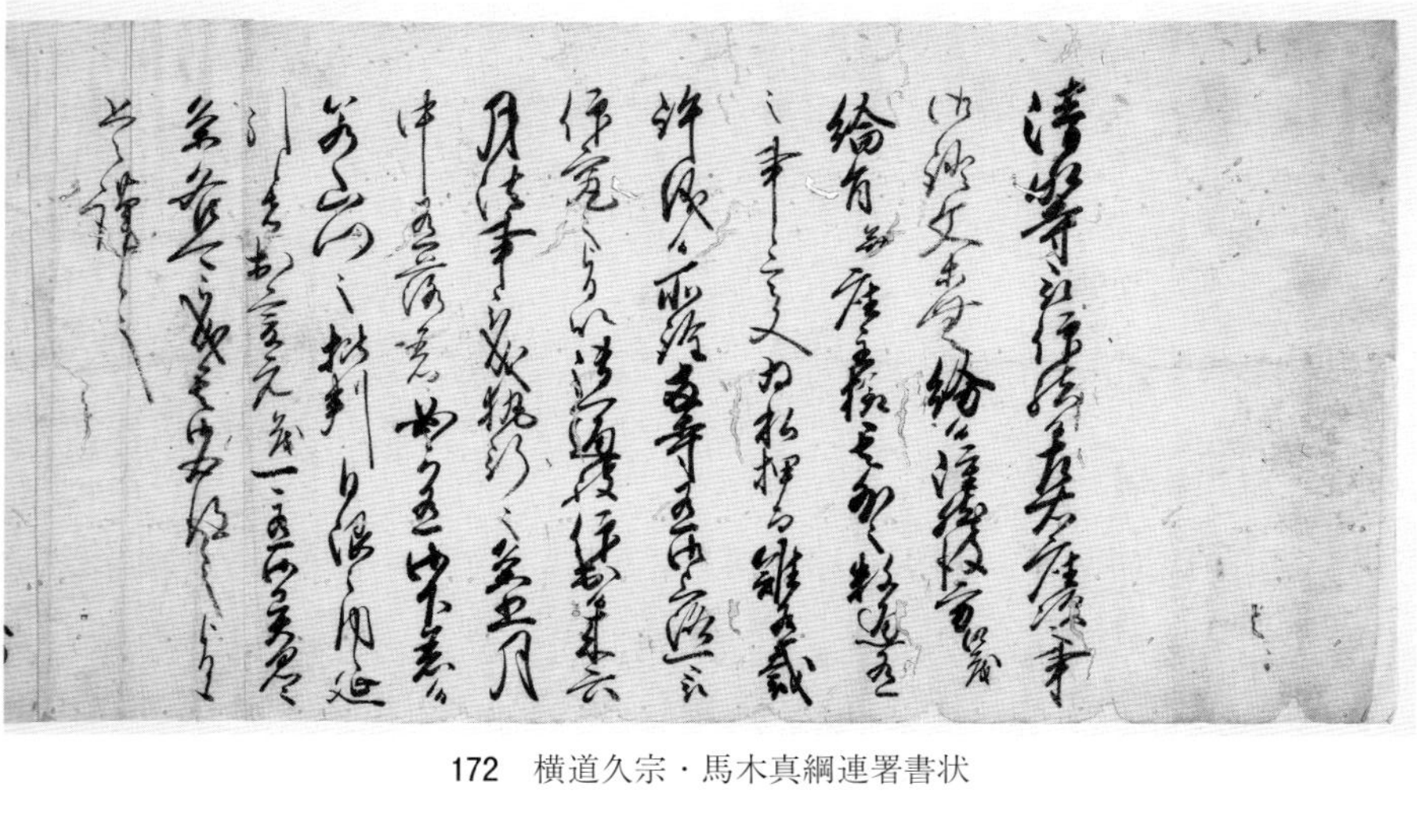

172　横道久宗・馬木真綱連署書状

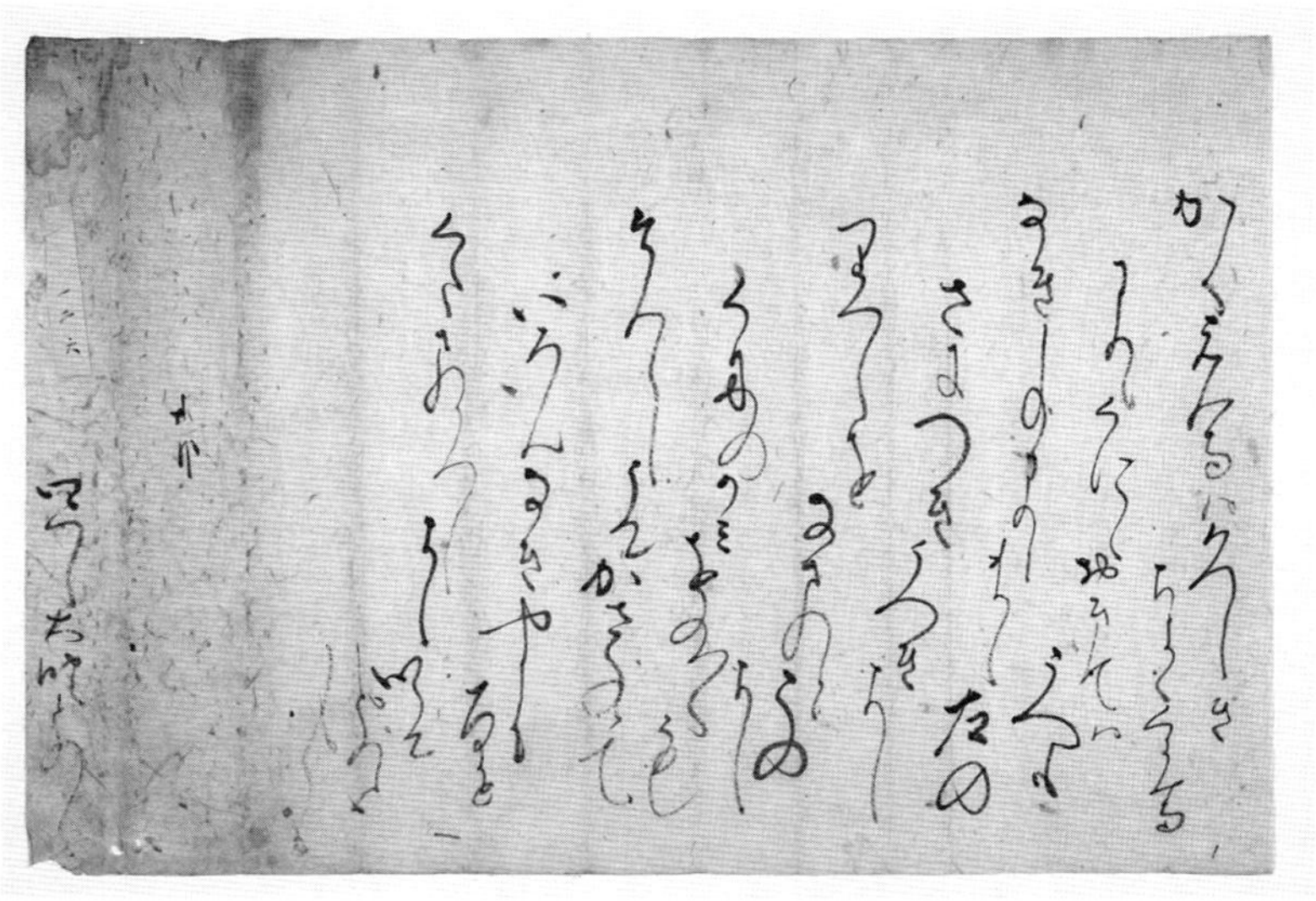

同　右

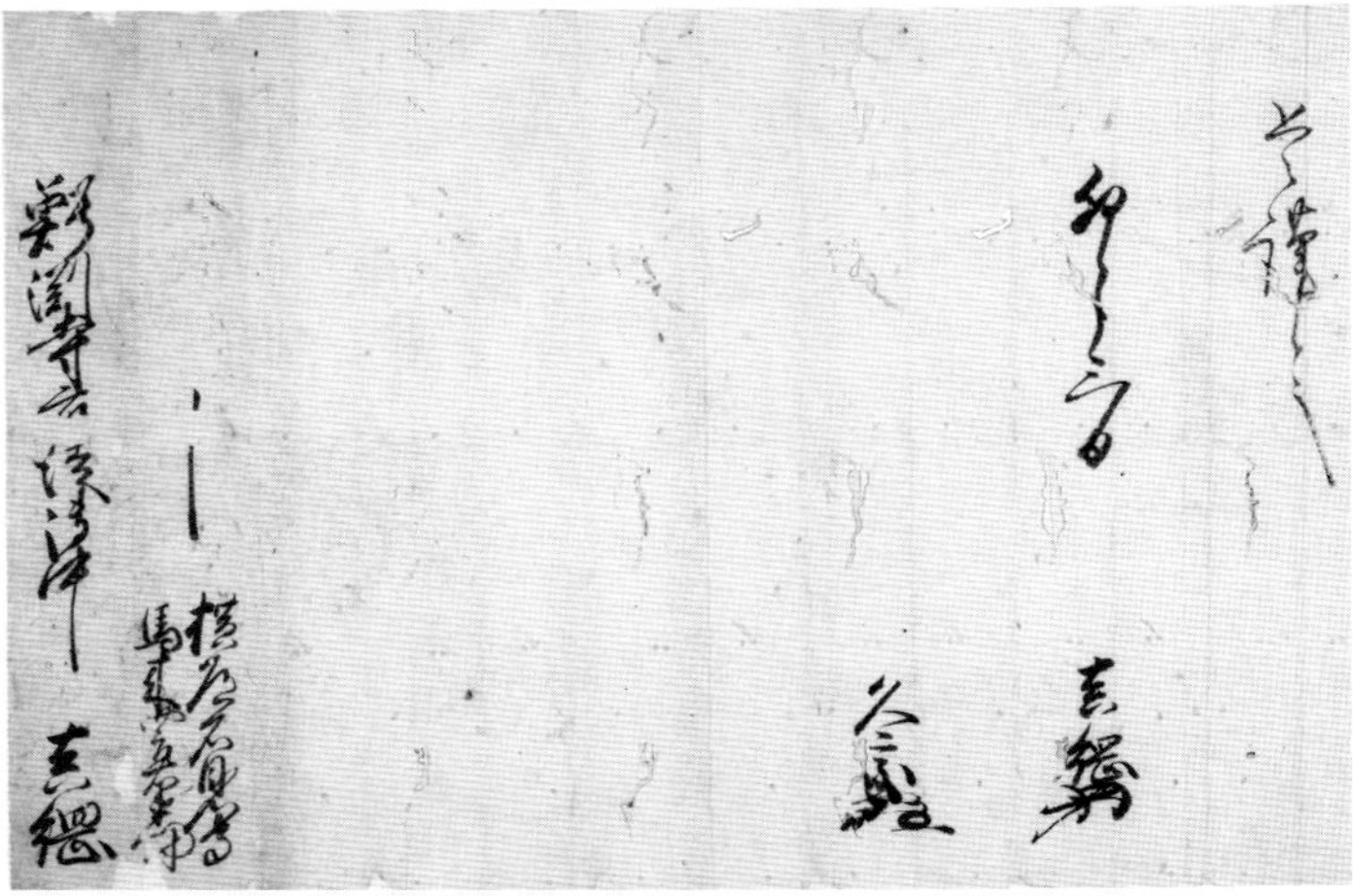

同　右

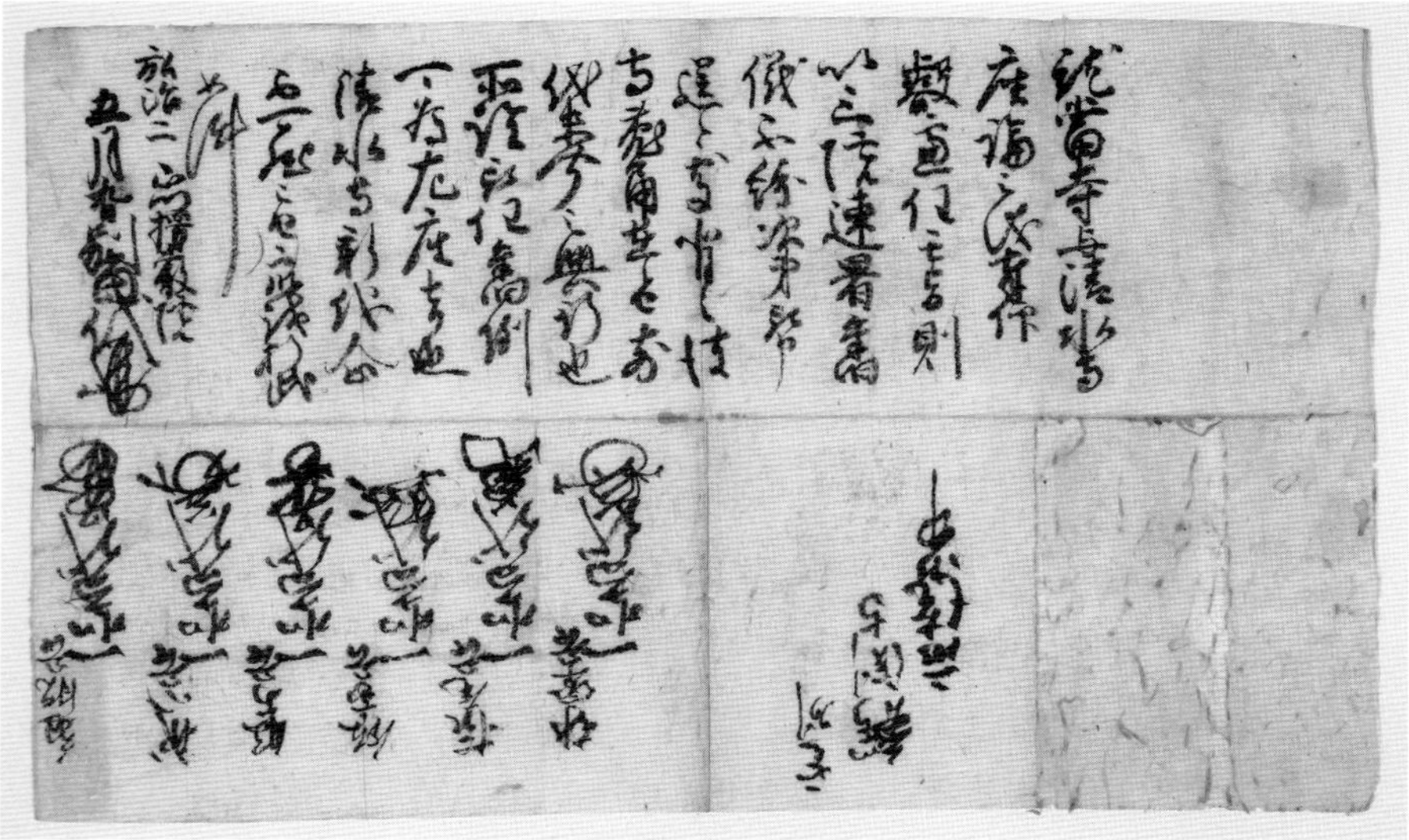

175　延暦寺楞厳院諸谷連署状

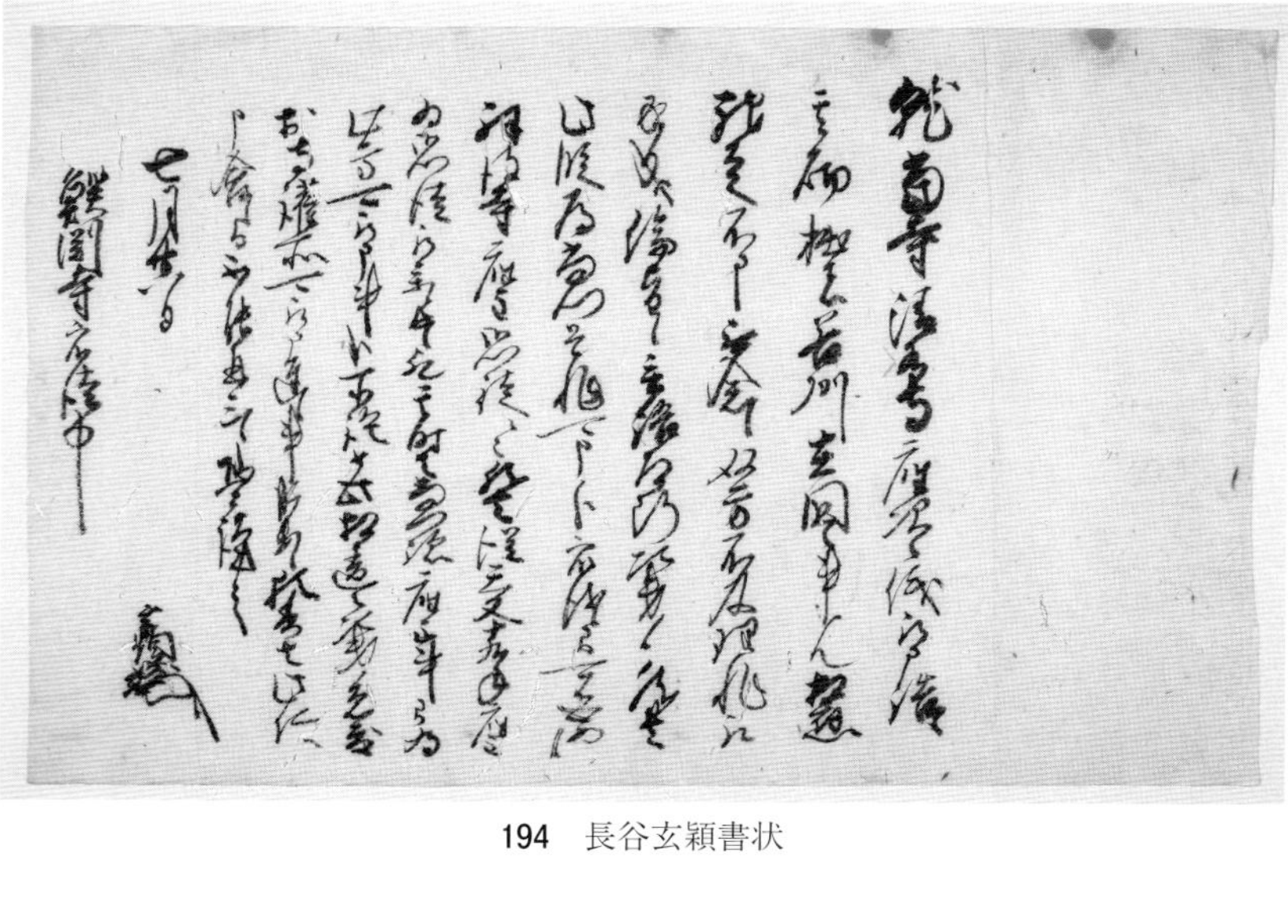

194　長谷玄穎書状

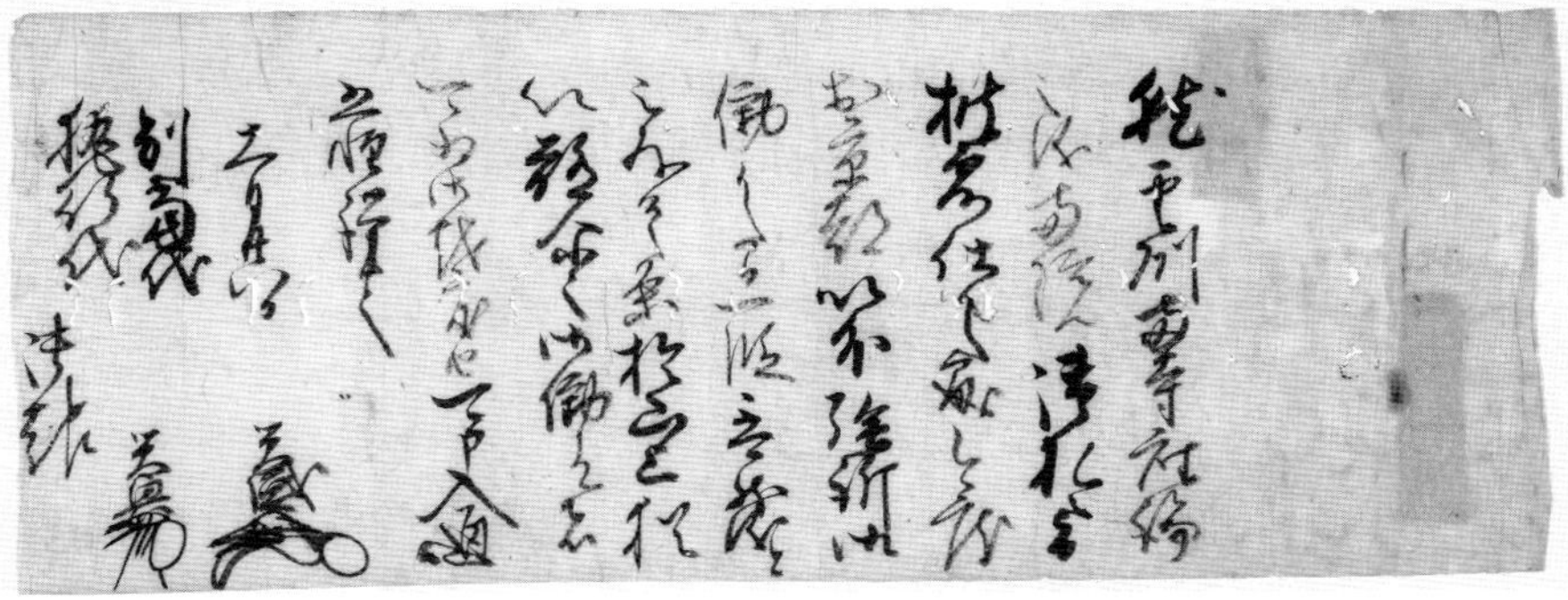

211　六角氏家臣永田賢興・進藤賢盛連署奉書

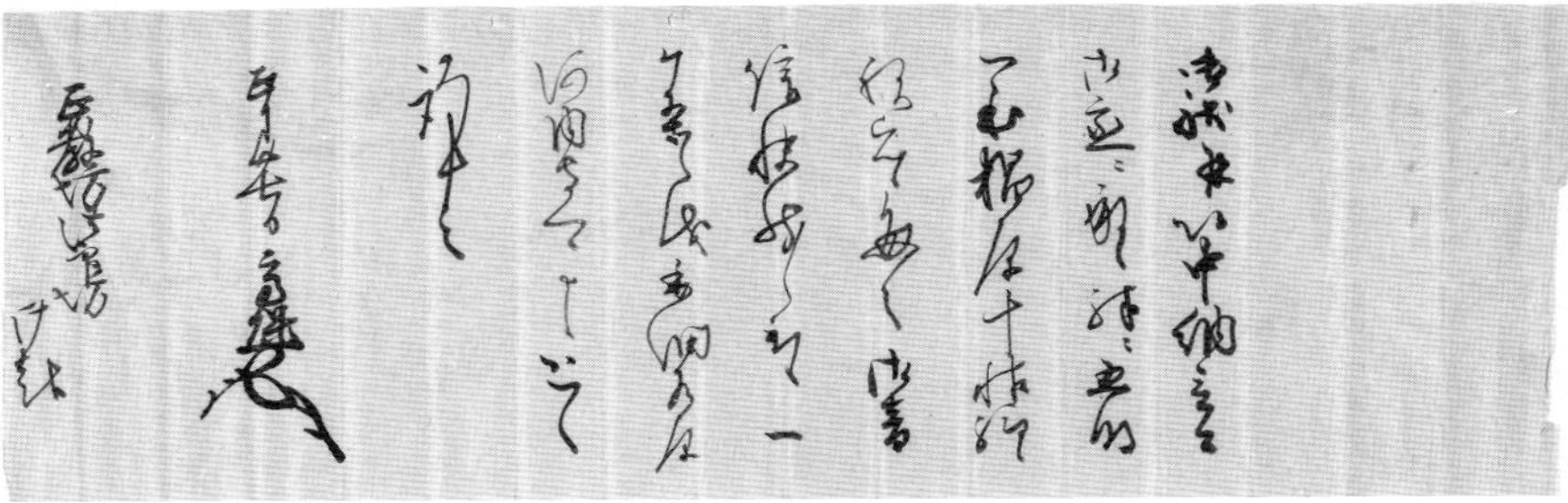

213　大原高保書状

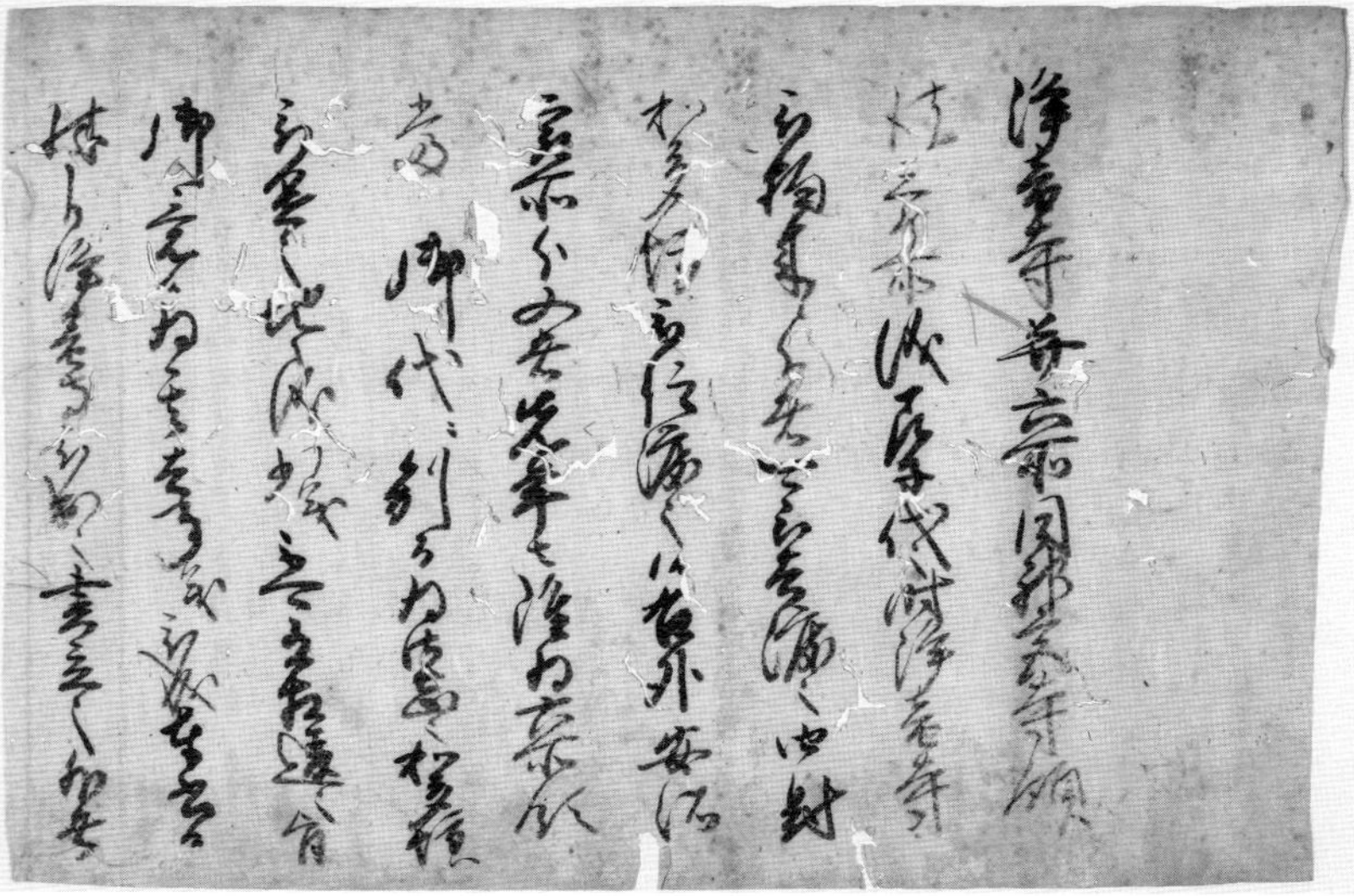

254　毛利氏奉行人連署奉書

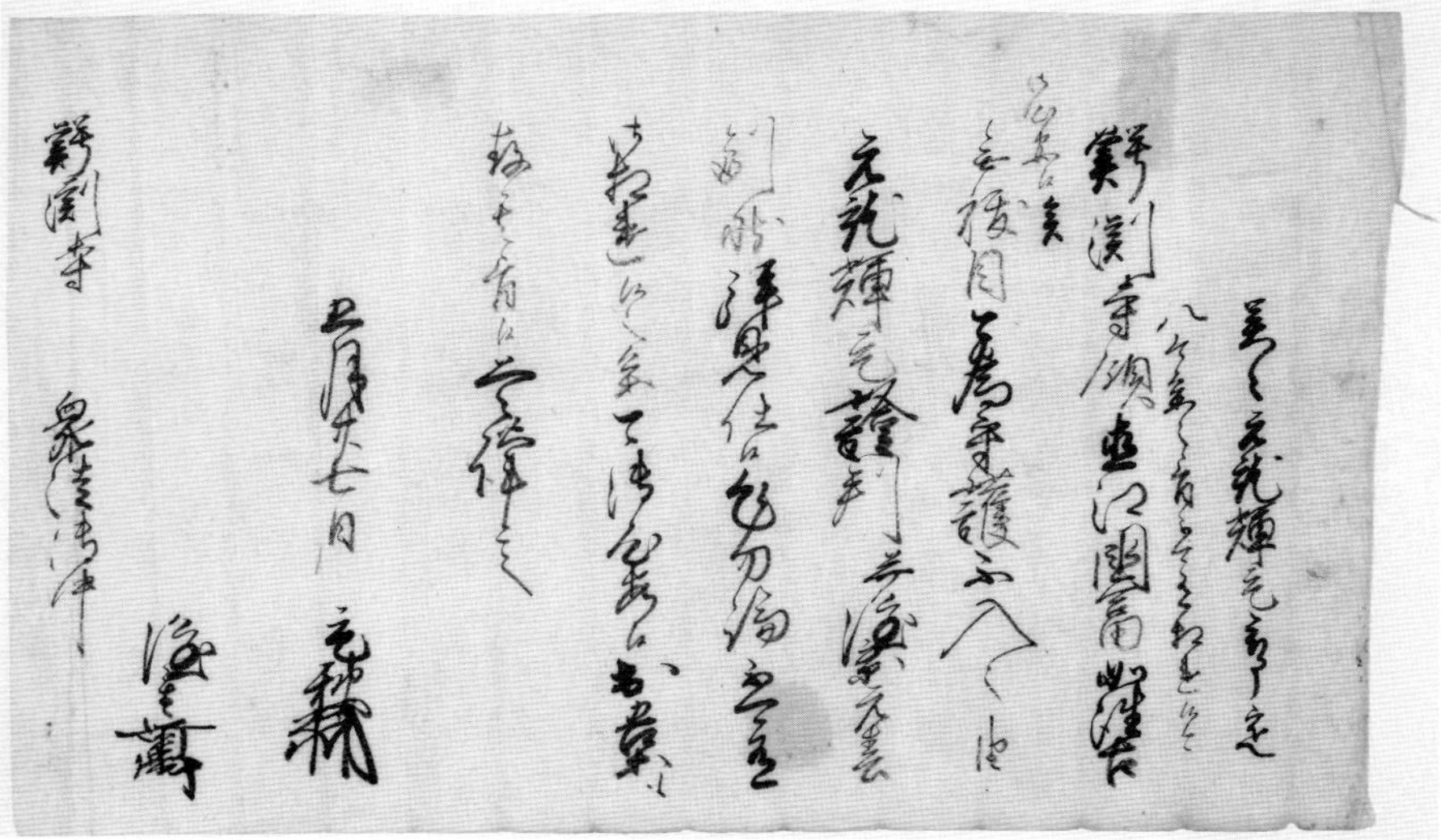

264　天野隆重・毛利元秋連署書状

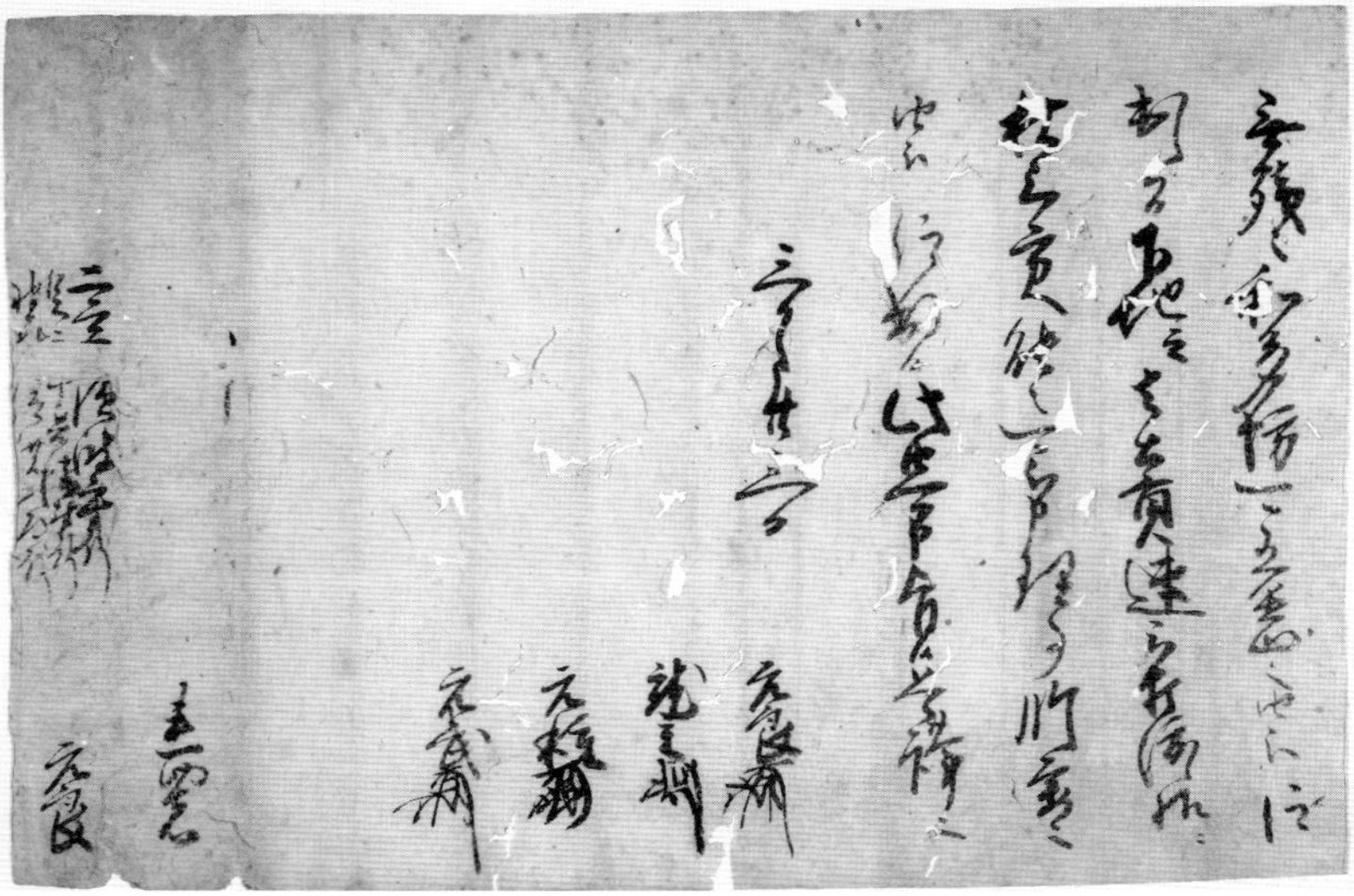

同　右

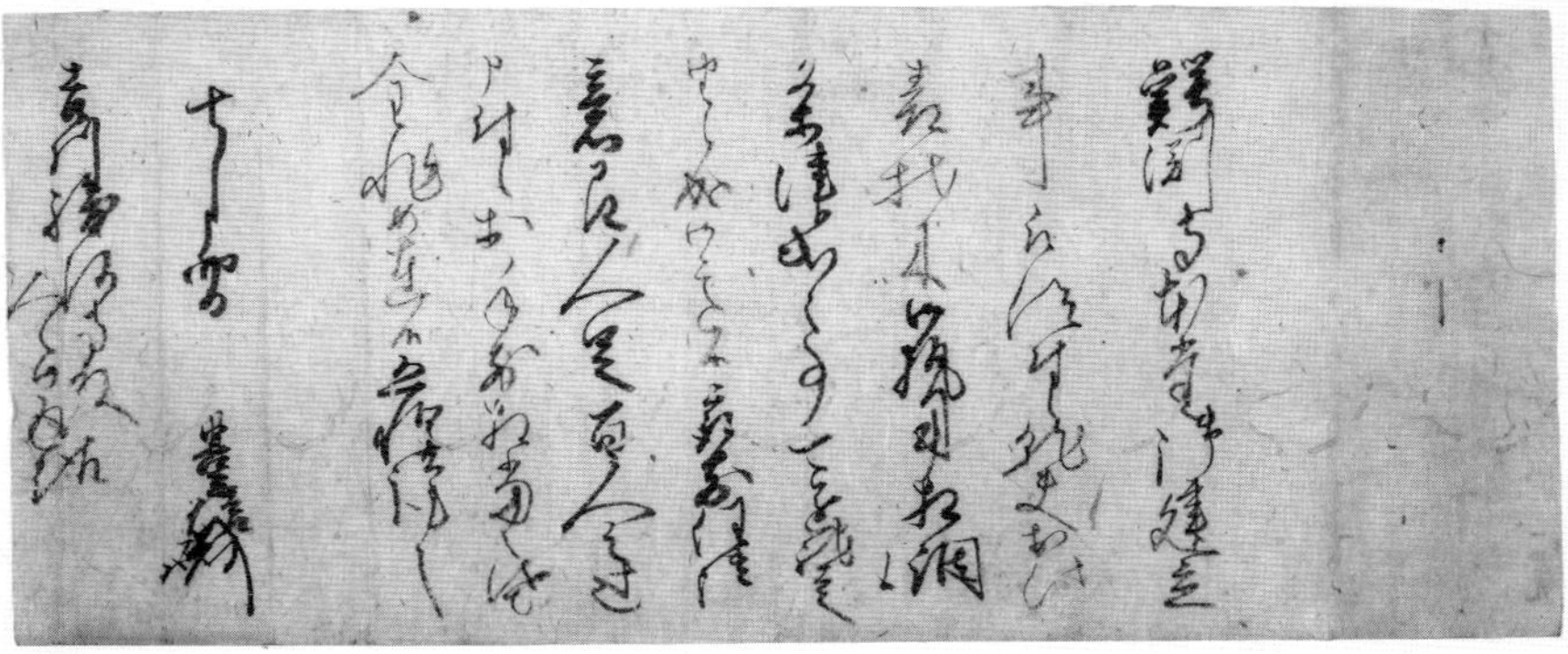

301　武田豊信書状

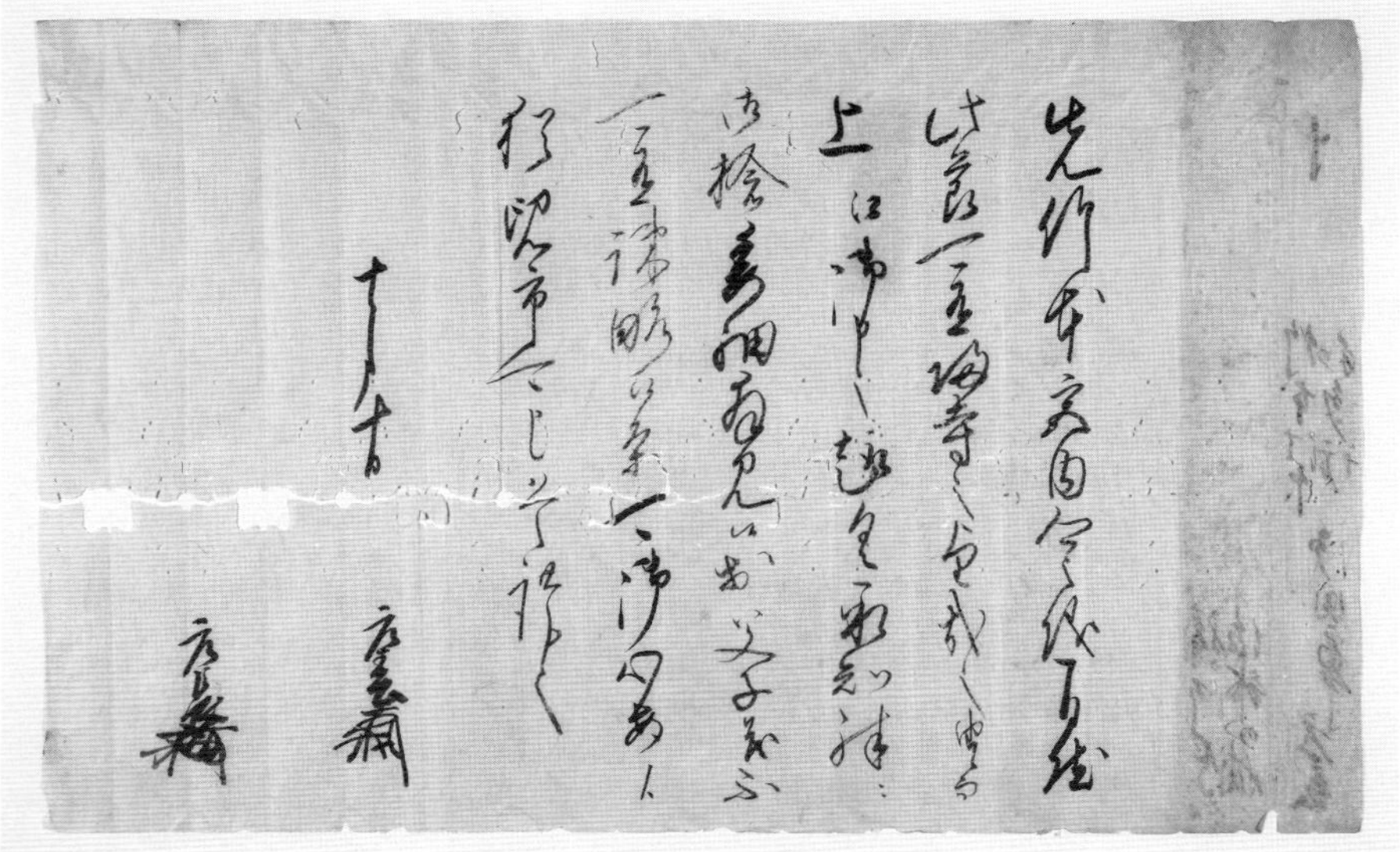

353　吉川元長・同元春連署書状

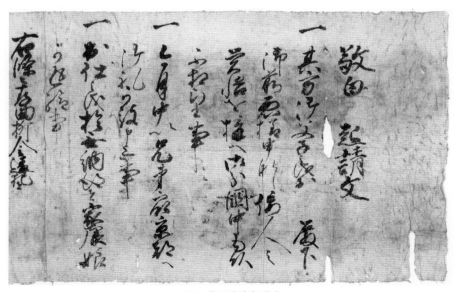

368　徳川家康起請文

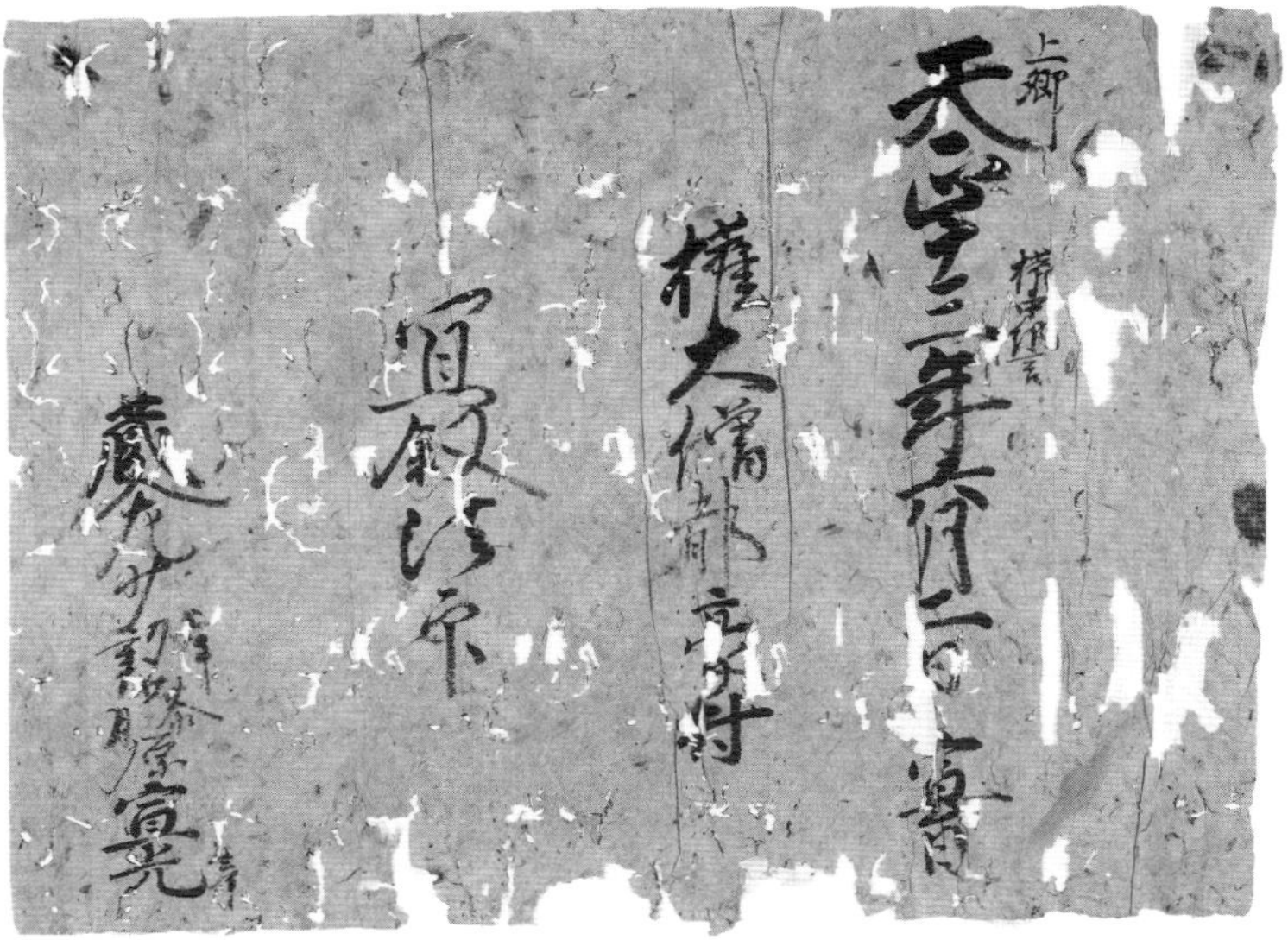

357　正親町天皇口宣案

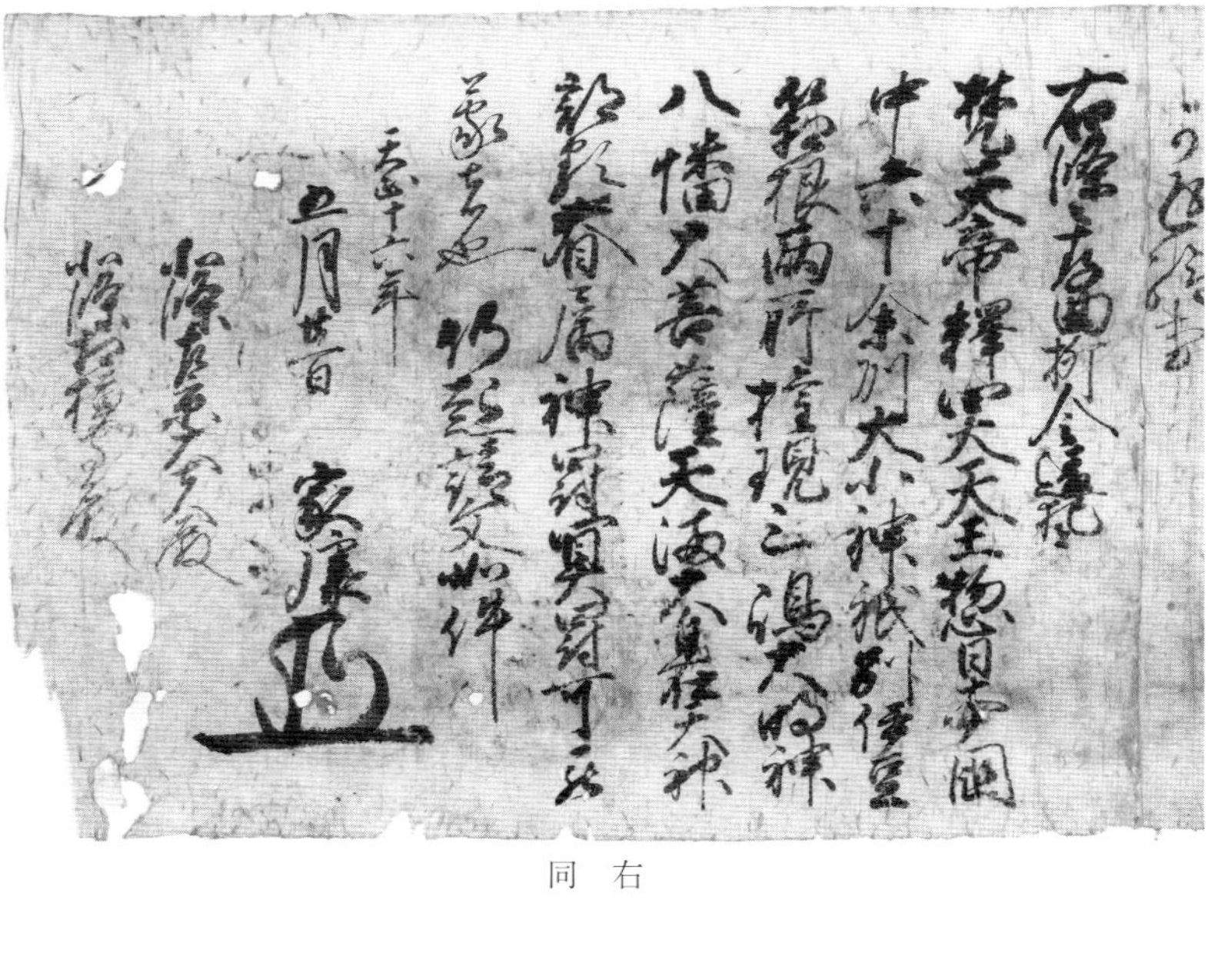

同　右

370　青蓮院尊朝法親王直書

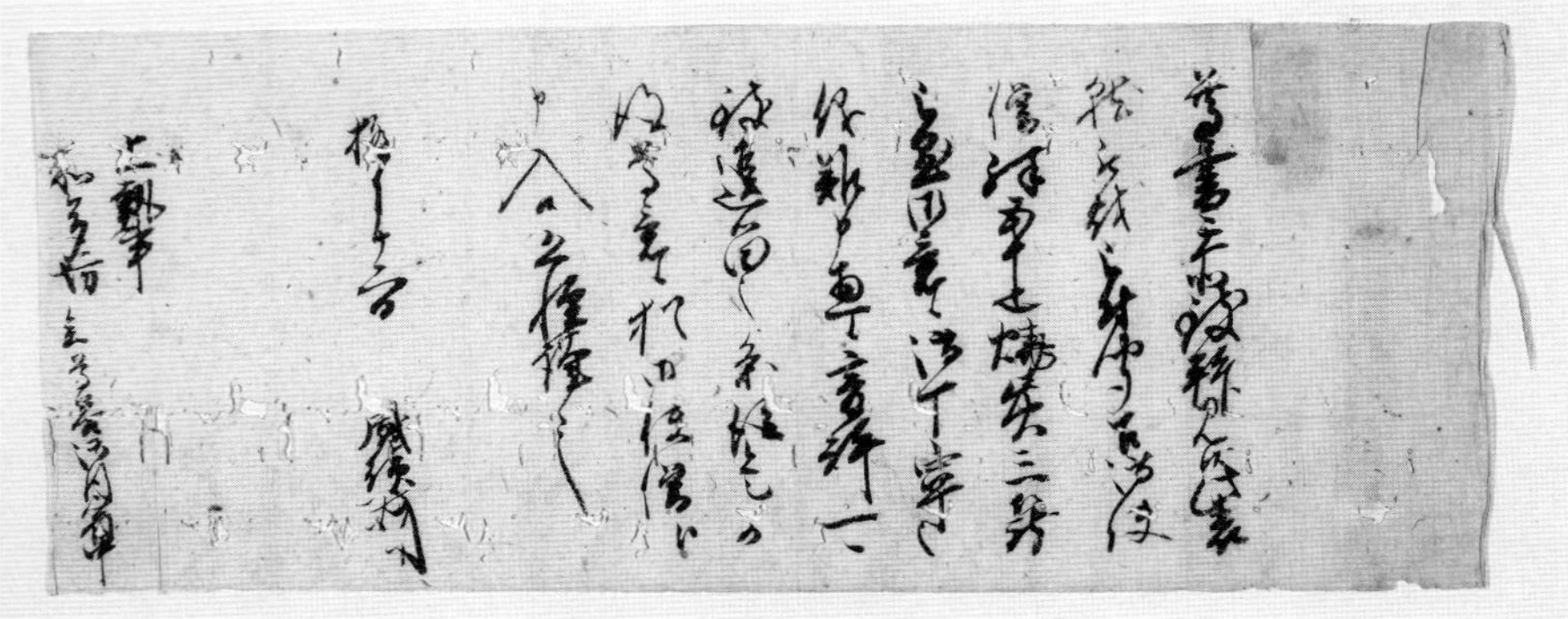

387　来原盛続書状

序

此の度、当山に伝来する古文書を集成して『出雲鰐淵寺文書』を刊行することとなりましたことは、なによりの慶びとするところです。

抑も、鰐淵寺は推古二年（五九四）推古天皇の眼疾を智春上人が浮浪滝に祈って平癒され、その報賽として建立された勅願寺と伝えられます。天竺（印度）霊鷲山《りょうじゅせん》の艮地《うしとらのち》が欠けて浪に浮かんで流されて来た土地で、浮浪山と山号を称し、上人が密法を修し給う折、誤って仏器を滝壺に落とされ、鰐魚《わに》がこれを鰓《えら》にかけ浮かび上がったことにより寺号を生じるとされます。

開創以来、千四百有余年の法灯を伝え、伝教大師が比叡山に天台宗を開かれると、慈覚大師の薦めもあり、日本で最初の延暦寺の末寺となり、杵築大社（出雲大社）との関係を密にして別当寺ともなり、さらには毛利元就などの戦国大名の厚い帰依を受けました。この間、幾多の法難をくぐり抜け、重要文化財の白鳳仏を始め中世の古文書類など、多くの寺宝が伝わっているのは、先徳の護法心の賜物と心より感謝するところであります。

特にこの『出雲鰐淵寺文書』刊行が、当山の歴史を深くご理解いただく契機となり、法灯を永く後世に伝える礎となりますことを切に祈願するところであります。

最後になりましたが、長年に亙る調査、研究にご尽力いただき、編集の労をとられた、島根大学名誉教授・井上寛司先生、東京大学史料編纂所教授・久留島典子先生を始めとする鰐淵寺文書研究会の皆様、本書の刊行に深いご理解とご協力を賜りました島根県古代出雲歴史博物館、出雲市文化環境部文化財課など関係各位に衷心よりお礼申し上げます。

平成二十七年五月吉日

浮浪山鰐淵寺
佐藤泰雄

例言

一、本書は、島根県出雲市の古刹、浮浪山鰐淵寺が所蔵する古文書を集成した史料集である。採録範囲は、出雲に堀尾氏が入部する慶長五年（一六〇〇）より前、毛利氏領国時代までとした。

一、本書の編纂は鰐渕寺文書研究会が行った。実際の作業にあたったものは以下の通り（順不同）。
久留島典子（代表）・野坂俊之・八幡一寛・木下聡・戸谷穂高・遠藤珠紀・小瀬玄士・西田友広・畑山周平・村井祐樹・杉山巌・井上寛司

一、文書の配列は、原則として年月日順とした。

一、古文書等の料紙のうち特に注意を要するものは、文書名の下に（宿紙）等と記し、また通常の竪紙以外は（折紙）（切紙）等その形状を記した。また文書名の下には料紙の法量も示した。単位は糎であるが、便宜これを省略した。

一、花押・印章等は縮刷して花押集として巻末にこれを掲げた。花押集の文書番号には算用数字を用い、便宜、文書の端から奥に、上下の別あるときは上下の順にこれを採録した。

一、本文の花押には人名を傍注し、印章は人名を傍注すると共に、朱印・黒印等の別を示した。なお紙背にあるものは（裏花押）、花押を模して書したものは（花押影）と記した。

一、字体は読解の便宜のため、漢字・かなを問わず常用字体を原則としたが、一部原形を残した。また変体がなについては、原則としてひらがなに変換したが、片かな・漢字をもって代用したものもある。

一、本文の用字が必ずしも正当でなくても、それらが当時通用し、且つ誤解を招く惧れの無い場合にはそのまま翻刻し、傍注を施さなかった。

一、本文には読点（、）及び並列点（・）を施し、読解の便宜を図った。原本に塗抹のある場合には■を施し、字画の判別可能なものについては〔 〕を加えて傍注を施した。

一、文字の上に更に文字を重ね書きした箇所については、上に書かれた文字を本文として採り、その左傍に下の文字に相当する数の「・」を付し、且つ判読し得る限り「×」を冠してそれらの文字を傍注した。

一、文字が磨滅・虫損等により判読ができない場合、文字数が明らかなときにはその字数分の□を以てこれを示し、文字数不明な場合には字数を推測し、相当分の［ ］を以てこれを示した。

一、版面の都合上、文書本文の改行は 」を以て示し、紙継目については 』を以てこれを示した。紙が継がれていない場合には、「○以下裏紙、」等の傍注を施し、これを示した。

一、本文以外の部分には、上下に「 」を加え、その位置に従って（端裏書）（奥書）等と傍注した。また一部、繁を避けるため『 』を使用した箇所もある。

一、本文書に付属する文書、記録、付箋、押紙、封紙等は、各々（付箋）（押紙）（封紙）等と傍注し、その内容は上下に「 」を加えてこれを示した。

一、編者の記入にかかる傍注については、文字の異同、誤脱、欠損箇所の推定に関するものは上下に〔 〕を、その他の事柄に関しては（ ）を施し、按文にはその首部に○を加えた。

一、上部欄外に、本文中特記される事項その他を標記した。

二〇一五年六月

鰐淵寺文書研究会

出雲鰐淵寺文書＊目次

口絵

出雲鰐淵寺文書

一　無動寺検校坊政所下文　　三三・八×五四・七

（端裏書）「□〔政〕所御下文」

無動寺検校坊政所下　出雲国鰐渕寺

可早任国司庁宣状、領知国富一郷経田百町事

右、件経田、以国富一郷百町可引募」由、任　院庁御下文之旨、為一円不輸」地、可為無動
寺領之由、成国司庁宣畢、」於本免百町者、非諸社講経田、一向」為寺領、南北長吏各相分
五十町令領知、」可奉祈　聖朝安穏之御願、於年貢」莚千枚者、無懈怠可弁備於本寺之状、」
所仰如件、寺宜承知、依件用之、故以下、

建暦三年二月　日　院司法師珍賢

別当法橋上人位

法橋上人位（花押）

二　無動寺下文　　三三・七×五七・二

（端裏書）「□〔寺カ〕下文」

下　鰐渕寺

国富一郷経田

国富郷経田

可早任政所御下文状、令領知」国富郷経田百町事

副下

政所御下文

右、件経田、於子細者、載于政所御下文、」任南北長吏成敗、住僧等各令領知」之、御年貢莚伍佰枚・定納伍仟廷、任」請文之旨、無懈怠可令進済之状、所仰」如件、寺宜承知、勿敢違失、故下、

建暦三年二月　日　行事大法師（花押）

別当阿闍梨（花押）

三　将軍源実朝家政所下文

三三・〇×五〇・八

（端裏書）「実朝之時」

将軍家政所下　出雲国鰐□□〔渕寺〕

地頭孝元濫妨

可早停止前地頭孝元濫妨、任本寺下知、以内蔵孝□〔幸〕

右、如楞厳三昧院所司等解状者、当院末寺鰐渕寺領□□□」職□□〔以孝〕元為彼職、有限年貢以下、無懈怠可□〔進〕済之由、依致懇□□」其職之処、狼唳多綺本約如忘、自名所当一向未済之

上、剰寺僧□□」年貢悉以抑留、凡云畠所当、云在家布、去年・去々年分一向入已不致其
弁□」前預所都維那不知実名、所従男字藤次郎、無指過怠之処、搦取妻子、追捕住所□□」於伯
耆国令殺害彼男畢、仍被停止地頭職之刻、称有将軍家御下知之状□□」本寺之下知、擅張
行云云、者、偏忘本寺之恩、忽致濫行之条、甚以不穏便、」早任本寺下知、停止孝元之無道、
以孝幸可為地頭職之状、所仰如□□□〔件以下〕、

建保四年五月十三日　案主菅野（景盛）（花押）

令図書少允清原（清定）（花押）　知家事惟宗（孝実）（花押）

別当陸奥守中原朝臣（大江広元）（花押）

大学頭源朝臣（仲章）

（付箋）「頼朝二代目頼家代
寛永十五年迄四百二十三年カ」

相模守平朝臣（北条義時）（花押）

右馬権頭源朝臣（頼茂）

左衛門権少尉源朝臣（大内惟信）（花押）

民部権少輔源朝臣（大江親広）（花押）

武蔵守平朝臣（北条時房）（花押）

書博士中原朝臣（師俊）（花押）

信濃守藤原朝臣（二階堂行光）（花押）

四　鰐淵寺北院長吏維光譲状

三二・〇×四六・八

譲与　房地事

合捌間内、本房伍間弐面・雑房参間弐面、

於四至内者、本証文在□〔之〕、

弁光大徳

右、件於房地等者、為相伝、年来令」領掌之処也、爰弁光大徳、依為骨肉」并門弟、相具本証文、譲与畢、然者、」云一門、云他人、全以不可致妨者也、」仍為後代、所譲与如件、

延応弐年五月廿八日

北院長吏維光（花押）

五　鰐淵寺北院長吏維光譲状

二八・二×三六・三

（端裏書）「これはへんしよ（別所）のはやししやうもん」

譲与　雲見別所栗林事

合壱所 南東限大道、西北限河、

維盛大徳

右、件林者、維光之領掌之林也、」彼林、且為近隣之間、維盛大徳」所譲与顕然也、然而、云門徒他人、」云里辺縁人、全其不可有違乱、」仍為後日之証文、所譲与如件、

仁治二年辛丑正月十九日

長吏〔維光〕伝灯大法師（花押）

六　杵築大社神官等連署申状

（第一紙）三三・九×四〇・六
（第二紙）三四・一×五一・一

三月会舞頭役

欲蒙　御成敗、当社明年三月□〔会〕舞頭役子細状

副進旁状七通内□□〔鰐淵〕寺衆徒三通・在国司朝山右衛門尉政綱三通・国□□〔富地頭〕代□□□□□□□□〔一太郎孝綱返状一通〕、

右、謹考旧貫、当社三月会者、山陰無双之節会、国中第一之神事也、」其会者、差定五方之頭人之内、左右相撲頭幷舞頭、是三方者、為国中」地頭役令勤仕之、捧物・酒肴両頭者、鰐□□□□〔淵寺住侶等〕致勤行、所令五部大乗之」講讃也、仍財施・法施為左右翅、委見寺僧牒状、爰明年舞頭役、前太宰少弐為佐〔狩野〕」所領国富庄依為巡役、被差充彼頭□〔乎〕、□□〔而少〕弐代□□〔官孝〕綱、為

彼寺経田・神田」等致濫妨、故衆徒深依結欝念、孝綱□〔若〕於為少弐代官彼御頭令勤仕者、」三方頭人転読大般若・五部大乗論談、不可致勤仕之由、度度牒状如此、」如状者、当社法施令断絶事、不及□□〔疑慮〕、□□〔法施〕若令退転者、彼会勤仕難遂」其節哉、而勤行非私作法、偏□□〔朝家〕・□□〔関東〕御□□〔祈禱〕而已、若為神事」違乱者、為神為人、有恐有憚、就中此会退転、開辟已来未聞其例』者哉、　望請欲蒙　御裁定令遂□□□□〔無為御神〕事□〔矣〕、神官等誠惶頓首」謹解、

宝治元□〔年〕十月日　杵築大神官等上

散位大中臣兼重（花押）

散位安部久依（花押）

三前検校散位日置正安（花押）

奉行散位安部友吉（花押）

別火散位財吉末（花押）

散位出雲真元（花押）

散位出雲政親（花押）

散位出雲明盛（花押）

散位出雲行高（花押）

散位藤原政泰（花押）

権検校散位出雲兼孝（花押）

供神所兄部国造兼□□□〔大社惣〕検校散位出雲宿禰義孝（花押）

○本文書、欠損部分を東京大学史料編纂所所蔵影写本により補う、

（第一紙）二九・三×四二・〇
（第二紙）二九・三×二六・三
（第三紙）二九・一×四二・〇

七　杵築大社神官等連署申状案

欲蒙　御成敗、当社明年三月会舞頭役子細状

副進旁状七通内 鰐渕寺衆徒三通・在国司朝山右衛門尉政綱三通・国富地頭代ｌ太郎孝綱返状一通、

右、謹考旧貫、当社三月会者、山陰無双之節」会、国中第一之神事也、其会者、差定五方之」頭人之内、左右相撲頭幷舞頭、是三方者、為国」中地頭役令勤仕之、捧物・酒肴両〔両ヵ〕頭者、鰐渕寺」住侶致勤行、所令五部大乗之講讃也、仍財施・法」施為左右翅、委見寺僧牒状、爰明年舞頭役、前」太宰少弐為佐（狩野）所領国富庄依為。〔巡役、〕被差充彼頭」乎、而少弐代官孝綱、為彼寺経田・神田等致濫」妨、故衆徒深依結欝念、孝綱若於為少弐」代官彼御頭令勤仕者、三方頭人転読大般若・五」部大乗論談、不可致勤仕之由、度々牒状如此、如』状者、当社法施令断絶

事、不及疑慮、法施若令」退転者、彼会勤仕難遂其節哉、而勤行」非私作法、偏〈カ〉朝家・関東御祈禱而已、若為」神事違乱者、為神為人、有恐有憚、就中此」会退転、開辟已来未聞其例者哉、」望請欲蒙　御裁定令遂無為御神事矣、神」官等誠惶頓首謹解、

宝治元年　十月　日　杵築大神官等上』

散位大中臣兼重　判
散位安部久依　判
三前検校散位日置正安　判
奉行散位安部友吉　判
別火散位財吉末　判
散位出雲真元　判
散位出雲政親　判
散位出雲明盛　判
散位出雲行高　判
散位藤原政泰　判
権検校散位出雲兼孝　判

（異筆）
「後深草院御代
宝治元丁未年ヨリ寛文元辛丑迄四百十五年」

供神所兄部国造兼大社○司惣検校散位出雲宿禰義孝
判

二六・二×二七・五

八　杵築大社神官等連署申状案

欲蒙　御成敗当社明年三月会舞頭付子細状

副進旁状七通内鰐渕寺衆徒三通・在国司朝山右衛門尉政綱三通・国富□〔地〕頭代□□〔一太郎〕孝綱□〔返〕状一□〔通〕、

右、謹考旧貫、当社三月会者、山陰無双之節会、国中第一之神事也、」其会者、差定五方之頭人之内、左右相撲頭幷舞頭、是三方者、為国中」地頭役令勤仕之、捧物・酒肴両頭者、鰐渕寺住侶等致勤行、所令五部大乗之」講讃也、仍財施・法施為左右翅、委見寺僧牒状、爰明年舞頭役、前太宰少弐為佐〔狩野〕」所領国富庄依為巡役、被差充彼頭畢、而少弐代官孝綱、為彼寺経田・神田」等致濫妨、故衆徒深依結欝念、孝綱若於為少弐代官彼御頭令勤仕者、」三方頭人転読大般若・五部大乗論談不可致勤仕之由、度度牒状如此、」如状者、当社法施令断絶事、不及疑慮、法施若令退転者、彼会勤仕難遂」其節哉、而勤行非私作法、偏　朝家・関東御祈禱而已、若為神事」違乱者、為神為人、有恐有憚、就中此会退転、開辟已来未聞其例」者哉、望請欲蒙　御裁定令遂□□□□〔無為御神〕事矣、神官等誠惶頓首」謹解、

宝治元　　十月　　日　　杵築大神官等上

九　円観譲状

三一・六×五〇・七

（端裏書）
「此証文者、和多坊地之内、十林坊領知与相見申候、和多坊住持ニ而ハ無之、」
（異筆）
「□（三位）〔サ〕ムミ之御房ユツリシヤウ、」「建長二年」」

和多房

鰐渕寺北院之内、和多房之地者、」実鏡之御房之存生之時、為宝蜜」給雖申給候、彼宝蜜不住之間、」故実鏡御房之門跡とおはしまし」候へハ、如本十林房ニ奉返付候了、」向後ニ全以

国富経田

不可有他人之妨者也、」兼又国富経田之内、上渕房分江口四反ハ、」死期之時、円観ニ譲給者也、証文顕然」候、然者智積房ニ雖申付候、彼智積房」存生之時、若離門徒、又死去之後ハ、一向ニ」十林房ニ譲申候了、無他人之妨、可被」領知之状、如件、

建長二年十月　日　権律師円観（花押）
庚戌

一〇　出雲守護佐々木泰清書下

（第一紙）三四・四×五二・三
（第二紙）三四・四×五一・七

応令早停止鰐渕寺中幷鳥居内別所等入部郡使事

国護征夷之職

右、得彼寺解状偁、当山者往古之聖跡、当洲之銘区也、是□〔以〕」遮那・釈迦倶住当崛、顕
教・密宗並伝此寺、帰依有拠、利生無疑、」惣所之霊異挙而不可称者哉、但寺中有一不可郡
使乱入云云、因□〔此〕」修学之勤漸廃、住侶之数稍減、我山之衰微只有此事欤、凡自華□〔洛〕」至辺
土、於霊寺霊社者、無守護之綺、況不及郡使之乱入歟、爰当寺」苟為国中第一之伽藍、何
不蒙御放免哉、而適当憲法之御奉行、争」無仏神帰依之捐、然者於犯科人等、雖無一向御
免之儀、被止使者之乱入」計、若謀叛・殺害等之大罪出来者、為衆徒之沙汰、欲出進其身
於守護所、」此条且先先被優恕之上、縦雖為新儀、被寛宥者、一寺之繁昌、館下之」御祈請、
何事過之哉、加之若住興隆之御志、令遂僧徒之宿望者、為毎年不闕之」勤行、転続〔読〕大般若
経、捧法施・法味於蔵王・大社之宝前、奉祈御一家繁昌・』御願成就之由、仍録状云云者、
早如被申請、彼境内令停止入務郡使訖、但」出来謀叛・殺害以下重犯科人等之時者、於衆
徒之沙汰、不日可被召渡於其身守護所者也、抑為名国護征夷之職、漂躰断理方憲之官、」准
彼就是預政務之者乎、雖然所奉宥如於当山伽藍蔵王権現・」大社明神、何於此経結縁之仁、
応不被擁護乎、仍大衆各可令奉祈」天長地久・御願円満・武家泰平・国中安穏・民烟静謐
之由之状如件、

建長六年四月　日

守護人検非違使従五位下行左衛門少尉源朝臣（佐々木泰清）（花押）

（第一紙）三三・八×五二・四
（第二紙）三三・九×三五・六

一一　出雲守護佐々木泰清書下案

応令早停止鰐渕寺中幷鳥居内別所等入部郡使事

右、得彼寺解状偁、当山者往古之聖跡、当洲之銘区也、」是遮那・釈迦倶住当崛、顕教・密宗並伝此寺、帰依有拠、」利生無疑、惣所之霊異挙而不可称者哉、但寺中」有一不可郡使乱入云々、且修学之勤漸廃、住侶之」数稍減、我山之衰微只有此事歟、凡自華洛至辺土、」於霊寺霊社者、無守護之綺、況不及郡使之乱入歟、爰」当寺苟為国中第一之伽藍、何不蒙御放免哉、而」適当憲法之御奉行、争無仏神帰依之捐、然者於犯」科人等、雖無一向御免之儀、被止使者之乱入計、若謀」叛・殺害等之大罪出来者、為衆徒之沙汰欲出進其」身於守護所、此条且先先被優恕之上、縦雖為新儀、」被寛宥者、一寺之繁昌、館下之御祈請、何事過之」哉、加之若住興隆之御志、令遂僧徒之宿望者、為毎年」不闕之勤行、転読大般若経、捧法施・法味於蔵王・大社之」宝前、奉祈御一家繁昌・御願成就之由、仍録状云々」者、早如被申請、彼境内令停止入務郡使訖、但出来謀叛・」殺害以下重犯科人等之時者、於衆徒之沙汰、不日可被』召渡於其身守護所者也、抑為名国護征夷之職、漂躰」断理方憲之官、准彼就是預政務之者乎、雖然所奉」宥如於当山伽藍蔵王権現・大社明神、何於此経結縁」之仁、応不被擁護乎、仍大衆各可令奉祈天長地久・」御願円満・武家泰平・国中安穏・民烟静謐之由之状」如件、

建長六年四月日

守護人検非違使従五位下行左衛門少尉源朝臣（佐々木泰清） 判

（異筆）「頼朝三代目頼経代
寛永五年迄三百八十五年」

（第一紙）三三・三×四八・二
（第二紙）三三・三×五三・一
（第三紙）三三・三×五二・五

一二 鰐淵寺衆徒等勧進状案

（端裏書）「はと」

出雲国鰐渕寺衆徒等敬白

欲蒙十方緇素合力如旧建立□間四面七仏」薬師堂幷□（三カ）重百尺塔婆状

右、当山者異国霊地、他洲神山也、蓋摩竭国中央」霊鷲山巽角久浮風波、遂就日域、故時

七仏薬師堂三
重塔婆

俗号」曰浮浪山云云、因茲深洞幽谷之裏、夥貽螺貝、山」覃巌腹之間、全留浪跡、誠是根源殊勝之霊地、」山陰無双之明嶇矣、爰昔有智春聖人、徳行甚」奇異也、甲輩鱗類之肉、嘗舌再反於本質、禽獣」魚鳥之骸、触口重複於旧躰矣、終訪遊猟而霊験」之地、早卜練若而当崛之洞、洞前有円水、聖人居畔」備閼伽落器入于水、哺鰐出自底、故号鰐渕云云、方今」月支海畔之昔者、釈尊説法之場、日域雲洲之』今者、蔵王利生之砌也、称釈尊名蔵王、蓋眼目之」異名、云鷲山号鰐渕、頗頭昔之別号也、凡天然之」奇特、地勢之麗美、不及言詞者欤、然則杵築大神」窺毎夜三更、垂影向於霊嶽之月、其証于今現、推古大王」悩宿殃両眼、借開瞳於上人之験、彼縁起在別、抑尋建立、延暦・」三井之最初、論草創四天王寺之功続也、依之青龍」白馬之遺風、双扇浮浪之峯、四明玉泉之余流、競」湛我。山之洞、為鎮護国家道場、良有所以者欤、」爰去天福年中、神火忽起、数宇伽藍支〔及カ〕于紅焔、」若干尊像化于蒼天、僅雖。改一両之殿堂、未及興半」分之碁証、適所企猶不能成功、何況於残聖跡哉、」所謂三蓋塔廟・七仏道場、敢無其構、是非疎修複〔復、下同〕」之志、只依無建立之便焉、倩案事情、堂社非合」浦之玉、合力重数、宜複旧日、仏像尽機縁之薪、」結縁積功、蓋拝新容矣、因斯勧進四遠之道俗、」欲造二一箇之堂塔、凡我朝是神国也、当洲亦神境也、」神依法倍威光、法依人致興廢、寺立当山、法薫』当国、内則帰仏陀、外又順神廬、一善既備二徳、」一人蓋成二世乎、然則秋津嶋中、栄花争於春」梢、野馬臺上、洞沢競於夏叢、嗟呼加之雲洲雲巻」鎮耀夜月、鰐渕波静久澄法水矣、方今一生易尽如」廻岸之落船、三途難脱似向風之紅葉、縦不能自発、」寧無驚人勧乎、等閑善根影写鏡、人極功徳点加」筆者哉、若尓半銭全不鄙小因大果、尺木目（自カ）可足」浅功深益、於戯生生有累営務、徒費多財、世世不朽」善苗何掘少絶焉、仍勧進之趣若斯、

建長六年月　日　鰐渕寺衆徒等

（異筆）「宰相公円琳（花押）」

一三　円観譲状

二九・六×三五・五

（端裏書）「コレハ十林御房ノ大妙房ニユツリ状」

（裏打紙端裏書）「□（和）多坊住持ニ而ハ無之候、和多坊地之内、十林坊領知大妙坊へ譲状、」

譲与

和田坊地七間事　四至東西北限道、南限円光坊地、

円慶大徳

右、件地者、円観大徳之師資相伝所領也、」然而円慶大徳依申昵年来円観、所譲」与也、云一門云他門、全以不可有其妨、衆」徒宜承知、敢勿違失、仍為後代、相」具天調度証文等於、

譲与証文之状」如件、

建長八年丙辰四月　日

円観大徳（花押）

一四　出雲守護佐々木泰清書状　三〇・二×四六・二

塔本尊仏修理

仏師法印被申候塔・本尊仏」御修理事、書状加様候、進之候、」此御仏誠必〔秘カ〕仏御座候之間、奉入」如樻之物、被奉渡候者、於里辺」被加修理候之条、何条事候哉」覚候、於薄者、於山上被押候之条、」可宜候哉、且当時仏師被作地」御仏無候之間、如此被申候欤、又」天階者暫雖遅候、先可有御仏」御修理之由覚候、如何、恐々謹言、

（異筆）「弘長二年」七月廿四□〔日〕　（佐々木泰清）前信濃守（花押）

北院衆徒御中

一五　関東下知状案　三一・七×四六・一

宇賀郷山口相論

（端裏書）「関東御下知状案宇賀郷山口事弘長三年八月五日」

出雲国鰐渕寺別当治部卿律師頼承頼兼僧正弟子代法橋」実禅与同国宇賀郷地頭頼益相論山口事

右、如六波羅去六月十三日注進状者、任正嘉元年御教書、」擬尋決之処、両方令和与云々、如頼益文応元年十一月廿九日」和与状者、寺中住人等、在家別壱人、壱年中廿五日、地頭可召仕之、」但勧農之時、毎日拾伍人（壱宇別参人）三箇日可召仕也、於山口者可」免除之、至狩役者、令停止畢、若相互背此旨者、可被行」過怠云々、如実禅同日状者、宇賀郷山口事、請取地頭」和与状畢、此上不及訴訟云々、如頼承四月廿九日（不記年号）状者、」為向後可給御下知状云々者、任和与状、相互無違乱、可」致沙汰之状、依将軍家仰、下知如件、

弘長三年八月五日

武蔵守平朝臣（北条長時）（花押影）

相模守平朝臣（北条政村）（花押影）

布施物

一六　出雲守護佐々木泰清書状

三四・五×五五・一

去八月日御文幷寺解、令」披見候了、抑被示遣候大般若以下布」施物事、如関東御教書幷」御注文者、条々雖被載下之候、」彼布施物減少事、無所見欤之」上者、可依先規候欤、向後可令相」触頭役勤仕之仁給候乎、於自身者、」可令存知先年御駈工之例候、」恐々謹言、

（異筆）「文永九年」九月十日　前信濃守（佐々木泰清）（花押）

鰐渕寺衆徒御返事

一七　鰐淵寺衆徒等書状案

三四・一×五三・六

当年大社御神事延引、社家結構宮中」狼藉之間、依及数日之沙汰、三月二日・三日弐日」御神事、同卅日一日遂行、先代未聞事候乎、

抑大般若布施物事、古今不法、天地懸隔之」間、去建長年中之比、頭役御勤仕之時、衆徒」任先例、可有改御沙汰之由依訴申、即」申下御駈工、奉任神慮、被定置之後、」経年序畢、而国御代官・在国司、号関東」御下知、被減布施物了、此条於結番注文者、」布施物段、其色目全所不被仰下也、既」依御駈工定候了、異他候者乎、仍寺解」進覧之、且其間子細、具于申状候欤、」所詮、早任御駈工例、為蒙御成敗、衆徒等」誠惶誠恐謹言、

（異筆）「文永九年」九月　日　鰐渕寺衆徒等

進上　出雲国守護所殿

杵築大社神事延引

大般若布施物

一八　鰐淵寺衆徒等申状案

杵築大社三月
会布施物

出雲国鰐渕寺衆徒等謹申

欲早蒙任建長御斲工例御成敗、杵築大社三月会大般若布施物事

右、当社三月会者、大明神・天神天降以来、毎年一度之大神事、山里之」経営也、道俗之結構也、道挙致法施之励、俗集為財施之営、以道俗」集名会、以財法並号施、鳥翔天、何以片羽得飛、車走地、何以片輪得行」矣、然者、寺社之所役、雖不可有軽重、於布施物者、僅廷弱之事也、」爰如先例者、経衆三十人布施物、人別釜一口五斗納、発願・結願両導師」布施物、各馬一疋在粧、両仏布施、毎頭人不同也、而近来法施・布施物」弥減少之間、衆徒去建長年中之比、守護頭役勤仕之時、任先規、可」有改沙汰之由依訴申、即申下御斲工、奉任神慮、経衆三十人布施」物、人別銭五百文、両導師布施物、各馬一疋代二貫文、両仏布施各絹四丈代一貫文、」被定置之後、既経年序畢、而就関東御教書文永八十一月一日幷結番注文、被停止」京気〔畿カ〕相模〔撲〕畢、於自余事者、其色目不被仰下者欤、而号御下知、守護代・」在国司支配状云、経衆布施物、人別釜一口、両導師布施物、各馬一疋代一貫五百文、」両仏布施、各。絹四丈代八百文、今壱貫四百文減也、此。条大般若布施物事、結番之」面、其色目不見之上、依御斲工被定畢、異他者也、此上者、只仰　上裁、但衆徒」任御斲工之例、雖可致其沙汰、且神。事之延引、折

漆治郷実検
異国降伏祈

節云異国之凶計、云京都」物忩、謹◦鎮〔慎〕不少之間、存寛宥之儀、貽訴訟於後日、奉転読大般若」経、令遂行御神◦〔事〕畢、所詮、早任建長御駈工例、有申御沙汰、為蒙御」成敗、粗言上如件、

○本文書、一七号文書の紙背に書せらる、

一九　後深草上皇院宣

出雲国漆治郷実」検事、任先例、被止国」衙之妨了、然者、令加」増恒例供料、為異国」降伏御祈、於日吉社、重」可令転読大般若経之由、」可相触供僧等之旨、可令」（○以下裏紙、）下知成仏給者、依御気色、執啓如件、

七月十二日　康能（藤原）

謹上　侍従三位殿（藤原家時ヵ）

（押紙）「弘安元〔四〕年、蒙古国大将等、為滅日本、六万艘兵船浮海云々、依之、自公家諸寺諸社被祈念、北条時宗於鎌倉命七等〔道〕、令為防戦備矣、此異国降伏証文暗符節歟、」

○本文書、島根県教育委員会所蔵写真により翻刻す、

二〇　出雲国宣

（第一紙）三二・四×五四・一
（第二紙）三二・五×四九・三

国富郷

去年十月日解状、同十二月到来、」歳末年始之間、依御忩劇、返下」于今不被仰之、
抑所申上経田、可被免立百町於」国富郷之由、国衙令和与之後、」僧徒最前可預請之処、不
顧」身之罪科、剰忘優恕之法、恣」任年号之次第、可被免除之由」申之、存案之旨、甚以自
由也、但」彼郷者、有便宜之上、田数又百」余町也、何嫌一円之儀、強可」好散在哉、然者、
早請取件』郷、可致講経之勤者、
国宣如斯、仍執達如件、
二月二日　左衛門尉（花押）奉

二一　出雲守護佐々木泰清書状

三二・三×五二・八

多宝塔修理用途

御塔釈迦多宝御修理用途」等事、仏師法印注文加一見」候了、此御用途者、自是可致」沙汰
候、但以注文、法印可申問答」候、恐々謹言、
六月八日　前信濃守（佐々木泰清）（花押）

二二　願阿弥陀仏造像銘写

二八・六×三六・八

弘安三年辛巳奉始自八月十一日亥

時、同至于廿五日、

奉造立畢、　願主法橋上人位順円

右、造立意趣者、依為本願聖霊」所、改彼地御堂立、為末代、所安置」彼聖人也、仍意趣如

件、

仏師快栄流

願阿弥陀仏

二三　出雲守護佐々木頼泰書状

三三・三×五七・一

塔婆造営用途

為当寺塔婆造営用途、」鵝眼参拾貫文、以仏事之」次、送進候、子細使者可申」候、恐々謹言、

六月廿七日　左衛門尉（佐々木頼泰）（花押）

鰐渕寺北院衆徒御中

佐々木泰清一周忌

三重塔婆造営

銀塔

二四　出雲守護佐々木頼泰書状

三四・六×五四・〇

相当故信濃入道（佐々木泰清）一周忌景候之間、衆徒」御中、令読誦法華経百部給、御廻向候之」由事、承候畢、御志難有覚候、抑三重」塔婆造営事、可奉合力衆徒之由、故入道」先年依宿願候、且致其沙汰候歟、然而未」被終其功之由、承及候、雖少分候、鵝眼三」十貫送進之候、次為奉籠塔心柱候銀塔」壱基、奉納仏舎利一粒・唐品法花経一部、入道同令沙汰置候之間、」奉送之候、其間事、以使者田所兵衛入道」申候、恐々謹言、

（異筆）「弘安六」六月廿九日　左衛門尉（佐々木頼泰）（花押）

鰐渕寺北院衆徒御中

杵築社法華経田

二五　松殿兼嗣ヵ袖判下文

三四・九×五五・〇

（端裏押紙）「将軍惟康御代　北条相模守時頼」

（端裏押紙）「九十代　後宇多院　将軍惟康御代　㊀」

（松殿兼嗣ヵ）（花押）

下　神官幷神人百姓等

杵築社法華経田五段事坪付在別紙、

僧維孝

右人、為経衆、可奉祈　本家・領家、」仍所充行也、神主・神官・百姓等」宜承知、勿違失、故以下、

弘安六年八月　日

物預所藤原時郷奉（花押）

漆治郷地頭非法

二六　北条時宗請文

出雲国漆治郷地頭非法」事、申合雑掌之旨、可」申之由候、以此旨、可令」披露給候、恐惶謹言、

六月廿五日　相模守時宗（北条）

○本文書、島根県教育委員会所蔵写真により翻刻す、

北条時輔父子所々経廻

二七　出雲守護佐々木頼泰施行状

三四・〇×五二・六

（端裏押紙）「将軍惟康御代　三」

相模式部大夫（北条時輔）殿・同御子息、」令経廻所々給由事、去」八月廿日関東御教書、今月」六日到来、

案文如此、早任」被仰下之旨、無緩怠之儀、可」被存知候也、仍執達如件、

弘安七年九月七日　左衛門尉（佐々木頼泰）（花押）

鰐渕寺南北衆徒御中

○本文書、或は写か、口絵参照、

二八　関東下知状

三五・三×五〇・四

日吉社領出雲国漆治郷雑掌与一方地頭治部権大輔（平）顕棟朝臣」代左衛門尉行康相論所務条々事

右、就訴陳状、欲有其沙汰之処、去月廿七日両方出」和与状畢、如彼状者、於田畠各壱町者、可避渡于」地頭、至其外下地者、令中分云々、然則任彼状、可令」領知也者、依鎌倉殿（久明親王）仰、下知如件、

永仁四年九月五日

陸奥守平朝臣（北条宣時）（花押）

相模守平朝臣（北条貞時）（花押）

漆治郷相論

二九　関東下知状

三三・八×四八・〇

日吉社領出雲国漆治郷雑掌与平氏代（平顕棟）」子息朝資相論氏女知行分年貢事
右、及訴陳状之処、当郷事、雑掌与治部権大輔」（平）顕棟和与之間、永仁四年九月五日被成御下知畢、」仍云雑掌、云朝資、准彼和与、可有裁許之由申之」者、可致其沙汰之状、依鎌（久明親王）倉殿仰、下知如件、
永仁五年正月十二日
陸奥守平朝臣（北条宣時）（花押）
相模守平朝臣（北条貞時）（花押）

法花不断読経料田

三〇　高岡宗泰寄進状

三六・三×五七・一

寄進　鰐渕寺法花不断読誦料田事
合壱町者、在高岡、坪付別紙在之、
右、法花経者、三世諸仏之出世本懐、一切」衆生之成仏直道也云々、依之深所令存懇」志、異他之儀也、然者、且為父母二親成仏」得道、且為自他法界平等利益、限永代、」停止万雑公事、令寄進令此経読誦」料田於鰐渕寺畢、至子々孫々、向後全不」可為違失之状如件、

永仁五年六月三日　左衛門尉源朝臣宗泰（高岡）（花押）

漆治郷相論

三一　関東御教書

三四・四×五三・八

（端裏押紙）「将軍久明親王御代　四」

日吉社領出雲国漆治郷雑掌」申所務事、重訴状如此、如状」者、地頭平賀蔵人三郎入道妻平氏、」背御下知、抑留下地、相語国衙」使、致狼藉云々、事実者、招其咎」者欤、早可被尋沙汰之状、依仰」執達如件、

永仁五年八月廿七日　陸奥守（北条宣時）（花押）

（貼紙）「相模守貞時、時宗長子、」相模守（北条貞時）（花押）

上野前司殿（北条宗宣）

相模右近大夫将監殿（北条宗方）

法花不断読経料田

三二　惟宗頼直寄進状

三二・二×四二・九

（端裏書）「平田地頭寄進状」

寄進　鰐渕寺法花不断読誦料田事

合参段者、在出雲国平田保内一分方踏形二町内、馬平南仁ソヱテ高田原一坪ニ矣、

右、今此一乗妙典者、依為諸仏出世本懐・衆生成仏」直道、功徳殊勝・利益専広云々、爰倩見世間作法、設雖」為譲得数万余町、子孫令報謝彼広大無辺芳恩」人者、千人中一人、猶以希也、而如頼直（惟宗）者、就是非無一子」間、難憑跡訪之処、適今鷲谷阿勧進、令期未来際、一為」法花読誦、二為一乗講讃、三為仁王講経、四為諸仏供養、」五為諸神法楽、六為四恩報謝、七為七世得道、八為二親成仏、」九為非人施行、十為衆生済度、十一為頼直往生極楽、」彼料田於停止万雑公事、限永代、令寄進彼法花不断読」誦以下色々兼行料田鰐渕寺、然則、雖為一塵、向後全不」可違乱、若背此趣、於及濫妨者、以此旨、帯守護挙状、」可令仰上裁給之状如件、

永仁六年戊戌七月　日　惟宗頼直（花押）

三四・五×五五・〇

三三　六波羅施行状

（裏打紙端裏押紙）
「九十二代　後伏見院　将軍久明親王　㊂」

日吉社領出雲国漆治郷」雑掌与平氏代子息朝資」相論氏女知行分年貢事

右、任永仁五年正月十二日関東」御下知、可致沙汰之状如件、

正安二年後七月十九日

右近将監平朝臣（北条宗方）（花押）

前上野介平朝臣（北条宗宣）（花押）

漆治郷相論
文永院宣

三四　伏見上皇院宣（宿紙）

三四・八×五二・四

（裏打紙端裏押紙）「九十二代　後伏見院」

被　院宣偁、出雲国漆」治郷事、文永　院宣」炳焉之上、関東下知分明云々、」仍所被返付山門也、早以」漆治郷之正税、宜全大般」若之転読者、

院宣如此、悉之、以状、

正安三年十月四日　右京権大夫（平仲高）（花押）奉

尭寛（注）□記房

三重塔修理料
田

三五　佐々木貞清寄進状

三四・二×五三・四

寄進　鰐渕寺北院三重塔修」理料田事

合壱町者、在生馬郷、

右、塔婆造立者、亡祖父信州禅門(佐々木泰清)、衆」徒同心致合力、謁(渇)仰異他之間、亡父金(佐々木頼泰)」吾禅門亦同志云々、仍為父祖聖霊、出」離生死、頓証菩提、乃至法界平等」利益、限永代、所奉寄進修理料田也、」子々孫々敢不可違失之状如件、

乾元二年四月十一日

左衛門尉源(佐々木貞清)(花押)

三六　鰐淵寺南院薬師堂修理料田坪付注文

三一・七×四四・一

鰐渕寺南院薬師堂修理料田坪付事

合壱町者、志々塚保、

一所	壱段半	六郎大夫作	一所	九十歩	源大夫作
一所	百歩	安大夫作	一所	大	勝大夫作
一所	小	同人	一所	六十歩	同人
一所	四十歩	同人	一所	三百歩	弥三郎作
一所	壱段小	勝大夫作	一所	壱段半	同人
一所	壱段	同人	一所	小	同人

薬師堂修理料
田

一所　半四十歩　六郎大夫作　　　一所　壱段六十歩　勝大夫作
右、坪付注文如件、
乾元二年癸卯四月十一日　　沙弥良恵（花押）
沙弥信蓮（花押）

三七　良恵書状

三一・四×四四・二

○封帯切痕あり、

（端裏切封）「（墨引）」
（端裏書）「（異筆）「良恵房状」
塔修理田御寄進状」

可奉待御左右候之処、作」期馳過候之間、権守入道之」許へ誂申候、謹言、
先日蒙仰候検見事、被」差定御使候之処、執筆之」仁不候之間、禅観房を被遣」召候、定此
間令参候歟、為御」不審申候、兼又北院塔修」理料田事、自衆徒御中令」申給候御寄進状幷
書」下、進之候、且此事尊性」律師御房令参申給候き、其へ」可令進給候哉、恐々謹言、
（異筆）「乾元二」卯月十四日　　良恵（花押）

検見
北院塔修理料
田

佐渡阿闍梨御房

三八　平顕棟寄進状

三三・七×五一・四

(端裏押紙)「将軍守邦親王御代　北条師時判　五」

奉寄進

八幡宮大般若経田

八幡宮大般若供料田事

合陸段者、別当宗忍

漆治郷

右、漆治郷内六分、所奉寄進八幡宮也、」於地下者、任空智譲、僧宗忍可令」領掌、四季於社壇奉転読大般若経、」令勤行愛染供養法、可令致」天長地久御祈禱状如件、

延慶三年十二月　日　藤原泰親奉

(顕棟)平朝臣（花押）

三九　出雲守護佐々木貞清願文

三五・二×五六・〇

三重多宝塔

出雲国鰐淵寺三重多宝塔事

奉安置、

銀塔
泰清発願
頼泰修造

銀塔一基 法華経一部唐本、仏舎利一粒

右、祖父信州禅門泰覚(佐々木泰清)、為除宿痾之危、発起」造塔之願、依之造立三重之塔婆、修複(復)二」尊之形像、其上結構五輪之銀塔、安置二種」之聖財、親父左金吾校尉頼泰(佐々木)、又続而致奉」加、々修造、然而内外半作、荘厳未終、仍且為」遂当時之造作、且為助永代之破損、寄」附壱町之田畝、速果二代之宿望畢、故以」此銀塔奉納彼梵閣、仰願伽藍安穏而亜」繁昌於後仏之暁、聖財湛然而耀威光」於末法之昏、自利々他、兼済無窮而已、

正和三年三月八日　従五位下行左衛門少尉源朝臣貞清(佐々木)（花押）

三二・六×五一・〇

四〇　出雲守護佐々木貞清書下

(裏打紙端裏押紙)「九十五代　後醍醐天皇　将軍守邦御代　㊄」

守護使入部

鰐渕寺中入部守護使事

右、任去建長六年四月日祖父信(佐々木泰清)」濃前司于時検非違使、状、可令停止守護」使乱入之、但有限犯科人出来」時者、為衆徒沙汰、不日可被」召渡守護所之状如件、

正中二年五月日

守護人前近江守源朝臣(佐々木貞清)（花押）

四一　出雲守護佐々木貞清書下案

三一・一×四九・七

（端裏書）「鰐渕寺証文写」

鰐渕寺中入部守護使事

右、任去建長六年四月日祖父信（佐々木泰清）」濃前司〈于時検非違使〉状、可令停止守」護使乱入之、但有限犯科人出」来時者、為衆徒沙汰、不日可」被召渡守護所之状如件、

正中二年五月日

守護人前近江守源朝臣（佐々木貞清）御判

四二　鰐淵寺常行堂一衆等連署起請文案

（第一紙）二九・二×四六・二
（第二紙）二九・二×四六・三

（端裏書）「常行堂五箇条」

鰐渕寺常行堂一衆等各立申起請文事

合

一、不可致経法則於如在事、

一、不可令違執上座故実帳（張）行事、

一、雖為師匠・親昵之沙汰、不可有親疎事、
一、不可漏御堂内礼儀於寺家事、
一、雖為上座、以非例不可帳〔張〕行次座事、
右、此条々、雖為一塵、令違背者、」阿弥陀如来・摩陀羅天神之神罰・冥」罰於各可罷蒙之
状如件、」』

嘉暦元年十二月　日

久俊　覚盛　栄増
考増　猷円　成俊
泰源　宗厳　弁重
円秀　覚順　綱順
綱政　通円　禅宗

○本文書、東京大学史料編纂所所蔵影写本に正文見ゆ、なお、影写本は一行目「常行堂」を「北院」とす、

四三　後醍醐天皇綸旨（宿紙）　三四・〇×五三・七

当寺為御祈願所、可奉祈」天長地久御願者、
天気如此、悉之、以状、
元徳三年正月十四日　左少弁（中御門宗兼）（花押）
鰐渕寺々僧等中

四四　後醍醐天皇綸旨案　三一・二×四七・一

当寺為御祈願所、可奉」祈天長地久御願者、
天気如此、悉之、以状、
元徳三年正月十四日　左少弁（中御門宗兼）御判
鰐渕寺々僧等中

四五　後醍醐天皇願文　三三・〇×五一・三

敬白
発願事

右、心中所願、速疾」令成就者、根本薬師」堂造営、急速終其功、」可致顕密之興隆之」状如件、

元弘二年八月十九日

（花押）（後醍醐天皇）

○本文書、島根県教育委員会所蔵写真により翻刻す、なお法量は島根県作成目録による、

四六　讃岐房頼源軍忠状

三三・五×四九・三

（花押）（千種忠顕）

出雲国鰐渕寺住僧讃岐房頼源謹言上、

欲早依今月七日合戦預恩賞子細事

右子細、今月七日自八幡令発向京都、向竹田河原幷六波羅」西門、頼源不惜身命、致合戦忠勤之条、中郡彦次郎入道・朝山」彦四郎所見知也、然者早度々致忠節上者、預恩賞者、弥為」抽合戦忠、言上如件、

元弘三年五月　日

八幡より京都に発向す

四七　左衛門少尉佐々木某書状写

三三・二×四七・七

（包紙押紙）
「源義経御書　弁慶手跡写　一」
（端裏書）
「義経御書ノ写　弁慶手跡也、」
（押紙）
「九十四代　花園院　将軍守邦御代㊃」

当寺本堂幷塔婆造」営之間事、曩祖願主之」条、無子細候上者、材木等」事、可令奉加候、
且於一」族方可致合力之由、可伝」申候也、恐々謹言、

三月廿七日　左衛門少尉御判

鰐渕寺衆徒御中

本堂塔婆造営

四八　後醍醐天皇綸旨（宿紙）

三三・一×五一・八

（裏打紙端裏押紙）
「九十六代　後醍醐天皇重祚三」

出雲国宇賀庄」地頭職、所被寄附」鰐渕寺根本薬師」堂也、可専御祈禱」者、
天気如此、悉之、以状、
建武二年三月十八日　宮内権大輔（冷泉定親）（花押）

宇賀庄地頭職

三所郷地頭職

四九　後醍醐天皇綸旨

三三・七×五〇・二

出雲国三所郷地頭職、」所被寄附鰐渕寺」根本南院也、可令存」知者、
天気如此、悉之、
建武三年正月十五日　左少弁（甘露寺藤長）（花押）

漆治郷を質物として預置く

五〇　仏乗房承陽書状

三一・五×四九・九

（端裏書）「仏乗房状」（承陽）
去年為質物預置候出雲国」漆治郷事、元亨二年・嘉暦二年両」通　綸旨正文、去年十一月坂
本炎」上之時、焼失候畢、仍為後日如此」令申候、恐々謹言、
建武三年二月三日　承陽（花押）

朝敵人誅伐

五一　名和長年軍勢催促状

三一・七×五一・二

出雲国　朝敵人等為誅伐、」於宿老者、被致御祈禱之」精誠、至于若輩者、可致軍忠、」有勲
功者、可被抽賞之状、」依仰執達如件、
建武三年二月九日　伯耆守（名和長年）（花押）

鰐渕寺南院衆徒御中

五二　足利尊氏御判御教書　三一・八×四八・四

(裏打紙端裏押紙)「将軍尊氏(足利)御判　六」
(裏打紙端裏付箋)「鰐渕寺密厳院之事也、」

祈禱事、可令」致精誠之状」如件、

建武三年八月九日　(足利尊氏)(花押)

如意輪寺長老

五三　後醍醐天皇綸旨　三三・三×五二・五

(端裏押紙)「九十六代　後醍醐天皇重祚　五」

日吉社領出雲国漆治」郷領主職事、帯　代々」勅裁之上、寛芸大法師」知行不可有相違者、

天気如此、悉之、以状、

延元々年十月五日　大膳大夫(世尊寺行房)(花押)

漆治郷領主職

五四　後醍醐天皇綸旨案

三一・二×四七・〇

日吉社領出雲国漆治郷」領主職事、帯代々勅裁」之上、寛芸大法師知行」不可有相違旨〔者〕、
天気如此、悉之、以状、
延元々年十月五日　大膳大夫（世尊寺行房）

五五　足利尊氏御判御教書

三一・四×五一・〇

祈禱事、可令」致精誠之状」如件、
建武三年十月八日　（足利尊氏）（花押）
鰐渕寺別当御房

五六　松石丸紛失状

（第一紙）三二・一×四九・五
（第二紙）三二・一×五〇・三
（第三紙）三二・二×四八・九

（端裏書）「紛失状」
立申　紛失状事
右、日吉社領出雲国漆治郷領主職事、去」元亨二年二月十一日・嘉暦二年四月廿九日両通」

綸旨正文、案文進覧之、為質物、去年三月十日預置」仏乗房僧都承陽之処、同年十一月廿六日夜」坂本炎上之刻、住房焼亡之間、令焼失畢、」且承陽僧都請取幷焼失之由状分明也、仍」為後証、所立申紛失状也、且為坂本事之」上者、賜寺家四至内幷宿老御証判、欲備」将来之亀鏡矣、仍紛失状如件、

建武四年二月五日　　松石丸（花押）

炎上顕然之上、承陽僧都状」分明之間、加署判而已、

法印成慶（花押）』

法印定尋（花押）○以下、一行空き、

法印英実（花押）○以下、三行空き、

法印権大僧都栄運（花押）○以下、四行空き、

法印権大僧都義憲（花押）』

出雲国漆治郷領主職文書等焼失事、宿老」御連署分明之間、所加署也矣、

四至内御目代法橋（花押）

判、

依請、去年十一月、王子宮社」以下焼失無子細、仍加署判矣、
修理権別当権少僧都法眼和尚位（花押）
○各紙継目裏に、四至内御目代法橋の花押あり、

五七　後村上天皇綸旨（宿紙）

三一・八×五〇・五

（裏打紙端裏押紙）
「九十七代　光明院　南帝後村上天皇綸旨　七」

比知新宮半分地頭職

出雲国比知新宮」半分地頭職、為勲功」賞、得勝寺播磨房歓全」跡、可令知行者、
天気如此、悉之、以状、
興国元年六月廿五日　左中将（花押）

五八　後村上天皇綸旨

三二・一×四九・九

三所郷地頭職

出雲国三所郷地頭職、」任先度　綸旨、鰐渕寺」根本南院知行不可有」相違者、
天気如此、悉之、以状、
興国元年八月廿三日　勘解由次官（中御門光任）（花押）

塩冶高貞謀叛

五九　足利直義御判御教書

（裏打紙端裏押紙）「将軍尊氏（足利）御代　左兵衛督殿（足利直義）御判」

佐々木近江守高貞（塩冶）、」企隠謀所逃下也、不日」可誅伐之状如件、

暦応四年三月廿四日　（花押）（付箋）「左兵衛督殿御判」

鰐渕寺北谷衆徒

三四・二×五二・九

塩冶高貞謀叛

六〇　朝山景連書状

（端裏押紙）「将軍尊氏（足利）御代　八」

佐々木近江守高貞（塩冶）、依企隠叛、」可令誅伐之由、被成下御教書」候之間、発向候、不廻時刻、有御発向」旅臥城、可被取陳（陣）候、且可被致」御祈禱忠勤候、恐々謹言、

（異筆）「暦応四辛巳」四月二日　肥前守景連（朝山）（花押）

謹上　鰐渕寺南北衆徒御中

三一・九×四六・四

朝敵追討

六一　後村上天皇綸旨（宿紙）

朝敵追討事、殊可」抽懇祈、且任元弘御」願旨、可被専寺家興隆」者、

三〇・四×五〇・一

元弘御願

天気如此、悉之、以状、

興国二年八月廿一日　左衛門権佐（高倉朝任）（花押）

鰐渕寺々僧中

六二　高岡高重願文　三一・二×四七・六

立願成就せば根本薬師堂造営料を奉加せん

（端裏書）「願文」

敬白

立願事

右、心中所願令成就者、雲州」鰐渕寺根本薬師堂為造営」料、銭貨一千貫、所令奉加之也、仰願」伊王（医）善逝、垂哀愍納受、令成就」（高岡）高重所願給、仍所令立願如件、

興国三年六月一日

左衛門少尉源高重（花押）

六三　光厳上皇院宣

（第一紙）三六・四×五四・八
（第二紙）三六・四×五五・二

漆治郷

（裏打紙端裏押紙）
「九十八代　崇光院　十」

出雲国漆地郷、為」根本千手堂修造」料所、如元可知行」之由、可有御下知鰐」渕寺之旨、
御気色所候也、以此」旨可令申入青蓮院』二品親王（入道尊円親王）給、仍執達」如件、
貞和五年十一月廿五日　按察使（柳原資明）（花押）奉
大納言法印（隆静）御房

六四　青蓮院御教書

三一・九×五二・二

鰐渕寺造営料足

（花押）
当寺造営料足」事、令旨如此、早」可被存知之由、兵部卿律師」御房所候也、仍執達如件、
三月廿七日　成尊奉
謹上　鰐渕寺伊与阿闍梨御房

○本文書、鰐淵寺造営にかけ、暫くここに収む、

六五　青蓮院御教書

三二・九×五一・四

当寺千手堂本尊」間事、令旨如此、可被」存知之由、兵部卿律師御房」所候也、仍執達如件、

九月八日　　成尊奉

謹上　伊与阿闍梨御房

○本文書、千手堂修造にかけ、暫くここに収む、

六六　足利直冬御判御教書（小切紙）

一四・五×二〇・〇

（裏打紙端裏押紙）
「将軍尊氏（足利）御代　九」

祈禱事、殊可致」精誠之状如件、

貞和六年七月廿日　（足利直冬）（花押）

鰐渕寺衆徒中

六七　足利義詮御判御教書

三一・八×四九・八

（裏打紙端裏押紙）
「将軍尊氏（足利）御代　左馬頭（同義詮）殿御判　十四」

凶徒対〔退〕治祈禱事、」転読大般若経一部、殊」可被致精誠之状如件、

観応元年十一月廿五日　（花押）（足利義詮）

鰐渕寺衆徒中

六八　豊田種治奉書（小切紙）

一四・〇×一七・八

（裏打紙端裏押紙）
「将軍尊氏御代　十」（足利）

御祈禱巻数一枝、令入」見参候了、殊以目出候、」仍執達如件、

貞和七年三月十五日　修理亮（花押）（豊田種治）

鰐渕寺衆徒中御返事

六九　足利直冬御判御教書

三〇・六×四二・四

（裏打紙端裏押紙）
「将軍尊氏御判　十一」（足利）

祈禱事、殊可」令致精誠之状」如件、

貞和七年三月廿一日　（花押）（足利直冬）

鰐渕寺衆徒中

阿井郷

七〇　佐々木秀貞寄進状

三三・四×四八・六

（裏打紙端裏押紙）
「将軍尊氏（足利）御代　十二」
出雲国阿井郷事、勅裁」治定之間、所奉寄附鰐渕寺」也、為
天下安全、抽衆徒一同懇志、」可被致御祈禱之精誠、仍」寄附如件、
正平六年七月廿五日　前美作守（佐々木秀貞）（花押）

凶徒退治

七一　足利義詮御判御教書

三一・〇×四六・九

（裏打紙端裏押紙）
「将軍尊氏（足利）御判　十五」
凶徒対（退）治祈禱事、早転」読大般若経一部、可致精誠之」状如件、
観応二年八月九日　（足利義詮）（花押）
鰐渕寺衆徒中

七二　後村上天皇願文

三三・五×五一・四

敬白
発願事

祈願成就せば根本薬師堂を造営せん

右、心中所願、速令」成就者、鰐渕寺根本」薬師堂造営、速終」其功、殊可専興隆之」状如件、

正平六年九月八日　憲良(後村上天皇)

(一)頼源申状案

三所郷地頭職

七三　頼源申状幷具書案

三一・七×一八八・七

(端裏書)「出雲国鰐渕寺申　当国三所郷事」

目安

勅願寺出雲国鰐渕寺長吏讃岐律師頼源申」当国三所郷地頭職事

右、当寺者、推古天皇之御願、国中無双之伽藍也、就中
先朝(後醍醐天皇)自隠岐御所、去元弘二年八月日、忝被籠　震〔宸〕筆」御願書於当寺根本薬師堂、依被致
朝敵滅亡之御」祈念、無程翌年元弘三先代悉被誅伐畢、就之、建武三年正月」日、於山門所有
御寄附三所郷於当寺根本南院也、随而、」興国元年八月十三日、当御代(後村上天皇)於吉野　皇居下預安
堵
綸旨畢、然者早任度々　勅裁、可有遵行地下之旨、重」下賜　綸旨、申受　宮令旨、全知
行、弥為抽御祈禱之」忠勤、謹目安言上如件、

正平六年十月　日』

（二）後醍醐天皇綸旨案
三所郷地頭職

出雲国三所郷地頭職、所被」寄附鰐渕寺根本南院也、」可令存知者、
天気如此、悉之、
建武三年正月十五日　左少弁（甘露寺藤長）在判

（三）後村上天皇綸旨案
三所郷地頭職

出雲国三所郷地頭職、任」先度　綸旨、鰐渕寺根本」南院知行不可有相違者、
天気如此、悉之、以状、
興国元年八月廿三日　勘解由次官（中御門光任）在判

○紙継目裏に、葉室光資の花押あり、なお、本文書、島根県教育委員会所蔵写真により翻刻す、なお横の長さは次号文書との合計値なり、

七四　頼源文書送進状

鰐渕寺文書等目録

送進　鰐渕寺文書等目録事
（貼紙）「鰐渕寺々務衛門督律師（伊徳院）　執行自筆、
法橋範兼ハ律師御房祇候、」
合
一通　先朝（後醍醐皇帝）御願書　元弘二年八月十九日、於隠岐国国分寺御所被下之、上卿千種宰相中将忠顕卿、于時六条少将云々、

一通　吉野帝（後村上天皇）御願書　興国二年八月廿八日、於大和国
吉野御所被下之、　上卿洞院右大将実世卿、

一通　同重御願書　正平六年九月八日、於同国賀名〔生〕右御所被下之、
上卿四条大納言隆資卿、

已上三通御　震〔宸〕筆也、　頼源賜之、

一通　三所郷拝領　綸旨　建武三年正月十五日、於山門被下之、
上卿北畠一品（親房）、　職事吉田左少弁藤長朝臣（甘露寺）、

一通　同郷安堵　綸旨　興国元年八月廿三日、於大和国吉野御所被下之、
上卿四条大納言隆資卿、　職事中御門勘解由次官光任朝臣、

正文可在増行坊、
一通　同郷　綸旨案　正平六年十月八日、於大和国賀名〔生〕右御所賜之、　大塔若宮（興良親王）幡摩〔播磨〕国御座之時、
中国御管領之間、　被成進之也、　上卿同人、　職事葉室右衛門権佐光資朝臣、

一通　同郷重安堵　綸旨　正平十二年六月八日、於河内国天野御所被下之、
上卿野々宮一品（徳大寺公量カ）、　職事押少路木工頭惟季朝臣、

已上四通三所郷事、　頼源給之、

一通　宇賀庄拝領　綸旨　建武二年三月十八日、一統之比、　於京都内々致秘計
給之、

一通　朝敵追罰　綸旨　興国二年八月廿一日、於吉野御所被下之、
上卿洞院右大将実世卿、　職事高倉左衛門権佐朝任朝臣、

一通　大塔将軍宮（護良親王）　令旨　元弘三年七月十日、大塔兵部卿親王被任将軍之時
申給、　執奏二条殿法印御房（道承）、

一通　同宮　令旨案　元弘三年二月十三日、　被下之、　於伯耆国船上山請取之、
正文者可有北院、

一通　伯耆守長年（名和）催促状　建武三年二月九日、　彼長年西国奉行之時
成之、

一通　杵築木工助景春願書　興国三年六月一日、可令造営南院常行堂由事、」

一通　伯耆美作判官高重《(高岡)》願書　同年同月、可令奉加薬師堂一千貫文由事、

一巻　薬師堂勧進帳　千種宰相中将手跡、

一通　山門護正院法印猷全被進法勝寺上人《(円観)》消息　三所郷奏聞事、上人以自筆被勘返事云々、

已上、頼源沙汰之、

一通　守護人富田美作守秀貞阿井郷寄進状　正平六年七月廿五日、

一通　同人注進状　同年八月十七日、

一通　鰐渕寺衆徒目安状　同年同月、

已上三通、不及頼源沙汰云々、

惣都合拾玖通正文、　但此内二通案文、

右文書等者、存寺中之興隆、捨身命、多年雖致其沙汰、」於于今者、無其詮、雖然依為重書、雖難放身、老躰之上、依」難測露命、可為寺中之重書之間、下進之、相構守器用之」仁、至于未来際、無紛失之様、可有計御沙汰、併可為御興隆之」専一者也、仍目録如件、

貞治五年丙午三月廿一日

権少僧都頼源（花押）

浄達上人御房

○紙継目裏に頼源の花押あり、なお、本文書、島根県教育委員会所蔵写真により翻刻す、

三一・四×四四・六

七五　維弁譲状

譲与　鰐渕寺北院和多坊幷同」敷地・別所経田等事

合　栄印阿闍梨所

右、彼坊舎・経田坪付在別、等者、維弁重代」相伝来之処也、而栄印阿闍梨、依」有年来之芳契、相副本証文」等、永代所譲与也、云一門、云他門、」更不可有其妨、仍譲状如件、

正平八年癸巳二月三日　維弁（花押）

七六　鰐淵寺大衆条々連署起請文写

（表紙裏墨書）
「自嘉暦元年至マテ貞和三年、二十二年欲成、応永九年ヨリ嘉永四年マテ、四百三十年ニナル、文安二年ヨリ同年マテ、三百八十七年ニナル、長享二年ヨリ同年マテ、三百四十六年ニ成、

（朱筆）
『自貞和三年至マテ寛政六年、成ル四百四十八年ニ、自後至マテ嘉永四年ニ、三十八年ニ成、想〔惣〕合四百八十六年云云、』」

鰐渕寺大衆条々連署起請文

一、以南北旧執不可成真俗違乱事

貞和三年両院一揆状

貞和三年六月廿三日、両院一揆状〇云、本堂・常〇行堂・塔」婆・宝崛・大社等、恒例・臨時
勤行、幷頭役公」事已下、悉為一交衆、可令勤仕之、不可有南北別」座之儀則矣、次本
堂・常行堂・塔婆建立次第、」本堂最中・塔婆左方・常行堂右方、已上三宇東面也、次本」堂一宇、
両本尊安置次第、左方薬師、右方千手、』次戒臈事、可守受戒年月次第矣、次温室事、」惣
院温室事惣院温室一宇建立之、臈次々第」可勤仕矣、次政所事、両長吏隔月可致沙汰
矣、」次山木事、於籠山者私不可取用之、自余者可」為寺僧管領矣、次行人一交衆、准衆
徒議、不可」有南北差別之儀矣、右為専堂塔造営、興」隆顕蜜〔密〕仏法、忘両院角立之偏情、
成一味同」心之交衆者也、然則於行人等中、或存各別本』習、或依当座諍論、起両院偏執、
則面々之主」人共可加治罰、又各々付弟同宿、於未来成異」議、欲乱一交衆者、以師匠敵
対之科、可擯出衆中、」此条若存異儀者、梵王帝釈等云々、取意、同年」八月日、進当寺本家

衆徒解状

衆徒解状云、当寺者、
推古皇帝勅願、智春上人之建立也、往昔強無南」北院号、而中古已来、依不慮之確論、
致両院各別者欤、」或時成和合、有時令角立、異同已及度々、爰』嘉暦元年焔上以後、数

宇仏閣内、為一宇未及」建立、空送廿余年畢、是偏住僧等無力之故也、」就中項〔頃〕年之間、依若輩行人等短慮、増両院」之確執、将及一山之破滅、山木相論即其一也、依」茲造営事無沙汰之間、近日両院成合躰、加一同」連署案文、謹進覧之畢、古来度々雖有南北和合」之例、依為私之云為、不能後範之治定、然則尽未」来際、宜為一交衆、勤大小之行事、仍下賜御一諾』之令旨、且備来〔未脱〕際之亀鏡、且為全当時之興行、衆」徒等謹言上等云々、取意、

青蓮院尊円法親王令旨

本家令旨云、鰐渕寺南北両院」一交衆事、寺解令披露之処、本堂営作等令合其」力、可為興隆之儀者、尤神妙歟、且寺中不可有異」儀之由、其沙汰候、但両院長吏職等号者、不可」有改動之由、可被加下知者、依　青蓮院二品親王〔入道尊円親王〕」御気色、執達如件、貞和三年十一月十三日、権大僧都隆静在判、月蔵房法印〔宗舜〕御房云々、同日寺務月蔵房』法印宗舜施行云、当寺一交衆事、令旨如此候、以此」趣、可令相触寺中給候哉、恐々謹言、十一月十三日、権」大僧都宗舜在判、鰐渕寺南北長吏之御房云々、

是則啻匪寺僧契約厳重、抑又門主御諾許」炳焉者、既誡未来末弟之輩、況於貞和同心之」先達哉、奴々〔努〕不可起無益之邪執矣、

衆会に催さるの時自由の故障を致すべからざる事

一、衆会催役時、自由不可致故障事、抑天下為一人」之天下、猶任公卿僉議而治国、況寺中、為諸僧』之寺中、豈非衆会評定而行事哉、但非無本山、」又雖在門主、頗倦遼遠之往還、

何遑企朝夕之訴」訟、不若衆徒一心而興真俗自他相互令糺徳失、仍此」篇目尤至要也、自今以後者、各不問大小事、不分世・」出世、毎加催促、必可集来者也、次衆会次第者、先下」臈、次老僧云々、然則若輩遅参可加誡、宿老後」来聊有優怒〔恕〕歟、

衆会不参の咎の事

一、衆会不参咎事、貞和三年南北両院衆会事』書云、過一時遅参者半連、一向不参者百文、三ケ」月中政所可出之云々、又云、現病起請云々、同四年事」書云、雖参衆会、其事不終、自由立座之輩者、」可為不参罪科云々、更加法催促以後、自由之里下、」可准不参也、将又訴論人等遅参幷里下、故」可有誡沙汰也、但訴論人之外、依大事之差合而、」且衆中、且於政所、乞得免許者、遅参・里下共不可有子細歟、』

評定の事

一、評定事、糺衆会之参否、究故障之是非、然後其人、」或訴人、或政所、述題目者、先上座有徳之中、可被評」定、下臈短才之輩不可進言、但愚者千慮必有一徳云々、」然者不論老若、不簡賢愚、一往之意見強又非禁」制、何況被下各義之時、述所存者定法也、而其時或」成卑下、或以偏執、閉口巻舌者、還而違乱之基、比」興之事也、可知之、

評定の時多分の義に随ふべき事

一、評定時、可随多分義事、古書云、三人謀之時、随二人言云々』此事古今之佳例也、諸人可順衆議者也、但雖少分」先達古実之深義、不可棄之、雖多分若輩今案」之浮言、難許容者歟、可弁之也、

不参の輩衆議を破るべからざる事

一、不参之輩不可破衆会議定事、既於当参評定之」衆猶択多分、豈為不参他行之身、独破大義哉、但先」日之評定多誤、後毘〔昆〕之難破顕然者、一同悔之、一同可改之也、

一、無人数評定可有斟酌事、古実先達相交者、五人已上」之談会自許之、非急。事者、是尚可斟酌也、但不慮之』大事、率尓出来之時者、不可論人数之多少、縦雖為」一人、於興隆方者、可有計沙汰者也、

恒例臨時の勤怠るべからざる事

一、恒例臨時。勤不可懈怠事、云両堂一塔之勤行、云宝幅」大社之法楽、不可滞合期之衆会、不可闕次第法則者也、

恒例の勤の事宝幅分

一、恒例勤事、先宝幅分、

元日修正会作法、先問答講一座、四ケ法用法華散華」大導師、四箇法用薬師散華云々、三十二相・千手悔過」一座、講師学頭役装束者、袍・裳懸・七条袈裟・』表袴・襪、如常、大導師役常行堂上執事已上」之先達、毎年一人巡役也、装束。如上、唄師二人打金、」問者一人、立請僧六人、一座三人、已上九人者除横座、四人」以外老若巡役也、九人装束者、長絹衣、着袴、」懸五条袈裟、狩袴者必結統括云々、立請僧者両」方竪座着、其余者皆横座也、三十二相者老若」共誦之、若有少人入堂者、彼従僧等着竪座之」後誦之、年内自政所廻屈請書立也、悔過者長』号役也、装束布衣・墨染袴・五条袈裟也、毎度准之、」毎月十

九日例講作法、一問一答論議一座也、唄師・」講・問已上三人除横座、老若次第順役也、装束布」衣・五条、自政所屈請之、

一、本堂分、最勝講作法、年始七箇夜内、初五」箇夜者、講最勝王経十巻、一夜別両巻、後二ケ夜」講仁王・法華両経、一夜別一座結衆十二口、廿五臈」已下順次十二人、一和尚結願座法華、二和尚第』六夜仁王、三・四和尚開白夜最勝一二巻、以下准」知之、唄師打金、問者散華、薬師唄幷三十二相」出者、必横座役也、件両役必分南北也、但七箇」夜内一夜者竪座勤之、次座席事、〔横〕◦座六人、二面」北床三人、南床三人、竪座六人、二面南北各三人、」次装束布衣・狩袴・五条也、威儀法則厳重也、」可覚悟之、已上外陣、次内陣作法、先薬師悔過」五仏頂一座、是外陣勤已前也、長号二人内一人』勤之、布衣・五条、次大導師、其人如注上、二人隔夜」勤之、一人別六年充一向勤修也、装束如長号、」次千手悔過一座、其役如薬師悔過、次座席事、」大導師二人着南北中柱際、北者上座、南者次座、〔以〕次」南北切床方為座上、長号二人着正面間、両方柱」際、北者上座、南者次座、以正面間為末座、是礼」堂出入之所故也、承仕出入十二月一日、於廻文経営」所別当房、在人数沙汰後、為行事役書出廻』文、承仕請取之催勤、若結衆不足之時者、書入」次座、仍及月迫廻文不定也、

修二月会

一、修二月会、三箇夜作法、内陣勤次第如最勝講、」但人数不同、幷内外陣一交衆違目左注之、但大」導師一人、一年役其人如前、次外陣作法、啓白」一座、四箇法用散華、薬師頭人別請、読師少」勧進役、唄・堂達・呪願・三礼、已上四人、立請僧六人、」已上十人除横座、老若順役也、大導師装束如』宝崛、居承仕戸室、其期直（×真）登礼盤、直出堂、」講師装束如上、内陣着座、其期出礼堂、登」高座、所作終者又還着本座、経少時後出」堂、読師者装束裳鈍色七条。〔也、〕鈍〔也〕鈍色必着表」袴幷履・襪、先参入外陣、勤以後属講師入内陣着」座、経少時出堂如講師、但講師・問者共結願者、始」中終也、次十口請僧、先達者布衣袴、講衆者長絹衣」袴、立請僧番子者五条、余皆七条也、座席者先達』横座両方、講衆者竪座両方、次外陣勤修後、」講師・読師幷十口請僧同入内陣、先達者後床」南北、講衆者前床南北着、面切床方為座上、其」後者老若同音共行也、屈請自政所云々、

六月会

一、六月会講、三十講七箇日、迎六月四。〔日〕為結願、衆三」十口、小勧進為上首、講法華三十品、若人数不足」者、上座次第勤二品乃至三品、開白無量義経、講」師三問一答、是称一講師、小勧進勤之、即着先達床、同』問者是号一問、附処勤之、渡小勧進座、自是以後、無」結衆巡役之所。〔作、〕当附処以下序品方便等、一番々々次第」勤之、又提婆品一問一益〔答〕、惣料簡二問一答等者、学頭幷」先達等勤之、提婆品読師者小勧進役、同薪句者」附処役也、

又散花対揚之外、一人両役更無之、唄者当座」上臈先達唱之、堂達磬役者末座先達勤之、装束講」師・読師・問者、已上三役者裳鈍色表袴、若練大口・履・」襪也、自余講衆者絹衣・狩袴、統括、五条袈裟也、又』以前三役并五条也、講・読二人所作之時、於承仕座席」懸七条、登高座之、高座之後、又懸五条着本。座、一」問袍裳・五条也、次座席次第三十人分二、着南北竪」座両方、臈次々第拍取也、北床十五人、屛風折三筋也、」前五人以左為座上、中五人、以右為上座、後五人以左為」上座、南床准知之、切文役人為頭人之誂、結衆中読之、」着南竪座之後、論義終、老若同音阿弥陀経合殺引」之読之、但講衆者行道、小勧進若不参時、次之上座』取香呂、調声毎日如此、新入未所作之間者、不読経而」出、当惜暇故也、威儀礼節異于他、可覚悟之、二月」四日、於廻文経営所頭人房、有人数沙汰、然而五月廿日」北〔比カ〕、自学頭方被書出廻文也、次床先達事、初中後」者皆参、中間四箇日者結番也、同装束布衣・墨染」袴・五条也、但提婆品物了簡、一講師等者袍裳・七条」也、同問者長絹衣・墨染袴・五条也、結願論義阿弥陀経」等終、同音伽陀、器量宿老出之、同床衆次第分左』右、一面着座、以中為床上、以北床為一臈而拍取着座、床衆結番者政所沙汰云云、

一、安居作法、四月十五日後夜開白、七月十五日初夜」結願、開白者別当長吏入堂、而於礼

堂聴聞、但」随意歟、結願者啓白導師在之、別当縁請云々」毎年十一人老若順役也、除別当長吏并横座」四人、加夏一別当、補任毎年定役已上十二人、結番次」第守、昼六時而行、初夜勤二尊勤二座内、初』座者十一人之中行之、後之勤者長号役也、長号」三人番々参而勤一座、導師加長号一人、已上十三人」也、次供僧十二口、此内在長号三人、結番次第守、夜六」時行、後夜勤千手悔過一座、其役長号也、初」夜座席十三人分二、北床五人、前床・後床・南床」六人、加長号前床後床、長号者後床末別座云々」後夜十二人准之、次夏末七箇日、不断読誦并」毎日三時供養法在之、勧進也、同初夜終供松明』啓白之、其導師者頭人縁請也、又頓写妙典一部、夏」衆書之、料紙別当沙汰之、結願導師供養之、已上」両導師装束布衣・五条、夏衆廿四人者布衣、略大」帷・五条也、絹布随意、但長号外下僧布也、結番帳安」居所司書之、懸仏後也、但兼日自政所書立在之、

蓮華会
万灯会

一、蓮華・万灯両会作法、先万灯会、六月十四日初夜挑」万灯、書写供養法華、讃嘆、十種供養也、次蓮華」会、同十五日経等供養、次第同前、但略灯明供、蓮』華為別、已上両日勤衆講師一人、頭人別請、読」師小勧進、唄一人、堂達一人、呪願一人、三礼一人、讃四人、散花」三人、法花梵音六人、錫杖八人、已上廿四人者、最勝講衆已下」役也、伽陀衆四人、是為頭人別請廿四人之内誦之也、座」席如三十講、装束講師・読師如二月会、

自余者先達」者布衣・袴、講衆者絹衣・袴・袈裟、散花梵音錫杖」之両番子十三人者五条、其余悉七条也、六月十一日、於廻文経営所頭人房、在人数沙汰、所司書出廻文、承仕請取屈請也、」』

霜月会

一、霜月会作法、迎十一月廿四日、四箇日之間行法華十講也、結」衆十口、講衆順役也、提婆品次第順役、同読師小勧」進、同薪句当講衆一座役也、散華問者役、唄堂達、如」三十講、結願導師堂僧先達順役、床先達結番、同」装束如三十講、結衆、提婆品講読二人之外者、絹衣・五条・」狩袴、又講読所作之時、懸公物七条、如三十講、床衆結」番、自政所触之、

初八日十八日両講作法

一、初八日・十八日両講作法、三問一答論議一座也、講師・読』師・問者三人、小勧進幷床衆一人、已上七人、床衆先」達順役、幷小勧進者布衣、懸五条、講衆五人者、一二」問職者同上、三問職者絹衣・五条也、講師・読師共、」依問者位可着絹布衣、但講・読二人者着袴、

本願講

一、本願講作法、点十月廿七日、自学頭方屈請八口僧侶、差」当器量人、行法華八講也、装束布衣・袴・五条也、

不断法華経

一、不断法華経、毎日二人、老若順役也、布衣、略大帷・五条、絹布随意、

塔分

一、塔分、号釈迦講、毎月晦日、二季彼岸中日、涅槃会』・仏生会、已上作法、読誦法華経一部、次行釈迦講、私」記幷阿弥陀経九条錫杖等、廿五臈已上逆次八人定」役也、人数不足、則屈請上座、装束布衣・大帷、随意五」条也、又二季彼岸会者奉出舎利、可令諸人頂戴矣、

常行堂分

一、常行堂分、修正会、自正月八日夜至同十五日、十四口、加」上下執事、堂僧参籠当堂、毎日三時行法三箇」夜、懺悔礼拝、三五両夜神事等具在彼記、引声念仏、自八月十日夜至同十七日、十二人堂僧参』籠、如結番、昼夜十二時常行三昧、引声・不断勤行等」具在彼記、　　二季例時、自十二月一日至正月、自七月」一日至八月十日、堂僧十二人、毎日参堂、行例時、幷於」寺家稽古、当季法則等具在彼記、月別衆集、毎月十五日、当僧皆参而行唱礼、短声経等具在彼記、長日例時、毎月六番、毎日二人、堂僧勤例時也、具在彼記、

本覚堂

一、本覚堂、百日講作法、自四月廿八日一百箇日、毎日法華」問答講、内九十日者三十品論義三反、後十箇日者十講』也、小勧進以下勤之、小勧進於三十講雖昇先達。座、於臨」時。当講者、始参堂

中終勤仕之也、床衆一人也、有心之先達、臨時
無制、装束三人共布衣・大帷、随意五条、」床衆横。除座四人結番、自政所触之、

大社三月会

一、大社三月会、御経転読、国請作法、一頭一部大般若」経、三頭三部転読也、一部三十口、

請僧三部九十口也、」一部。一人導師・発願・結願、三部三人也、三頭之間、先」勤仕云一番経、次云二番経、第三云三番経、当年奉行」順次役人幷政所也、兼日屈請之、一番頭人奉幣之』間、三十口僧、此内導師集会経所、号外経所、国」衙造営也、横座四人、竪座廿六人、奥座・廂座各十三人、」転読後、頭人出仕、着廂座頭、即発願幷結願、次頭」人戴巻数、次頭人調酒肴勧請僧、頭方杓取侍職」也、二人幷宮司・承仕等在之、装束導師袍裳等、」余皆。布布衣・袴・墨白五条也、若臈者長絹衣新調者」着之、或又練大口可然歟、社頭之歴見、山上之大営也云云、

臨時勤行の事

一、臨時勤行事、兼日難記歟、仮令祈禱。追善、堂塔』供養、及以仏経書写供養等也、
已上恒例・臨時勤行、自由退転者、可被処罪科之」旨、如注左矣、

勤行衆現病等の事

一、勤行衆現病・触穢等事、現病・触穢・修行、已上三箇」故障者、一切衆会悉免之、若無証拠者、可捧誓文、」服者軽重共最勝講幷宝幅禁之、次屈請以後」修行准不参、

請用の事

一、請用事、最勝講衆内外陣一夜免之、六月会』先達、霜月会先達、尺迦講衆、。不断経衆、已上請用之由、不過」其期被触政所者、免之、不触而闕所作者、准不参、又」無証拠者、可捧誓文也、自余勤行者、為大事所作」之上者、雖自身請用可進代官、至六月会結衆者、代」官無之、

勤衆代官幷に里下の事

一、勤衆代官幷里下事、最勝講結衆、六月会結」衆、已上代官幷里下不免之、次六月会初中後」先達里下事、屈請以後者禁之、同六月会四』箇日先達幷霜月会先達者、当住者、自身・代官」随意、里住者一向免之、自余者不論当住・里住、必」自身・代官之間可勤之、

勤行不法の咎の事

一、勤行不法咎事、最勝講・二月会・霜月会已上」一日闕如畳一帖、六月会結衆一日闕如用途百」文、同床衆当住闕如一日五十文、蓮華・万灯両」会一日同上、本堂月講一月闕如臨時二箇月、釈迦」講不参時可相触之、宝幅月講一月闕如臨時』一月、○不断経一日闕如臨時一日、百日講一日闕如臨時二日、床衆同前、

次臨時勤行不参咎事、一度咎半連、

訴訟と号し勤行を止むべからざる事

一、号訴訟不日打止勤行無謂事、或先達或講」衆出訴訟之後、不伺惣之趣、而自由打止勤行」之条、楚忽之沙汰、無道之至極也、然者訴訟以後、度」度触驚之時、尚以○不及評定、一同緩怠者、且為興」隆、且為達愁訴、相触同会勤行衆而可打止」之、次就一会勤之訴訟不可妨、諸堂勤可弁之、』然則雖有道理、不経次第之沙汰、不日止勤行者可授」軽科、況以無理奸訴、雖為一日勤令闕如者、可処重科也、

螺鐘の事

一、螺鐘可如法事、近比螺鐘濫吹、而昼夜時剋不定」也、所詮三昧僧長時住本堂、而不可闕当番、若時」剋相違者、可為罪科、次鐘役事、云剋限、云遍数、致不」法者、同可為罪科、

両条共別当方任先例可被加誡敧、

造営の事

一、於造営不可致疎略事、嘉歴〔暦〕焰上已三十廻、数宇造営」未、夫眼前之愁歎、身上之恥辱、何事如之哉、然則各忍』退屈之思、弥抽贔屓之忠、且申立三代、○モト追記ナラン、先朝（光厳天皇）・後伏見」幷持明院（後深草天皇）已上三代云々、勅裁之料所、且秘計諸方勧進」之施物、速造畢根本堂舎、並可建立左右伽藍者也、」塔常行堂也、

所々修理の事

一、可加所々修理事、鎮守諸社幷経蔵・温室及仮堂」等、有朽損者加修理、及顚倒者可改造者也、

仏像を修復すべき事

一、可造立仏像修複〔復〕古仏事、於新造薬師・千手及眷属」十六躰者、日光・月光・十二神幷破蘇山・功徳天二躰也、』大檀那高岡禅尼念智、泰覚彦孫高岡金吾師」宗母堂也、既被造立供養畢、所残廿八部衆、但婆」蘇功徳者、以前十六躰内也、幷四天王像可建立之、次古像」諸尊幷一切経以下聖教及仏具・曼荼羅供仏」具以下注文在別、道具注文在別、等随破損可加修複〔復〕也、就中釈迦・多宝塔二如来者、天福以往古」像、脱度々火災霊仏也、而嘉暦廻禄、御身両雖存、」座光者共焼畢、而于今無沙汰、云冥慮云見聞、誹謗』尤有憚、忩可奉造加者哉、

恒規頭役等難渋すべからざる事

一、恒規頭役・臨時大小所役等不可難渋事、最勝」講所役仏性灯油者惣公事、自余者悉料田

在」之、二月会以下五箇大会所役頭人別在、安居幷百」日講料田在之、其外勤。行料足等、或勧進或巡礼役、」自余依繁略之、老若上下恒例・臨時課役等、不」差合期之日時、可致厳重之沙汰、自由難渋之者、各可糺」明之也、」』

寄物の事

一、寄物事、最勝講廻文饗料、六月会・蓮華万灯両会・」霜月会、除霜月講廻文頭役料、百日講前後饗」料・安居始末饗料、南院長吏幷別当両院方内一」方寄之、三月会布施物、本中両導師分内各四貫文、」同転読布施物人別伍連内三連、諸方成功料物、」三十講一講問幷有職僧綱等成功、已上造営之間寄進」之、自余者可随時宜、次二月会事、行人望申経営者可有免許」也、件寄物等過式日者可加利分、若背法者可授別過料也、」』

名帳の次第

一、名帳次第、当寺竪入之人者、於受戒即年可交衆、他」山横入輩者、経止住三年可交衆也、結衆三十人満者非」沙汰之限、但山里共為無縁之貧僧無其隠者、為其身」無私力、為坊主難合力之由、捧二人之起請文者、暫芳」免之、少分資縁出来之時、可勧入也、但雖可捧二人誓文、」有如形資助之由、寺中無隠之輩事者、任法可致沙」汰也、次横入与竪入、同臈臈之違目者、以竪入為座上」事先規也、二臈不同者非沙汰之限、次竪入受戒前』後事、如貞和連暑〔署、下同〕矣、

名帳を抜くる輩の事

一、抜名帳輩事、先自由抜名帳之輩、即不離山之条僻」事也、縦雖後日登山、任雅意遊行寺

中、相交温室事、」自今以後可停止也、次同人還住事、任先例償五連之」成功者、可免之、但付惣別不忠濫行之輩事者、自政」所被相触之後、能々有其沙汰可被許之、不可准傍例」欤、次於衆勘擯出之族者、永山中不差影矣、

温室の次第

一、温室次第事、一番老僧巳時、二番中臈午時、三番』下臈未時、為坊主少生随僧者、老若共不可有三」番之差別、四番行人申酉二時、非衆客僧等自未」半至申半也、自由抜名帳之上下僧并異形白衣之」僧俗等、一向禁制之、

学を専行すべき事

一、惣分恒役外可専行学事、計諸堂勤行之隙、以」房中閑居之暇、行顕密之大道、奉祈 公家・武家」之御願、学教証之仲微、可施自利・々他之勝益、智行共」闕名国賊、豈可不慙哉、然則、於内行者、雖為房々』各々之随意、於修学者、可致同心同会之談話、於」其中無器量之先達者、可任意、三十講之結衆者、不可」簡堪否、早若学頭若属有縁能化可専学問也、

児童の事

一、児童不可断絶事、是則継法灯之種、慰冷然之媒也、必」不拘連理之◦情、強不執同穴之眤者、不能厭離、可足依用者欤、」然者諸院諸房、各為不断之定役、可廻随分之秘計也、

路次を掃除すべき事

一、可路次掃地事、自寺中大門至坂本大路、三年一度」作之者先規也、次諸堂巡礼之路次、諸院◦外郭之近』辺、随便宜各可掃地之、殊更恒例節会之最」中、里人雲集之境節、尤一同

可有其沙汰欤、

指せる宴席に非ざれば高声等停止すべき事

一、非指宴席、高声雑言可停止事、宿老小人之」会合、檀那貴族之登山、如此之時、催酒宴携遊覧」者、山寺風躰、人間之栄耀也、不然之時、或一向無骨之」僧俗、集居張行無益之戯笑、或全分不〔下〕輩之同類」寄合、猥催高声之乱舞、傍若。〔無〕人之至、何事如之哉、然」者各々同宿、各々坊人等、以此趣可被加誡也、』

晴出仕に染衣を着すべからざる事

一、晴出仕不可着染色内衣事、無縁老僧随借得用之」事者、讃如何、有力若輩致奔走着之条、好色之基、不」調之至也、就中在家・出家晴出仕者、共着用白色内衣事、古」今之法、都鄙之例也、尤自他可存知之、縦雖非出仕、顕露」遊行之僧、徒異色異形之出立不可然事也、

寺辺経廻を停止の事

一、於寺辺東西別所、細々経廻可停止事、随身児童、誘引賓」客、経遊覧之類者常事也、非制限、而為休一身之徒然、」不顧諸人之嘲哢、顕露入酒屋、朝夕令経廻、尤可斟酌矣、』

寺中沽酒禁制の事

一、寺中酤酒禁制事、此条匪只仏家第五之重禁、殆為世」務一箇之徳政、依慈〔茲〕和漢之明、皆以誡之、愚拙之貧夫偏犯之」者也、自今以後一向。〔可〕停止之、若背禁制者、云酤者、云買人、可出一」結之過料也、過料若滞者、以講衆之強義、可致宿房之煩者也、

寺中尼女禁制の事

一、寺中尼女禁制事、無縁之僧徒為慈育、母女姉妹等」扶置閑処者、六十老者不能制止、於

六十未満者、不論」親疎可禁居住、四五〇〔日〕者随躰免許之、但依天下之動乱、」逢不慮横災、難避子細自然有之歟、其時者聊可』施優恕、於夫婦同居者、不論貴賤、不憚権勢、不日触」試宿房之時、又〇〔無〕承引者、講衆若輩一揆、可致苛法之沙汰也、

寺中牛馬禁制の事

一、寺中牛馬禁制事、依放牛馬、枯仏庭之草木、穢僧院之」路次、旁以不可然、自今以後者、任傍例可召過料也、過」料若遅々者、件蹄永不可返主、但夫駄鞍馬等、不慮離来事」非制限矣、

山木禁制の事

一、山木禁制事、貞和三年七月日両院連署状云、於」籠□〔山カ〕青木切取法師原者、云木云斧召留之上、可』処□湯之罪科云々、又云、里辺樵夫入惣山之境」者、守結番之旨、上下僧衆日々可致警固云々、

已上取意、自由破結番者、可有罪科也、

寺中検断の事

一、寺中条々検断事、同状云、於殺害児童・師匠・主人」下輩、殺上方同前者、於寺中可行死罪、於傍輩」殺害者、可召渡守護所云々、次上方殺下輩幷刃」傷人事、可追却寺中云々、次強窃二盗事、抱寺庫之」仏物、盗常住之聖財者、可行死罪、其余者、云夜討、』云窃盗、随事可有軽重也云々、次重犯輩逐電者、」同尋捜在所、可有其沙汰云々、次切打坊舎・破損門」墻及放火狼藉事、随軽重一々可処罪科云々、次依罪」科退山之仁、不論上下、不可令還

住云、已上取意、

右、件之条々式目、向後各々可守之、於此中可有一同之緩」怠、又可有一人之不可、於一人之不可而〔者カ〕、可有慮外之失念、可有」自由之奸曲、而一同之緩怠幷一人之忘却者、仏天聊令」残□〔冥〕助欤、自由猛。悪之輩者、誓約何可遁当罰哉、』就中此状者、非今度新義之連之連署、多所載」先年記録之書契等也、自他不可偏執、相互可令」謹慎、将又未来新入之僧徒為加署判、載上座於」右烈〔列〕、末臈於左、然初入之結衆衆出来者、於大会之」砌可令加判也、若此式目等、雖為一塵、任雅意存自」由、令違犯者、

奉勧請梵王帝釈、護世諸天、同躰別躰、三宝」願海、当寺本尊、聖者医王善逝、千手薩埵、金剛』蓮華両部諸尊、殊当山鎮守金剛蔵王権現、大」社大明神、両所神明、王子眷属部類神等、神罰冥」罰各可罷蒙也、仍五院大衆幷行人等連署起請文状」如件、

正平十年乙未三月　日

阿闍梨澄成在判　権律師宗任在判　長吏権律師源円在判

権律師覚鎮在判　法眼和尚位唯景在判　性円大徳在判

権律師重恵在判　栄雲大徳在判　直澄大徳在判』

長吏権小僧都澄尭　有算大徳　澄弁大徳在判

五院大衆行人
連署

阿闍梨栄印在判　学頭大法師円有在判　湛秀大徳在判
阿闍利頼有在判　考増大徳　阿闍梨成俊在判
賢有大徳在判　阿闍梨円性在判　玄秀大徳在判
円快大徳在判　忠円大徳在判　綱政大徳
阿闍梨有海在判　宗円大徳在判　別当権律師高円在判
阿闍梨盛円在判　権律師維舜在判　広心大徳
良俊大徳在判　栄尊大徳在判　性鎮大徳在判』
範景大徳在判　重雅大徳在判　経鎮大徳在判
貞重大徳在判　円範大徳在判　正順大徳在判
快円大徳在判　宗舜大徳在判　円詮大徳在判
有善大徳在判　重賢大徳在判　貞俊大徳在判
有俊大徳在判　賢俊大徳在判　宗兼大徳在判
維円大徳在判　良鎮大徳在判　寛円大徳在判
有珍大徳在判　重詮大徳在判　重円大徳在判
義円大徳在判　頼鎮大徳在判　円順大徳在判』

清円大徳在判　慶俊大徳在判　円喜大徳在判
頼村大徳在判　維鎮大徳在判　円俊大徳在判
貞鎮大徳在判　澄村大徳在判　宗盛大徳在判
泰有大徳在判　重印大徳在判　行澄大徳在判
円印大徳在判　宗俊大徳在判　円鎮大徳在判
澄有大徳在判　円信大徳在判　綱円大徳在判
栄珍大徳在判　高有大徳在判　有円大徳在判
維玄大徳在判　時俊大徳在判　永鎮大徳在判』
寛俊大徳在判　景尊大徳在判　重心大徳在判
長舜大徳在判　慶応大徳在判　高鎮大徳在判
財俊大徳在判　祐鎮大徳在判

下方分

尭蓮在判　碩論在判　菊陳在判
親密　楽万在判　鏡円
乗楽　円勝在判　智法在判

得熊　善力　万徳』
能真在判　大谷　得一
西得在判　得妙　円実在判
尭得　妙善　万福
大妙在判　了達在判　智法
随万　得力在判　現当在判
随円　得行　浄得
福万　定蔵　十行
此正本者、北政所竹瓦坊ニ有之、』
文安二年乙丑卯月日、南院塔本坊書之畢、
右筆円尋写之、
長享二年戊申七月廿一日、於竹本坊書之畢、
右筆者丹州成相寺住僧日暈大法師、

○本文書、鰐淵寺所蔵写本により翻刻す、本写本、本文書と九四号入道尊道親王袖判青蓮院下知状写を収む、その奥に「諟ノ古記録タルヤ、従来当山内是心院ノ所蔵タリシ処、今茲ニ明治十一年戊子花月ヲ

以テ根本堂ノ文庫ニ収ムト、云尓」との識語あり、

七七　豊田種治奉書（小切紙）　一八・一×二四・七

（裏打紙端裏押紙）
「将軍尊氏（足利）御代　十三」

御祈禱巻数一枝、令」入見参候了、殊以目」出度候、仍執達如件、

正平九年六月十六日　修理亮（豊田種治）（花押）

鰐渕寺衆徒中
御返事

七八　朝山貞景書下　三二・一×四一・六

於御方被致忠節候之」上者、本領事、不可有」相違之状如件、

文和四年三月十日　右衛門尉（朝山貞景）（花押）

若槻小法師殿

七九　出雲守護佐々木導誉書下　三〇・六×四七・〇

（裏打紙端裏押紙）
「九十九代
後光厳院殿御代㊅
将軍尊氏（足利）　」

漆治郷

出雲国漆治郷事、代々為」日吉御神領之由、円宗院」菊童子殿代官就申之、証文」悉　綸旨・院宣幷関東御下知」等加披見畢、仍彼所悉可」渡付円宗院代官之状如件、

延文元年二月六日　沙弥（佐々木導誉）（花押）

吉田肥前（厳覚）御房

八〇　後村上天皇綸旨（宿紙）　三一・四×四七・〇

（裏打紙端裏押紙）
「九十九代後光厳院南帝綸旨　十一」

三所郷地頭職

出雲国三所郷地頭職、」任度々　勅裁、知行不可有」相違者、天気如此、悉之、以状、

正平十二年六月八日　木工頭（押小路惟季）（花押）

鰐渕寺長吏頼源僧都房

八一　足利直冬御判御教書

三〇・三×四七・七

（裏打紙端裏押紙）
「将軍義詮（足利）御判　十六」

祈禱事、殊可」令致精誠之状」如件、

正平十六年十一月六日　（花押）（足利直冬）

鰐渕寺衆徒中

八二　鰐淵寺和多坊地関係文書案

（第一紙）三〇・四×四一・七
（第二紙）三〇・四×四〇・五

（一）盛順売券案
国富庄経田櫛坪

売渡国富経田百丁内櫛坪一丁幷和田房地事

合　櫛坪一丁幷和田房八間地
　　□□□（持仏堂三）□間地代銭　卅六貫文

和田房地南北十五間幷持仏堂三門（間）、已」上十八間地也、此内除南七間房地、北八間」房地幷持仏堂三間事、東西北限」大道、南限溝、

右件経田幷房地者、盛順之相伝重代」所領也、然者依有要用、手継相伝次第」証文相具、用途卅六貫文所売渡」明白也、□（全）以門弟云、他人云、此経田・』房地不可致妨者也、仍為後日沙汰、」売券状如件、

嘉暦三年戊辰三月廿六日　盛順在判

(二)通円譲状案

譲与

出雲国鰐渕寺和田坊之地」幷国富経田櫛坪壱町事

右、彼所者、通円相伝之間、舎弟」宮内卿重円所譲与也、相伝文書」五通相副之上者、守彼状可」被知行之状如件、

観応二年辛卯二月五日　僧通円在判

(三)重円裏書

此坊地本証文仁櫛坪壱丁」被書載候間、彼経田於除候、和多」坊又地計御渡申候之間、案文」書副進候之処、如件、

貞治三年甲辰七月十三日　重円（花押）

○本文書、欠損部分を史料編纂所所蔵影写本により補う、なお、(三)重円裏書は第一紙の紙背に記す、

八三　勝部高家寄進状

三三・九×四八・二

寄進　御本尊事

純金の阿弥陀如来座像高麗より将来す

阿弥陀如来純金坐像、

右、彼本尊者、近年自従(ママ)高麗」将来吾朝之霊像也、然先孝〔考〕定阿」可奉寄進鰐渕寺之由、存日有」発願故、不背其遺言、奉入当」伽藍者也、伏望、満寺衆徒同」任施主之願念、令資亡父之」菩提給、仍状如件、

応安四年辛亥七月廿五日　左衛門尉勝部高家（花押）

八四　源秀泰請文

三〇・五×四八・五

漆治郷

年貢毎年三十五貫文

請申

鰐渕寺領当国漆治郷領家方所務代官事

右、任衆徒之所望、可令申付器耀〔用〕之仁也、但」於年貢者、毎年十月中以前、以参拾五貫文、」令運送于山上、至人足者、造営以下寺家」大切之時分、随被触仰、可令催勤之、若。致不法」懈怠、剰成山上忽緒之儀者、任衆徒之」契約、可令停止所務候、此上尚致奸曲者、」八幡三所御罰可罷蒙也、仍所請申之」状如件、

応安七年三月九日　左衛〔門脱〕尉源秀泰（花押）

八五　出雲守護京極高秀遵行状

三一・〇×四九・〇

若槻孫五郎清頼申出雲国漆治郷内」津々志村半分事、先立遵行之処、」若槻七郎左衛門尉依致無理押妨、未事」行云、〔々脱〕甚不可然、於下地者、早被打渡」清頼、可被執進請取、有子細者、可令」注進之状如件、

永和弐年六月廿九日　（花押）〔京極高秀〕

隠岐入道殿〔佐々木自勝〕

漆治郷津々志村

八六　隠岐守佐々木某書下

二九・八×四七・五

出雲国出東郡漆治」郷内津々志村半分」事、如元知行不可」有相違之状如件、

明徳三年二月廿四日　隠岐守（花押）

若槻孫兵衛尉殿

漆治郷津々志村

八七　慶応売券

三二・六×五五・七

売渡　鰐渕寺南院桜本坊事

合坊一宇幷敷地等者、四〔至〕芝堺見本証文、

南院桜本坊

右、件坊舎等者、慶応相伝以来、知」行于今無相違、雖然依有要」用、相副代々手継本文書等、」川内公歓鎮代銭拾貫文、永代」所売渡明白也、此上者、云一門、云」他門、全不可有其妨、自今以」後、号有支証、於致違乱煩」輩之者、可被申行謀書罪科」者也、仍為後日、沽券之状如件、

明徳三年十月廿八日

阿闍梨慶応（花押）

八八　出雲守護京極高詮書下

三〇・二×四七・八

高浜郷遙堪郷

（裏打紙端裏押紙）「将軍義満（足利）御判　十七」

当国鰐渕寺々領高浜」郷内弐町弐段六十歩・遙勘郷内参段三百歩下」地事、為杵築内経所経田」上者、止検〔注〕住以下諸公事、寺家」知行不可有相違之状如件、

明徳三年壬十月十六日　（京極高詮）（花押）

八九　維円譲状

三〇・四×四〇・五

和多坊別所経田

ゆつりあた□〔う〕る鰐渕寺和多坊并別所」経田等事

合坊一宇・同敷地、別所経田等坪付在本文証、

右、件坊舎・経田等者、維円相伝所也、」常楽寺勘解由左衛門殿子息小法師丸、」代々てつき文証等悉相具、ゆつり渡」所明鏡也、たとひ住山なく、さいけなり」といふとも、小法師丸のはからいとして、」きようの人にあつけ申さるへく候、仍」為後日ゆつり状如件、

応永弐年きのとのい二月九日　維円（花押）

三〇・七×四〇・八

九〇　維円売券

うり渡　鰐渕寺北院和多坊幷敷地・別所」経田等事

合代銭廿九貫文者、

右、件坊舎・経田等、維円相伝之所也、」同坊にそへて持仏堂造立せんかために、」常楽寺御所殿、永代うり渡申候所也、」本文証等悉相具て、うり渡申候上者、」いさゝかいきあるへからす候、仍為後日」うりけんの状如件、

応永弐年きのとのい二月九日　維円（花押）

九一　室町幕府御教書　　三〇・一×四八・五

（裏打紙端裏押紙）
「将軍義持（足利）御代　十八」

出雲国鰐渕寺雑掌申」同国漆治郷事、申状・具書如此、」早退押領人、可被沙汰付下地於」寺家雑掌、若又有子細者、可被」注申之由、所被仰下也、仍執達如件、

応永八年四月廿五日　沙弥（畠山基国）（花押）

佐々木治部少輔入道殿（京極高詮）

漆治郷

九二　室町幕府御教書　　三〇・二×四八・六

（裏打紙端裏押紙）
「将軍義持（足利）御代　十九」

出雲国鰐渕寺雑掌申」同国々富庄事、早止半済之」儀、一円可被沙汰付下地於寺家」雑掌之由、所被仰下也、仍執達」如件、

応永八年四月廿五日　沙弥（畠山基国）（花押）

佐々木治部少輔入道殿（京極高詮）

国富庄半済

九三　室町幕府御教書　　三〇・三×四七・六

（裏打紙端裏押紙）「将軍義持（足利）御代　二十」

出雲国鰐渕寺雑掌申同国漆」治郷幷国富庄半済分事、重申状・」具書如此、先度被仰之処、
不事行云々、」太無謂、不日退押領人等、彼是可被」沙汰付寺家雑掌之由、所被仰下也、仍」
執達如件、

応永八年六月十八日　沙弥（畠山基国）（花押）

佐々木治部少輔入道殿（京極高詮）

漆治郷国富庄
半済分

九四　入道尊道親王袖判青蓮院下知状写

一品親王（入道尊道親王）御判在之、

出雲国鰐渕寺衆徒等可存知条々事

一、慈鎮和尚以来、為無動寺末寺、奉仰　御門跡之」上者、雖為向後、可有御扶助、若令向
背本所、現不」忠者、可有罪科事、

一、任先例、寺中幷寺領等、号国役、可令停止守護」使被乱入事、

一、於本所役難渋之輩者、為衆徒沙汰、被勘』落彼経田、可成仏閣造営料所之事、

一、本尊聖教等、不可沽却他山事、
一、離山不住、倫〔偸〕令領知坊舎・経田之条、自由至極」也、自今以後可令停止事、
一、児童法躰以前、不可譲坊舎・経田等事、
一、坊舎・経田、令武家沽却之条、且背仏意、且寺」中廃怠基也、仍而〔云〕売人、云買人、共可処罪科事、
一、不伺上意、任雅意、寺領・別所等、。不可有武家契』約之儀、若於背此旨之輩者、可被処罪科事、
一、寺僧等、。或憑権威、或以強縁之力、令緩怠寺中」平均公役者、堅可加炳誡事、
一、衆徒等、評定事訖後、欲破衆会之群儀輩、非」分張行也、可有件〔殊〕沙汰事、
右、於背此条々寺僧等者、為衆徒可追罰」其身、猶以及異儀者、依住〔注〕進、同可加成敗者」也、仍下知如件、』

応永九年十月九日　別当権大僧都在判

権僧正法印大和尚位在判

法印大和尚位在判　法眼和尚位在判

○本文書、「鰐淵寺所蔵写本により翻刻す、本写本、七六号鰐淵寺衆徒等連署起請文と本文書を収む、そ

の奥に「提ノ古記録タルヤ、従来当山内是心院ノ所蔵タリシ処、今茲ニ明治十一年戊子花月ヲ以テ根本堂ノ文庫ニ納ムト云尓」との識語あり、

九五　歓鎮譲状

三五・〇×五三・四

譲与　鰐渕寺南院桜本坊事

合坊舎一宇、并別所経田・資財・本尊・坊具等、

右、彼坊舎者、歓鎮阿闍梨重代相伝所也、此仁」河内公浄鎮、依不浅師弟之契約、坊舎已下」悉所与譲也、然上者、全出家之義理、可被訪」先師菩提者也、万一彼仁無正躰、坊舎・経田」沽却之義有之者、本坊、為大福。坊計、選器用」仁、可被定置者也、是併護先師遺誡、為」歓鎮ニ親菩提也、此上者、云親類、云他門、不可」有違乱妨、仍所譲与如件、

応永廿五年十月十六日　阿闍梨歓鎮（花押）

南院桜本坊

九六　青蓮院義円御教書

三〇・〇×四八・六

漆治郷の事に就き上洛あるべし

当寺領漆地郷事、先年」雖被経御沙汰、其後被閣」之処、自公方様（足利義持）、内々被仰出」子細候之間、則被召下御使候、」重書等令随身、忩使節可」有上洛候、寺中大慶候歟、」不日可有参

洛候、不可有無沙汰」之由、被仰下候也、恐々謹言、

（応永二十七年カ）
後正月廿四日　（鳥居小路）経守（花押）

鰐渕寺衆徒御中

九七　青蓮院義円御教書（折紙）　二九・三×四七・〇

漆治郷国富庄

漆治郷幷国富庄」事、各半分可被」渡付鰐渕寺雑掌」之由、被仰下候也、」仍執達如件、

応永廿七

七月五日　快秀（花押）

両庄御代官

九八　足利義持御判御教書　三四・〇×五四・三

（裏打紙端裏押紙）
「将軍義持（足利）御代　廿二」

祈禱事、近日殊」可致精誠之状」如件、

応永卅四年十二月二日（足利義持）（花押）

鰐渕寺衆徒中

国富庄漆治郷

九九　青蓮院御教書　（本紙）二七・八×四六・九

○封帯あり、

（端裏書）
「庁之状」

就鰐渕寺領国富・漆治郷事、」依成令旨、遠藤掃部助乱入」郷内之由、注進之条、驚入候、曽以」不可有其儀候、殊此題目者、」去々年山訴之時、無動寺事書」条目入候て、達　上聞候之間、仏陀」施入之反古不可帰入候之上者、旁」奸謀之至候、所詮、被仰守護代」宇賀野方、彼遠藤掃部助」被召上、堅可有御糺明候者、尤」（○以下裏紙、）可然候也、恐惶謹言、

九月四日　泰任（花押）

安居院御房

○本文書裏紙、史料編纂所所蔵影写本により補う、

国富庄漆治郷

一〇〇　青蓮院義快御教書　二八・三×四七・〇

当寺領国富庄・漆治郷」段銭幷臨時課役等事、」度々免除御判明鏡上、」任去応永廿八年令旨、更」不可致其沙汰之由、依仰、状」如件、

正長元年十一月十八日　法眼（泰任）（花押）

権少僧都（花押）
権少僧都（花押）

鰐渕寺衆徒中

一〇一 鰐淵寺別当円運等連署紛失状

三四・〇×五七・三

漆治郷内八幡宮大般若経転読料田

出雲国出東郡漆治郷内八幡宮大般若経転読」料田六段半、以当郷荒野令開発、御寄進状綸旨一通」幷守護所佐々木信濃前司泰清・同左衛門尉頼泰・同近江守」貞清了道、為荒野開発地之間、停止万雑公事、可為専　天下」御祈禱之由、御判等五通明鏡也、次同郷内八幡原一反・大坪一反」仏忍寄進状二通、次寛円法印霊供田五斗蒔・在菅沢方屋敷」幷西道屋敷一所、共在直江村、彼田屋敷者、此漆治郷御寄進状不」慮粉〔紛、下同〕失、而武家仁手仁相伝之処、彼寛円法印随分致秘計、」取返被進置惣山、経年月畢、而被召出自　御門跡、於　御前」勝定院（足利義持）御所在御安堵下給当寺、依之毎年御公用八十貫文進上之、」仍寛円法印為忠賞、彼田・屋敷等、自御門跡御奉行幷寺家」奉行等、停止万雑公事、金剛院坊領御寄進之処也、次二番三」味田二反、在国富庄、次雲見別所、在田畠、号定蔵垣、上件支証等、次金剛院」坊舎敷地幷行林坊地幷金橋坊地等代々手継、悉永享五年癸丑」十一月廿日夜、一乗院幷竹本坊炎上之時、令粉失、

一乗院竹本坊炎上に依り紛失す

国中所無其隠也、」依之所申賜紛失状如件、

永亨五年癸丑十二月　日　別当阿闍梨円運（花押）

（異筆）「此子細令存知者也、」　北院長吏権律師円慶（花押）

南院長吏権律師維亮（花押）

三一・七×四六・四

桜本坊敷地

一〇二　栄乗譲状

譲与南院桜本坊幷敷地等事

合坊壱宇・同敷地者、　慈慶大徳所、

右坊舎者、栄乗律師重代相伝所也、然依師弟之」契約、不残本文書、家具等少々相副、慈慶大徳仁」永代所譲与明白也、此上者、云自門、云他門、不可有」違乱妨候、仍為後証、譲状如件、

永亨七年乙卯八月廿二日　権律師栄乗（花押）

二九・三×四七・九

宇賀郷

一〇三　某書下案

宇賀郷内

杵築大社大日供養法料田等之事
右、任本支証之旨、鰐渕寺」知行分供養◦法料田等、悉不可有」相違状如件、
永享七年十一月　日

一〇四　足利義教御判御教書

三三・六×五四・八

国富庄漆治郷

出雲国鰐渕寺并寺領同国」国富庄・漆治郷等事、臨時課」役・段銭・人夫以下諸公事、所免
除也、」早為守護使不入之地、可被全」管領之状如件、
永享十年三月十一日　（花押）（足利義教）
青蓮院殿（尊応）

一〇五　室町幕府御教書

二九・一×四八・三

（裏打紙端裏押紙）
「将軍義教（足利）御代　廿二」

国富庄漆治郷

出雲国鰐渕寺并寺領同国」国富庄・漆治郷等事、臨時課」役・段銭・人夫以下諸公事、所
被」免除也、早任去十一日御判之旨、」可被停止使者之入部之由、所被」仰下也、仍執達如件、
永享十年三月廿三日　右京大夫（細川持之）（花押）

（京極持高）佐々木治部少輔殿

一〇六　出雲守護京極持高遵行状

二八・四×四六・九

国富庄漆治郷

（端裏押紙）「将軍義教（足利）御代　廿□（三）」

出雲国鰐渕寺并寺領」同国国富庄・漆治郷等」事、任去三月十一日　御判・同」廿三日御施
行之旨、臨時課」役・段銭・人夫以下諸公事、所」令免除之状如件、

永享十年四月廿三日　治部少輔持高（京極）（花押）

若宮参河守殿

富尾太郎左衛（門脱）入道殿

一〇七　出雲守護京極持高遵行状案并某書状（折紙）

三一・二×四六・三

（一）出雲守護京極持高遵行状案

出雲国鰐渕寺并寺領」同国国富庄・漆治郷等」事、任去三月十一日　御判・同」廿三日御施
行之旨、臨時課」役・段銭・人夫以下諸公事、所」令免除之状如件、

永享十年四月廿三日　治部少輔持高（京極）御判

若宮参河守殿

（二）某書状

富尾太郎左衛〔門脱〕入道殿

日待・月待」之洗米、令到」来、頂戴之候、」懇祈之段、」祝着候、被」参仕之旨候、心得
候」也、〇以下見返、
六月五日（黒印）
（奥切封ウハ書）
「（墨引）
鰐渕寺
年行事
和多坊」

〇（二）文書は、（一）文書の裏打紙なり、暫くここに収む、裏にも角印あり、

一〇八　栄藤・亭西連署奉書

三二・四×四五・九

（端裏押紙）
「将軍義教御代（足利）　廿四」
出雲国鰐渕寺散在之寺領事、」任去七月四日之御奉書之旨、」恒例段銭・同臨時反銭以下諸」
御公事等、可令停止之処」如件、

永享十一年八月十九日　沙弥亨西（花押）
沙弥栄藤（花押）

鰐渕寺衆徒御中

一〇九　栄藤・亨西連署奉書案　三一・二×四六・六

出雲国鰐渕寺散在之寺領事、」任去七月四日之御奉書之旨、」恒例段銭・同臨時反銭以下諸」御公事等、可令停止之処」如件、

永享十一年八月十九日　沙弥亨西在判
沙弥栄藤在判

鰐渕寺衆徒御中

一一〇　鰐淵寺北院和多坊房舎経田等注文　二九・〇×四四・三

鰐渕寺北院和多坊房舎・聖教并」別所経田等事

合維栄法印所

一、坊舎同敷地事、　十間、前仁在泉水、

坊舎

東北西者限大道、南ハ限溝、

聖教

一、聖教事、在別紙、

経田

一、経田坪付事、

一所　壱丁　国富庄内曲戸在之、

一所　半　国富庄内中津、

一所　参段大　遙勘郷内在之、

一別所　壱宇　雲見在之、四至等見本証文、

右、坊舎・経田等注文如件、

文安元年甲子潤六月十八日　法印維栄（花押）

一一一　鰐淵寺三長老連署掟書　二九・二×四六・五

国富庄曲戸

出雲州国富庄内曲戸壱町和多坊経田之□〔事カ〕

合壱通者、

中比水損す

百姓等打開く

右、彼経田者、和多房重代相伝之坊領也、」壱町之内五反之分、中比水損而浜仁成間、」中絶而不知行也、雖然地家〔下〕之百姓打開次第仁」掠領間、維栄法印致訴詔処、有老僧」結衆之集会、

如往古可被永代返付由、」堅被儀〔議〕定上者、雖及後代仁、自惣山不可」有違乱之御沙汰旨、被停止畢、仍為」後日掟状如件、

文安三年丙寅二月八日

一和尚 権少僧都維成（花押）

南政所 権少僧都維亮（花押）

北政所 阿闍梨円盛（花押）

一一二　維栄掟書

三〇・五×五七・二

出雲州国富庄之内和多坊経田曲戸壱町之事

合壱通者、（坪付、曲戸壱町之大境仁、畔之下ニ大石可有之也、有リ石ハ壱町大境ノ巽角ニ、）

右、彼曲戸壱町者、和多坊重代相伝之坊領也、」彼壱町之内下五反之分、水損間、中絶而不知」行也、雖然地家〔下〕之百姓打開次第仁地〔知〕行間、」維栄法印任本支証仁、惣山致訴詔間、有」老僧結衆之集会、如往古可被永代返付由、」堅有儀〔議〕定、両政所両人使者而、及学頭三十」余年仁、最勝講・三十講・霜月講・月講其外之諸」講説之問答講令書写間、余坊仁不可例由、老」若有其沙汰、永代被返付畢、惣不知行之在所、」残処二町余雖有之、悉者斟酌之儀有之

上、悉」致訴詔者、坊々之経田、皆々可被望申儀有之」間、其沙汰不致者也、後年仁余坊之
経田悉可被」返付時者、残処任本支証仁可取致(マヽ)其沙汰者也、」仍為後日掟状如件、
文安三年丙寅二月八日
和多坊住侶権少僧都法印維栄（花押）

一一三　室町幕府御教書　二八・九×四七・三

国富庄漆治郷

(端裏押紙)「将軍義成(足利)御代　廿五」
出雲国鰐渕寺領同国々富」庄・漆治郷散在田畠等段銭以下」臨時課役事、被免除訖、早」可
被停止使者入部之由、所被」仰下也、仍執達如件、
文安三年九月五日　右京大夫(細川勝元)（花押）
佐々木大膳大夫(京極持清)殿

一一四　日吉社領出雲漆治郷文書目録　(第一紙)三三・八×五四・三　(第二紙)三三・八×五三・七

日吉社領出雲国漆治郷文書目録案文

合拾捌通者、次第不同、

一通　綸旨　延元々年十月五日

一通　院宣　正安三年十月四日

一通　新院々宣　七月四日

一通　庁宣　建保六年八月日

一通　相模守時宗（北条）法〔宝〕光寺殿御書　弘安元六月廿五日

一通　庄〔康〕能（藤原）実検状　弘安四年七月十二日

一通　和与状　永仁四年八月廿七日

一通　御下知　永仁四年九月五日

一通　御下知　永仁五年正月十二日

一通　御教書　永仁五年八月廿七日』

一通　御教書　正安二年後七月十九日

一通　御教書　正安二年後七月十九日

一通　遵行　佐々木導誉　延文元年二月六日

一通　綸旨案文　粉〔紛、下同〕失状同筆　元亨二年二月十一日

一通　綸旨案文粉失状同筆　嘉暦二年四月廿九日
一通　同請取　延元々年三月十日
一通　同預状　建武三年二月三日
一通　同粉失状　建武四年二月五日
已上拾捌通、
右、此外証文雖有数通、悉可為反古者也、仍目録如件、
文安参年丙寅十二月三日　田中坊清賀（花押）
円光坊尭賀（花押）

一一五　日吉社領出雲国漆治郷文書売券

三三・八×五四・六

沽却　日吉社領出雲国漆治郷文書事
合拾捌通者、
右証文者、為山徒円宗院譜代相伝重書之間、某次第」相伝、無他妨者也、雖然依有所用、相副目録、直銭肆拾伍貫」文仁、同国不老山鰐渕寺仁、永代所売渡実正也、随而手」続事、為惣坊領一紙之間、割裏、彼雑掌披見訖、就中」等持院殿(足利尊氏)以来当家代々支証幷粉(紛、下同)失状其外

円宗院相伝の文書

天下一同新儀徳政

綸紙〔旨〕粉」失時、裏封之案文等、去永享年中、惣山坂本大儀之時節、」引失訖、縦雖有出現、悉可為反古候上者、万一称一類之」支証、令出帯致訴詔輩在之者、還而可被処于盗人罪科」者也、加之鰐渕寺者為山門末寺之間、永奉寄進于寺家」鎮守十禅師幷祇薗・北野・蔵王権現処也、然上者、縦雖為天」下一同新儀徳政、於此重書者、曽以不可有改変之儀者也、」仍為末〔来脱〕際亀鏡、寄進売券之状如件、

文安参年丙寅十二月三日　田中坊清賀（花押）

円光坊尭賀（花押）

○一一四号文書に一一五号文書を貼継ぐ、　二六・九×三四・二

一一六　和多坊経田内検帳

和多坊経田内検帳事

文安三年丙寅

恒例段銭

臨時段銭

一、一反内、十分不、乍〔作、下同〕三百五十分、イ〔得、下同〕五斗、丙寅年、川内殿かゝり、恒例反銭百四十三文、

臨時反銭六十八文、

享徳二年内検

両反銭、以上二百四文、

一、一反内、十分不、廿分不、乍三百四十分五十分イ四斗三升、丙寅歳、衛門かゝり、

享徳二癸酉歳ヨリナス年貢五斗 恒例反銭百三十九文百四十三文

臨時反銭六十四文八文

両反銭分、以上二百六文、

一、一反内、小不、乍大、イ一斗七升、丙寅年、衛門かゝり、

癸酉歳ヨリナス、年貢二斗 恒例反銭百三文、

臨時反銭四十七文、

両反銭、百五十三文、

上《カミ》二反ハ不内検間、反銭モ不結解也、以此分可」結解シ合也、

国富庄

一一七 国富庄内和多房経田注文

二八・九×四二・〇

国富庄内経田百町内、和多房経田弐町七段

曲戸壱町

櫛坪壱町

高江肆段
あかち壱段
いわさき壱段半
なかす半

高浜郷遙堪郷

一一八　出雲守護京極持清書下　二八・三×四一・一

（端裏押紙）「将軍義成（足利）御代　廿六」
出雲国鰐渕寺々領高浜」郷内弐町弐段六十歩・遙勘郷内参段三百歩」下地事、為杵築内経所経」田上者、
止検住（注）以下諸公事、」寺家知行不可有相違之状」如件、
文安六年四月十三日　大膳大夫（京極持清）（花押）
鰐渕寺

高浜郷遙堪郷

一一九　出雲守護京極持清書下案　二九・四×四三・〇

（端裏書）「将軍義成（足利）御代」
□（出）雲国鰐渕寺々領高濱」郷内弐町弐段六十歩・遙勘郷内参段三百歩」下地事、為杵築内経所経」田上者、

止検住〔注〕以下諸公事、」寺家知行不可有相違之状」如件、

文安六年四月十三日　大膳大夫（京極持清）御判

鰐渕寺

一二〇　維栄譲状

二八・九×四六・九

北院和多坊敷地

譲与　鰐渕寺北院和多坊敷地事

合維栄法印所、（限東大道、限西大道、限南井上坊溝、限北大道、）

右、件彼坊地者、維栄法印重代相伝来之」処也、抑楽円大徳依為普〔譜〕代之者、従幼」少至于今老躰之従副《ツキ》、致奉公間、此敷」地外郭内、自柚木北三間之限（限大道、）地楽円」大徳一期所譲与也、万一有器用弟子、譲」事有之者、本坊之四壁之牆、其外坊葺、」諸講説之経営之時者、指出可致奉公由、」可申付者也、若其身無正躰成行事有」之者、本坊仁彼地可返付者也、如此堅書置」上者、云一門、云他門、全不可有其妨、仍為後日」譲状如件、

（異筆）「北ハ柚木ヨリ限大道ニ、」うしろハ雨たれをかきる也、」

享徳元年壬申八月廿二日　維栄法印（花押）

北院和多坊別所経田

一二二　維栄譲状

二九・一×四七・三

譲与　鰐渕寺北院和多坊［　　］別所経田等事
　合維栄法印所、
右、彼坊舎、限東大道、限西大道、限北大道（限北柚木大道、）
　　　　　　限南井上坊溝、経田坪付在別、
彼房舎等者、維栄法印重代相伝来之」処也、然栄尊大徳依成師弟契約、」彼坊舎・経田・別
所等、本証文共相具」所譲与也、抑彼房舎・経田等者、百貫文買」取処也、雖然師匠之故三
十三年至訪申」者也、何況無其奉公人譲間、以深志所心」及後生可被訪者也、永代譲上者、
云一門、云」他門、不可有其妨云云、仍為後日状如件、
　享徳元年壬申八月廿二日　法印維栄（花押）

南院桜本坊敷地

一二三　慈慶譲状

三四・三×五六・一

（端裏書）「四」
譲与　南院桜本坊并敷地等事
　合坊壱宇、同敷地者、
　　乗永阿闍梨所、

右坊舎者、慈慶阿闍梨重代相伝処也、」然ぉ依有師弟之契約、不残本文書、家具等」少々相副、乗永阿闍梨仁永代所譲与明白也、」此上者、云自門、云他門、不可有違乱妨候、仍」為後証譲状如件、

享徳二年癸酉卯月三日　阿闍梨慈慶（花押）

一二三　某契状　　二八・〇×四六・八

久留原村内和多坊御経田分」泰安寺残田事、御坊様御壱期」之後者、任先祖御約束、清胤領知」可仕者也、雖然蒙仰子細候間、以」各別儀、大輔公御一生之間者、契」約申者也、返々御坊様之如上意、」以和与之儀、可有　御知行者也、乍去」不合之儀候者、その時により候て可申」談者也、

享徳三年甲戌六月日　（花押）

大輔公御坊中

久留原村和多
坊経田分泰安
寺残田

一二四　足利義政御判御教書　　三三・〇×五三・四

（端裏書）「㊆」

国富庄漆治郷
津々志村散在
田畠

出雲国鰐渕寺領同国々富庄・」漆治郷付津々志村、散在田畠等事、」早任当知行之旨、為守護使」
不入之地、可被全管領之状如件、

康正二年十月廿日　（押紙）「慈照院殿義政御判」（花押）（足利義政）

青蓮院殿（尊応）

一二五　宣祐譲状　三四・三×五五・〇

桜本坊坊舎敷
地

（端裏書）「五」

譲与

出雲国鰐渕寺桜本坊々舎敷〔地脱〕等事

合壱宇者、

右坊舎敷地等者、宣祐相伝之所也、然於」以前、雖譲徳一丸仁、当坊於令退出之間、悔還」之、奉憑守栄律師、永代譲与之処明白也、」然上者、於後世菩提、特可被致懇志、尚以」云自門、云他門、聊不可有競望之儀、仍譲状如件、

文明十年戊戌六月十一日　法印宣祐（花押）

一二六　多賀秀長置文

三三・〇×五四・三

西々郷経田

（端裏附箋）
「百□
後土御門　将軍義尚（足利）御代」

知行分西々郷之内、当寺御経田」三方之事、対（帯）　公方様御判、両西郷」知行仕候間、任　御判旨、成敗仕候処、」彼御経田之事、御侘事候之間、為新」寄進、末代進置候、然彼田地之諸役」事、一円閣申候、如何躰過（課）役等被相」懸候共、不可有御沙汰候、万一秀長（多賀）」子孫其外雖為他人、其煩申候者、」公方様有御申、可有御罪科候也、」仍申定状如件、

文明十二年壬寅閏七月十八日

多賀次郎左衛門尉
秀長（花押）

鰐渕寺衆徒御中

一二七　守栄・矢田助貞連署寄進状

三三・四×五三・二

桜本坊坊舎敷地

雲州鰐渕寺桜本坊々舎敷地等事

合壱宇者、

右坊舎等者、古（故、下同）学頭御房宣祐法印之御」遺跡、守栄律師伝来之所也、然於矢田中務丞」助貞夫婦同志、為二世菩提所、相副本文」書、永代令買得之、致師檀契約之処也、然」間、守栄

律師与助貞申合、為代々学頭御」坊、彼坊舎・本支証、同為修理料米拾俵相副、」惣山江永劫奉寄進之処明鏡也、次自守栄」律師、古宣祐法印毎月為御霊供米拾俵令」寄附者也、仍彼此廿俵之本物、堅固有御裁判、」被加惣山助力、彼坊舎等、永無朽損之儀様、」被廻御調法、助貞夫婦現当之御祈念、可」預懇精者也、仍為後昆永代寄進状如件、

文明拾六年甲辰十一月廿七日　稲岡之矢田　中務丞助貞（花押）

権律師守栄（花押）

一二八　中村重秀譲状

二七・三×三八・二

（端裏書）「井上坊参」

譲与

大蓮坊々舎敷地寺領

雲州鰐渕寺大蓮坊々舎敷地寺領等事

合坊舎一宇幷寺領田畠坪付、別紙有之、

右、彼大蓮坊敷地・寺領等者、自慶俊至息」鶴寿丸ニ契約候間、慶俊律師之負物、方々」過分ニ致其沙汰候、雖然、鶴寿丸幼少事候間、」（中村）重秀か手より栄宣律師ニ相副本支証、」一期ゆ

つり申候、御一期之後者、自元御弟子」進置候間、鶴寿丸渡可給候、若鶴寿丸出家」無縁候て、在家等ニ成事候者、何子孫又は親類中」にても候へ、御取立候て、出家おとけ候はゝ、可有」御渡候、若さ様之仁なく候はゝ、御坊中御弟子中」談合申候て、住主等定可申候、聊里人として」寺領等計事あるましく候、然上者、重秀」夫妻ノ位牌を御立候て、末代可預御弔候、」如此堅申定、契約申候上者、於 御一期不」可有違返申儀候、然者末代為師檀、如水魚」諸遍談合可申候、仍為後日譲状如件、

中村勘解由左衛門

延得〔徳〕二年庚戌六月十九日　重秀（花押）

井上坊　栄宣律師

進之候

一二九　本覚坊栄宣売券

三〇・一×五一・八

井上坊々舎敷地

売渡申雲州鰐渕寺井上坊々舎敷地事

合壱宇者、除経田・別所・山河等也、

右、彼坊舎者、自先師栄顕法印永代譲得」処也、然お本覚坊為修造、代銭拾壱貫文仁、」相

副手継・本支証、円秀大徳ニ永代売渡」処明鏡也、雖然為本末之儀、公私相互ニ不」可有等閑、但本支証ニ寺領経田・別所・山河・屋」敷等のり候といゑ共除之、坊舎はかり令沽脚」〔却、下同〕間、寺領等者、栄宣法印可為計者也、仍自」円秀大徳、彼寺領等之放状お取置候也、随而」霜月講事ハ、如先規可為大蓮坊々中」定也、如此堅申定、令沽脚上者、云他門与、云」自門、不可有其妨候、仍為後証永代沽券」之状如件、

明応九年庚申三月十九日　本覚坊　栄宣（花押）

二六・七×三五・三

一三〇　本覚坊栄宣売券

売渡□〔申カ〕雲州鰐渕寺井上坊々舎敷地之事

井上坊々舎敷地

合壱宇者、除経田・別所・山河等也、

右、彼坊舎者、自先師栄顕法印永代譲」得処也、然お本覚坊為修造、代銭拾壱貫文仁、」相副手継・本支証、円秀大徳仁永代売」渡処明鏡也、雖然為本末之儀、公私相互ニ」不可有等閑、但本支証ニ寺領経田・別所・山」河・屋敷等のり候といゑとも除之、坊舎はかり」令沽脚〔却、下同〕間、寺領等ハ栄宣法印可為計者」也、仍円秀大徳より彼寺領等之放状お」取置候也、随而

霜月講事ハ、如先規可為」大蓮坊々中定也、如此堅申定、令沽脚上」者、云他門与、云自門、
其さまたけあるへからす候、」仍為後証永代沽券状如件、

明応九年庚申三月十九日　栄宣（花押）

○本文書、或は一二九号文書の写か、

一三一　円誉譲状

二五・九×三七・一

（端裏書）「譲状」

譲与へ申寺領家財等之事

合寺領等の坪付本支証ニ是アリ、同家財等壱円、

右、依有志、彼寺領家財、円秀大徳仁」末代譲与へ申所明鏡也、然上者、」彼小寺領、イツレの仁躰にも相続」候はん時者、円誉之霊供茶湯、」不可有懈怠由、仰伝へらるへく候、」以（マヽ）猶我等か菩提之事、御弔を」奉憑候、当病之間、委ハ申ニ」不及候、如此堅申定候上者、」自門他門とも異儀煩申者」不可有候、仍譲状旨如件、

永正五年戊辰十二月十日　円誉（花押）

円秀大徳江参

一三二　尼子経久鰐淵寺掟書

二五・四×四二・五

鰐渕寺掟之事

一、堂塔建立不可有（無）沙汰之事、

一、猶〔於〕衆儀成論之方候者、従此方可」申付之事、

一、寺領分百性〔姓〕之子、如先規衆徒ニ」被成間敷候、当座住山之方、不可有」寺内・地下之諸細〔裁〕判事、右、此旨」違〔背〕輩之於仁躰者、為惣山堅可被」申付候、為後日掟状如件、

永正六年十月廿日　経久〔尼子〕（花押）

一三三　井上坊円秀譲状

三四・六×四九・九

雲州不老山鰐渕寺北院井上坊々舎職〔敷〕地事

合一宇者、

右、件坊舎者、円秀他之無妨所也、然ぉ大蓮坊」坊中与申、依有師弟之契約、栄円大徳仁」本証文ぉ相副、永代相続申所明鏡也、然」上者、寺役・勤行等無御懈怠者者（ママ）、愚僧一期」之間者、御懇仁被懸御目ぉ、一期之後者、菩提」をも可預御弔候、如此堅申合、末代譲与」申候上者、自門他門共仁、聊妨ぉ申者有」間敷候、若申者候は丶、山門寺家之為御沙汰、」有

井上坊々舎敷
地

御成敗、弥々末代可有御知行候、仍為」後証亀鶴譲与状如件、

永正九年壬申二月七日　井上坊　円秀（花押）

中納言栄円大徳江参

一三四　尼子経久書状（折紙）

二四・八×四三・一

直江国富名主職

直江・国富之内」名主職、此方為披〔被〕官相拘、諸公事」納所無沙汰之由、承候、」堅可被仰付候、猶以」於無沙汰者、可有」催促候、何も建立」簡要候、恐々謹言、

永正十五年
十一月十日　（尼子）経久（花押）

鰐渕寺
評定衆

一三五　尼子経久書状（折紙）

二四・八×四一・六

鰐渕寺評定衆

評定衆之事、老」僧衆談合候て、不」寄老若、為興隆」本、諸事可然仁躰」可被差申候、於寺」内納所諸役無沙」汰候者、下地為惣山」被相計、堂舎可」有興隆候、所々失」公物、勤行

為退転、於」私之依怙於存輩者、」所領等裁判不可叶候、」背此旨、兎角被」申候者、〇以下見返、一段可加
成」敗候、恐々謹言、

永正十五年
十一月十日　経久（尼子）（花押）

鰐渕寺
　評定衆

一三六　栄伝等連署証状

二七・三×三七・四

（端裏書）「円宣律師参」

申合状跡之事

合壱通者、

賢栄（花押）

右、和多坊々舎・経田、少もさまたけ」なく、円宣御一代之後、民部卿賢栄ニ」可有御渡之由、被仰定候て、本支証共に」悉御渡候、又下行米毎年秋」不断経参俵可有御渡候、然上者、山上分」惣山へ壱反役百十三文、民部卿可」被沙汰申、か様にかたく申定候上者、」円宣御一期之間、別而異儀申事」たかいニあるへからす候、若彼儀相違之」事候者、惣山の御沙汰と

和多坊々舎経田

して、可被仰付候、」仍為後日状如件、

頼春（花押）

永正十六年己卯七月十日　栄伝（花押）

豪栄（花押）

和多坊円宣律師参

一三七　井上坊円秀譲状

二五・八×三六・八

（端裏書）「譲状」

雲州出東郡国富庄井上坊経田之内之田之事

合四俵しり也、在所ハすたれのをきすなこ也、

右、彼在所、依有志、学林坊之住持承祐大徳仁」永代譲与処明白也、但公方役ハ反銭計可為」役候、其外一向諸役ハあるへからす候、然間豪誉律師」茶湯霊供無懈怠可被訪候、如此申定候上ハ、自門」他門共異儀煩申者ある間敷候、自然申仁躰出来候者、」御惣山之御沙汰に而、堅。可有御成敗候、仍為後証」永代譲状如件、

大永弐年壬午十月十五日　円秀（花押）

国富庄井上坊
経田

学林坊承祐房所

一三八　大蓮坊栄円譲状

二八・五×五二・三

（端裏書）
「契約状」

雲州鰐渕寺北院井上坊職〔敷〕地之事

合壱宇者、

右、彼坊跡者、我等永代之在所也、雖然」依有志、相模公尊澄大徳為師弟」契約、末代相続仕処也、坊舎造立候て、可」被相拘候、自然里〔離〕山不住之事候者、返可」給候、少経田等有子細、円秀于今知行」仕候て、彼経田不知行之間者、毎年五俵充」下行分渡可申候、然間他門之人躰ニ不可有」相続之事努々候、か様堅申定候上者、違〔異〕儀」煩申者有間敷候、若又難渋之方候者、」惣山為御沙汰、堅可有御成敗候、仍而」為後証状如件、

大永二年壬午十一月十六日　大蓮坊 栄円（花押）

相模公所

北院井上坊敷地

一三九　多賀経長寄進状　　二九・九×四四・二

（端裏書）
「寄進状」

宇賀郷神田

奉寄進当国楯縫郡宇賀郷之内神御田」壱町事

右、意趣者、当寺為曼荼羅供田、後々」末代奉寄進御惣山候、然者中屋宗玄・」檀林妙香、自逆修来世迄、可預御弔候、」然上者、毎月無御退電（転）、末代曼供御執」行可目出候、自然就惣山御用、此在所御」怙（沽）却事、不可有御沙汰候、於左様之儀者、」我等知行分御経田衆、対御惣山中、子」孫之者口惜敷由可申候、其旨可有御心得候、」仍寄進状如件、

大永三年癸未四月廿六日　多賀安芸守　中原経長（花押）

鰐渕寺衆徒御中

一四〇　多賀経長過書（折紙）　　二六・八×三八・八

宇賀郷河下津
木津
津役

当所宇賀郷河下」津幷木津、鰐渕寺」材木舟・同材木等、」一向不可有津役之」儀候、若推参申者候者、」蒙仰可加成敗候、末」代彼津役奉寄」進候也、恐惶謹言、

大永七年
三月十一日　多賀安芸守　経長（黒印）

鰐渕寺
年行事御中

国富庄井上坊
経田

一四一　井上坊尊澄充行状　　二六・三×三五・三

雲州出東郡国富庄之内井上坊」経田申定状跡之事《にのつほ之事》
合壱通者、　勝部清兵衛所、
右、彼下地にのつほは、当坊譜代之」経田也、然間年貢五俵・段銭三百文、」無相違可有沙汰候、其外無等閑候者、」末代之可為作人候、雖然余人へ」渡る事候者、公用諸役等重而可」申付候、此旨以当坊江諸事可」有懇候、若少も如在之儀候者、取放、」此方可為計候、仍為後証状如件、

大永七年丁亥十月廿七日　　井上坊
尊澄（花押）

一四二　亀井秀綱書状（切紙）　　一六・四×三八・〇

（端裏切封）
「（墨引）」

国富公用

○封帯あり、

就国富御公用之儀、」先度地下人被召寄、於」此方御紀明候て、被仰付候哉、」其筋目無承引之由御」注進候、曲事子細候、何様にも」堅可被仰付候、此方之儀、以前」筋目不可有相違候、委細」池本へ申入候、恐々謹言、

卯月廿七日　　秀綱（亀井）（花押）

鰐渕寺

　　御返報

一四三　北島雅孝書下

二五・三×三六・一

雅孝（北島）（花押）

与分給所之事

右御供之儀、如何程も疋かへ、」半分充可進之候、但官別」之儀、稲岡之所へハ、其方より」可有沙汰候、つほね方・掃部助之」所へハ、此方より可申付候、如此」申定候上者、於以後相違有間」敷候、仍如件、

天文八年十一月十日

舟木藤衛門殿

朝山郷粟津村

一四四　片寄久盛・同久永寄進状

二六・〇×三八・六

奉寄進田地之事

雲州神門郡朝山郷之内粟津村、

合壱段者、三斗蒔、壱石壱斗、坪ハまかり田、

右所領者、片寄代々相伝之地也、」彼田地、先年御崎雖為御神領、」中絶候之処ヲ、依有志、重日御崎為」御神領、末代致寄進候所尤実也、」彼田地者、天下御祈禱所御神領」之事候之間、於子々孫々、違乱有間敷候、」万一少茂六借子細申仁候者、為公」方御沙汰、弥日御崎末代御神領」たるへく候、為後堅、子候片寄縫助」加判候、仍日御崎寄進状如件、

片寄筑前守

天文九庚子年三月廿八日　久盛（花押）

同縫助

久永（花押）

日御崎

寄進状社納三礼参

一四五　大内義隆書下　　三五・〇×四八・三

出雲国鰐渕寺領恒松保・」万田本庄・阿井・三所・塩冶郷内」大津村弐町・高岡村弐町・荻」原村壱町・霊山寺別当職等事、」近年不知行云々、早可被領知之」状如件、

天文十一年十月十三日　大宰大弐（大内義隆）（花押）

鰐渕寺衆徒中

一四六　大内氏奉行人連署奉書　　二八・七×四六・一

出雲国内当寺領所々当知行分」事、以先証寺訴之旨、遂披露之、被」成　御判畢、於不知行分者、」当給主紕繆之時、可有御還補之、」仍寺領分銘々注文前封裏、者、」全寺務之、天下国家可被抽御」祈禱精誠之由、依　仰執達如」件、

天文十一年十月十三日　右衛門尉（龍崎隆輔）（花押）

右京進（青景隆著）（花押）

鰐渕寺衆徒中

一四七　大内氏奉行人連署奉書案

三〇・三×四二・三

出雲国内当寺領所々当知行分事、」以先証寺訴之旨、遂披露之、被」成　御判畢、於不知行分者、」当給主紕繆之時、可有御還補之、」仍寺領分銘々注文前封裏、者、」全寺務之、天下国家可被抽御」祈禱精誠之由、依　仰執達如」件、

天文十一年十月十三日　右衛門尉（龍崎隆輔）在判

右京進（青景隆著）在判

鰐渕寺衆徒中

一四八　大内氏奉行人奉書

二八・七×四七・六

（端裏押紙）「将軍義晴（足利）御代　廿七」

雲州朝山郷　御料所内」当寺経田事、任　御裁」許之旨、令打渡訖、当知行」無相違可有寺務候也、」仍執達如件、

天文拾弐年二月十七日　兵部丞（貫隆仲）（花押）

鰐渕寺衆徒中

朝山郷経田

一四九　尼子氏鰐淵寺根本堂造営掟書写

三五・四×四九・六

（端裏書）
「尼子晴久公御代本堂御造営御掟写」

条々

一、今度、就当山根本堂御造営被」仰付候、衆徒中評定之上、不依何等之」事、相応之儀被申与者、都而僧侶中、無」違背、不顧辛労、励其功、可有造畢事、

一、僧中若令退屈、有離山不住之族者、不義之」至也、且又、御国中於令徘徊者、莅其節、可有御沙汰事、

一、於山林、猥令伐採竹木輩於有之者、如旧」例、堅可有制禁事、

右条々、被　仰出者也、仍如件、

天文十二年三月五日

立原次郎右衛門尉
幸隆判

多胡左衛門尉
辰敬判

亀井藤左衛門
国綱判

鰐渕山

衆徒中

直江国富名主職
塩冶謀叛

一五〇　尼子晴久書状（切紙）　一七・五×四六・三

（端裏切封）「（墨引）」

○封帯あり、

鰐渕寺領直江・国」富名主職之事、先年」塩冶謀叛之時、雖闕所候、」今度其内少々還申候、」
修理勤〔勤〕行等之事、其」外以別紙申定候旨、不可」有相違候、恐惶謹言、

天文十二
　六月廿八日　晴久（尼子）（花押）

　鰐渕寺
　　衆徒中

一五一　尼子晴久書状案（折紙）　三一・三×四六・六

鰐渕寺領直江・国」富名主職之事、先年」塩冶謀叛之時、雖闕所候、」今度其内少々還申候、」
修理勤〔勤〕行等之事、其」外以別紙申定候旨、不可」有相違候、恐惶謹言、

天文十二
六月廿八日　晴久〔尼子〕御判
鰐渕寺
衆徒中

一五二　尼子晴久袖判鰐淵寺領書立

（第一紙）二八・九×四八・五
（第二紙）二八・九×二三・一

晴久〔尼子〕（花押）

鰐渕寺領書立之事

直江郷陣夫

一、従直江郷陳〔陣〕夫之事、此方披〔被〕官共」拘分相除、拾人仁申定之事、

一、従国富庄者、此方給人相拘候名・散」田共仁、陣夫拾人仁申定之事、

一、諸御寺領百性〔姓、下同〕等、下地他所之仁、不可立」沽却質限之事、

別所辛川室役
紺役

一、別所・辛川室役・紺役、其外諸」課役、如先規令免除之事、

一、従直江郷・国富庄、河除国太篇」之儀候者、山中江雇可申候、自然地下人」於無沙汰者、

二度程之事者、御寺江」届可申候、其上仁不被仰付候者、直可有」催促之事、

一、諸郷之内坊々経田、当御知行不可有」相違之事、
一、両郷之百性等、武家江奉公不可叶」之事、
以上、
立原次郎右衛門尉
天文十二年六月廿八日　幸隆（花押）
多胡左衛門尉
辰敬（花押）
亀井藤左衛門尉
国綱（花押）
鰐渕寺
年行事

一五三　尼子国久書状（切紙）

一五・八×四二・一

（端裏切封）
「（墨引）」
直江・国富抱分名」主職之事、致寄進候、」別紙ニ以目録申候、不」相違候、恐惶謹言、

直江国富名主職

六月廿九日　国久（尼子）（花押）

鰐渕寺

衆徒御中

一五四　尼子晴久袖判立原幸隆奉書（折紙）　二六・三×四一・二

（花押）（尼子晴久）

直江下散田

直江之内下散田」之儀、雖林方色々」申候、此度為新」御寄進、貴所江可」進置之由被申候、

如近年」無相違、即自来年」可有御知行者也、」恐惶謹言、

天文十弐　立原次郎右衛門尉

十二月廿一日　幸隆（花押）

鰐渕寺

桜本坊

参

一五五　尼子晴久袖判牛尾幸清売券　二六・三×四〇・三

（花押）（尼子晴久）

直江郷買地

永代売渡申、直江郷之内我等買地之事

合弐拾俵尻者、倉橋名三分一ニ肥前名之内相副候、此外ニも公方成有之、

右、彼在所者、従米原新五兵衛尉永代買得仕候、」然ヲ依有用要、代銭参拾貫文仁、限永代売」渡申所実也、先証跡弐通并坪付相副」進上申候、立原次郎右衛門尉（幸隆）被成口入候之上者、聊」違儀煩不可有之候、万一天下一同之新儀」出来候共、於此在所者、子々孫々不可有申事候、」若聊尓者申事候者、以此状跡之旨可被仰」達者也、仍永代売渡申所如件、

牛尾遠江守

天文拾五年丙午卯月廿日　幸清（花押）

鰐渕寺

御衆徒中

一五六　尼子晴久袖判立原幸隆・本田家吉連署奉書　二六・八×四一・五

（尼子晴久）（花押）

直江

貴坊御買得直江之内、　□□〔半分〕

壱所、北村名四分一 但御陣夫請なり、　壱所、松浦散□〔田〕

国富

壱所、下散田之内四斗蒔　　壱所、国富之内畳田

右、御買得之儀、自天文十三年寺社」領返被申出候已後、寺社へ御買地之」儀雖無之候、御
寺領分之内候条、」以袖判被申候、此旨不可有相違候、」恐々謹言、

天文二十
三月廿日　　　本田四郎左衛門尉
　　　　　　　　　家吉（花押）
　　　　　立原次郎右衛門尉
　　　　　　　　　幸隆（花押）
　　和多坊栄芸
　　　　参

一五七　尼子晴久袖判立原幸隆・本田家吉連署奉書　二六・五×四〇・一

（尼子晴久）
（花押）

雲州鰐渕寺桜本坊尊澄律師跡識〔職〕」之事、如御遺言、坊舎・経田幷諸買徳田」畠共ニ、弟子三
人江等分ニ被譲与之由候条、」豪円永代為寺領、無相違可有御知行」之旨被仰出候、為其被
成袖　御判者也、」恐々謹言、

桜本坊尊澄跡
職

国富

一所、経田国富在之、　一所、弐ヶ所河下ニ在、但経田也、

直江

直江之内

一所、菅沢名四分一但御陣夫請也、

一所、山佐散田半分　一所、松浦散田半分

一所、下散田之内、田畠共ニ、

本田四郎左衛門尉

天文弐拾年三月廿日　家吉（花押）

立原次郎右衛門尉

幸隆（花押）

鰐渕寺

井上坊豪円

参

一五八　尼子晴久袖判立原幸隆・本田家吉連署奉書

（尼子晴久）（花押）

二六・五×三九・七

桜本坊尊澄跡職

雲州鰐渕寺桜本坊尊澄律師跡職」之事、如御遺言、坊舎・経田幷諸買得田」畠共ニ、弟子三

人江等分ニ被譲与之由候条、」栄芸永代為寺領、無相違可有御知行之旨」被仰出候、為其被
成袖　御判候者也、恐々」謹言、

直江

直江之内買得分
一所、北村名四分一但御陣夫請夫也、　一所、山佐散田半□〔分カ〕
一所、下散田之内、田畠共□〔三〕、

国富

国富□〔之〕内
一所、宮辺五段　　　一所、たゝみ田
一所、遙堪に少有之、

本田四郎左衛門尉
天文廿年三月廿日　　家吉（花押）
立原次郎右衛門尉
幸隆（花押）

鰐渕寺
和田坊栄芸
参

一五九　尼子晴久袖判立原幸隆・本田家吉連署奉書案　　二六・五×四一・八

案文

袖　御判

雲州鰐渕寺桜本坊尊澄律師跡職」之事、如御遺言、坊舎・経田幷諸買得田」畠共ニ、弟子三人江等分ニ被譲与之由候条、」豪円永代為寺領、無相違可有御知行」之旨、被仰出候、為其被成袖　御判者也、」恐々謹言、

一所、経田国富在之、　一所、弐ヶ所河下ニ有、但経田也、

直江之内

一所、菅沢名四分一但御陣夫請也、

一所、山佐散田半分　一所、松浦散田半分

一所、下散田之内田畠共ニ、

一所、久野分半分　一所、廿日経田遙堪ニアリ、

天文廿年三月廿日　　本田四郎左衛門尉

　　　　　　　　　　家吉判

　　　　　　　　立原次郎右衛門尉

桜本坊尊澄跡職

国富

直江

鰐渕寺
井上坊豪円参

幸隆判

高徳寺住持職

一六〇　友文請文

二六・二×四〇・〇

（端裏ウハ書）
「進上　和多坊参　友文」

高徳寺住持職之事、長久被仰付候、」御忝存候、御弟子一分事候間、於向後」御懇こともいたし、さう応之御奉公可」申上候、仍状如件、

天文廿弐年二月廿四日　友文（花押）

進上
和多坊参

一六一　米原綱寛書状（切紙）

（封紙）二六・六×一〇・五
（本紙）一五・九×四一・一

（封紙ウハ書）
「

米原平内兵衛尉

和多坊
まいる　御同宿御中　綱寛
」

（端裏切封）「（墨引）」

○封帯あり、

被対蔵介御懇札」致拝閲候、殊大樽・」御肴両種被懸御意候、」毎事御懇切之段、」不知所謝候、此表於」御越者、必参上候而、」連々無沙汰之通可申」述候、委細井上坊へ得」御意候間、不能細筆候、」恐々謹言、

七月八日　綱寛（米原）（花押）

和多坊まいる御同宿御中

一六二　鰐淵寺衆徒連署起請文

（第一紙）三三・二×六一・一
（第二紙）三三・四×六一・九
（第三紙）三三・四×六一・九
（第四紙）三三・四×六一・八
（第五紙）三三・四×六二・一

本文書より二二三号文書に至るまで一八九号二一三号二一六号二一七号文書を除き鰐渕寺と出雲清水寺との座次相論のことにかかる

富田千部経

連署　　不老山

合壱通者、

右、旨趣者、去天文十四稔」仲秋、於富田千部経可」令看読之由、従国守（尼子晴久）被」相触之間、各致出頭、如先」規左方ニ可令着座之処、」自清水寺非分之儀申」出、于今不停止之条、沙汰』

外也、万一、彼義於令相」違者、一列仁可離山者也、」若此趣於違背之輩者、」奉勧請
梵天・帝釈・四大天王・」天照大神宮・八幡大菩薩・」春日大明神・殊者山王」三七和光・
祇薗・北野・」熊野十二所権現、別者」当山鎮守杵築大明神・」金剛蔵王・小守・勝手・」医
王・観音・十二神将・』八大金剛童子・摩多羅」天神、各御罰可蒙罷」仍連署之旨若斯、

天文廿四暦乙卯二月十二日

円精（花押）　尊栄（花押）
円高（花押）　豪澄（花押）
頼栄（花押）　栄叔（花押）
栄円（花押）　栄住（花押）
円金（花押）　豪円（花押）
栄慶（花押）　円貞（花押）
印海（花押）　円芸（花押）
栄真（花押）　栄怡（花押）』
豪豊（花押）　直澄（花押）
栄澄（花押）　栄仲（花押）

頼予（花押）　尊芸（花押）

栄芸物詣

中方

慶泉（花押）　宗識（花押）

円玖（花押）　重弁（花押）

栄泉（花押）　栄受（花押）

浄寅（花押）　栄宗（花押）

下方

頼尊（花押）　万善（花押）

宗得（花押）　慶善（花押）』

浄円（花押）　来善（花押）

菊泉（花押）　重泉（花押）

重珍（花押）　昌真（花押）

重真（花押）　重円（花押）

国松（花押）　円直（花押）

重玄（花押）　円才（花押）
尭円（花押）

○各紙継目裏、上部に円高、下部に栄澄の花押あり、

一六三　延暦寺楞厳院別当代書状

二四・六×四一・二

○封帯切痕あり、

就加判之儀、御使僧御状被」懸御意候、則法印御報可被申」処、今日出京被仕候間、如此候、」法印登山次第仁御状幷御樽代」五十疋可致披露候、委細御使」僧江申入候条、不能巨細候、恐惶」謹言、

（天文二十四年）
五月十五日　別当代（花押）

（詮運）
正教坊法印御房

一六四　後奈良天皇綸旨（宿紙）

（封紙）四二・四×三一・五
（本紙）三三・七×四四・〇
（裏紙）三三・六×四三・七

（封紙ウハ書）
「雲州
鰐渕寺衆徒中　右中弁（柳原淳光）（花押）」

当国諸法事座次之事、先年」清水寺旧規之由、雖掠賜　綸旨、」当寺者、為　推古天皇勅願之浄場、」於一州第一之儀、無紛云々、歎申之旨、被」聞食畢、所詮、任先例可為左座者、天気如此、仍執達如件、

天文廿四年五月廿日　右中弁（花押）

雲州
鰐渕寺衆徒中

一六五　後奈良天皇女房奉書

（本紙）三三・二×四六・〇
（裏紙）三三・二×四六・一

○封帯あり、

いつものくにしよほうしに」つきて、せんねんせい」すい寺よりせんきあるの」よしを申かすめ候て、」ちよくさいをいたされ候へとも、」たゝいまかくえん寺より」の申ふんきこしめし」わけられ候、ことに」○以下裏紙、かくえん寺ハ久しきちよくくわん寺」にて候、くにゝおきてハ、うへも」なき事にて候まゝ、左の」さにつき候へきよし、」りんしをなされ候、このよし」くにのかみ（尼子晴久）をの〳〵も」そんし候て、かさねて」いろんなきやうに、おほせくたされ候へく候よし、心えて」申せとて候、」かしく、

（裏紙奥切封ウハ書）
「（墨引）
四つし大納言（季遠）とのへ」

一六六　延暦寺三院宿老祐増等連署書状

（封紙）四一・八×二六・一
（本紙）二七・七×四五・八
（裏紙）二七・七×四五・六

（封紙ウハ書）
「　　山門三院宿老連署
佐々木修理大夫殿（尼子晴久）　法印祐増」

○封帯切痕あり、

着座相論

当国鰐渕寺与清水寺法事」着座之次第相論之事、清水寺」近年新儀之興行、太以不可然候、」
山門末寺旧規之旨、被披
叡慮聞召、被成厳重　綸旨候、」殊法中之儀者、如此之曲説、無紛」事候之間、其趣無異儀
之様、御」意見肝要候、恐々謹言、
（天文二十四年）六月十日　法印覚源（花押）
法印良賢（花押）
法印木聖（花押）

○以下裏紙、

法印詮通（花押）

法印重秀（花押）

法印祐増（花押）

佐々木修理大夫殿

（奥切封）「（墨引）」

一六七　延暦寺三院宿老祐増等連署書状（切紙）

（封紙）三三・六×一四・三
（本紙）二〇・二×四九・〇

（封紙ウハ書）「　山門三院宿老連署
雲州 鰐渕寺衆徒御中　法印祐増」

（端裏切封）「（墨引）」

○封帯切痕あり、

依近年清水寺新儀之興行、対」当寺濫諸法事列座之次第、被及」相論云々、併破戒之基、不隠便候、」既被　聞召分、今度　綸旨厳重之」上者、当寺永可為左座段、弥不可有」異議候、於子細者被載　綸旨候了、」堅可被守其旨候、恐々謹言、

清水寺新儀

（天文二十四年）
六月十日　法印覚源（花押）
法印良賢（花押）
法印木聖（花押）
法印詮通（花押）
法印重秀（花押）
法印祐増（花押）

雲州
鰐渕寺衆徒御中

一六八　延暦寺三院執行代連署書状

（封紙）四四・〇×二六・五
（本紙）二七・七×四四・五
（裏紙）二七・七×四四・五

（封紙ウハ書）
「山門三院
立原備前守殿　執行代」
（幸隆）

就当国鰐渕寺与清水寺法席着」座次第之儀、対鰐渕寺、山上衆議之趣」連署之状如此候、清水寺之働法中」不相応之条、太以不可然候、向後弥無」諍論様、御意見肝要之由、可然候様」佐々木匠作江為御取合、懇注進候、猶」為寺家可被申候、恐々謹言、
（尼子晴久）

六月十日　　　別当代（花押）

西執行代（花押）

執行代（花押）

立原備前守殿

○以下裏紙、「（墨引）」（奥切封）

（封紙）四五・〇×二八・一
（本紙）二九・〇×四五・五
（裏紙）二九・一×四五・五

一六九　延暦寺三院執行代連署書状

（封紙ウハ書）
「　　　　　　山門三院
雲州鰐渕寺衆徒御中　　執行代」

梶井門跡

山門最初之末寺

当寺与清水寺諸法事差合列座次第之」事、近年為清水寺之沙汰、叡慮幷梶井（入道応胤親王）」門跡等、掠而申給新儀之証跡及相論云々、造意之」至以外之次第候、当寺者、推古天皇之御願」無類之旧場、其後成山門最初之末寺、為無其隠」勝地処、超而招諍論事、第一破戒之至、不可」然働候、殊任旧規之由、雖被載彼　綸旨、更其」証跡無之云々、太以謀略之段、為顕然者

哉、仍被」披聞召子細、今度対当寺被成厳重之
綸旨候訖、然上者、弥当寺左方之着座、永」不可有異改之旨衆議候、各可被得其意」事肝要〇以下裏紙、
之由候、恐々謹言、

（天文二十四年）
六月十日　　　別当代（花押）

西
執行代（花押）

執行代（花押）

鰐渕寺衆徒御中

（奥切封）
「（墨引）」

一七〇　安居院覚澄書状

〇封帯切痕あり、　　（封紙）三七・一×二五・九
（本紙）二七・六×四五・五
（裏紙）二七・五×四五・六

今度、対当寺清水寺新儀之」興行、言語道断之次第候、」寺之事者、数百年当院末寺」儀候間、
任先規被成　綸旨候、并」執行代・宿老中連署下候」条、弥理運無紛候間、珍重候、」恐々謹
言、

八月七日　覚澄（安居院）（花押）

鰐渕寺

　年行事御房

○以下裏紙、「（墨引）（奥切封）」

一七一　富小路任尚書状

（封紙）三七・一×二六・一
（本紙）二六・二×四三・三
（裏紙）二六・二×四二・六

○封帯切痕あり、

尚々、先度御参候砌、以」面申儀候間、定而三院之儀者、」雑説之儀候欤、」驚入候而
令啓候、諸事」御入魂候者、可為祝着候、此外不申候、

其後者久不申通候、御床敷」候、仍去夏之比、以面内々申候、」雲州清水寺与鰐渕寺法」席相
論之事、鰐渕寺理」運之由、先度三院連署被」被（ママ）差下候由、其沙汰候、御同心」之儀候哉、
一向無謂事候間、只今」清水寺、如先々無紛通可申」下候、委細御報期申候、恐々謹言、

（後筆カ）「天文廿四」
十月十日　任尚（富小路）（花押）

尊林坊法印御房

鰐渕寺理運

〇以下裏紙、
「（奥切封ウハ書）（墨引）　富小路
（異筆カ）「西塔執行代」尊林坊法印御房　任尚」

一七二　横道久宗・馬木真綱連署書状

（第一紙）二六・五×四二・六
（第二紙）二六・五×四二・七

両寺上洛し究めらるべし

清水寺被仰結候左右座次之事、」御証文等無紛候、雖然、彼方江茂」綸旨幷座主様其外之数通有」之事候、是又為私押而難有裁」許儀候、所詮、両寺有御上洛、可被」仰究之旨、以御一通被仰出候、来六」月法事被成執行之条、五月」中有落着、必可有御下着候、」若山門之批判日限之内延」引候者、於爰元茂可有御異見之」条、〇以下裏紙、各可被成其御心得之旨候、」恐々謹言、

（弘治二年）卯月三日　（馬木）真綱（花押）
（横道）久宗（花押）

「（奥切封ウハ書）（墨引）　横道石見守
馬木四郎右衛門尉
鰐渕寺衆徒御中　真綱」

一七三　立原幸隆書状（切紙）

二三・一×四〇・三

○封帯あり、

（端裏切封）「（墨引）」

態致啓上候、　抑」永々御住山候、乍御太義」可然存候、仍就御参合、鰐」渕寺・清水寺被仰事共候、」貴僧如御存知之、先年」於杵築大社両三度之」三万部経時茂、鰐渕寺」左方御着座、自・他国」無其隠候之条、　三院」御執行代江先規赴（趣）御」披露候而、末代之儀」御定、乍恐簡要存候、尤」拙者雖可申上候、其惶候条」致用捨候、本覚坊（頼予）御上」之事候際、可被仰達候、」恐惶謹言、

四月廿六日　　幸隆（立原）（花押）

和多坊参御同宿中

杵築大社三万部経

一七四　鰐淵寺衆徒申状土代

（第一紙）二五・九×三七・五
（第二紙）二五・七×三六・三

鰐渕寺衆徒申上条々

一、当寺者推古天皇為御勅願之浄場、」其後山門最初御末寺候、青蓮院殿御寺□。殊知行等油（由）緒在之」付而、

尼子晴久千部経執行

他異無紛旧寺子細共、御院家」可有記録御座条、不及申上事、

一、於国中、当寺法席毎度左座之事不珍候、」然而、天文十四年修理大夫(尼子晴久)千部経執行之時、」清水寺初而左座仁可令着座之由申出候、既」御経之日取被定置砌(之間)者、両寺相剋故、御」経可延。(引)儀一向無分別候間、双方乱座読経可仕旨」、両。(奉)行御口入。(被申)候、国守(尼子晴久)他国出陣付而依糺明不成、如此次第(其無究候処、(×之事))。去年春　綸旨幷梶井(入道応胤親王)」門跡御　令旨出帯仕、自前々如此与申、左座」彼寺望申候、去天ノ(〔文〕)十四年之時者、左様書物無其沙」汰、無明申給候、其後罷上、叡慮・門跡申掠、如此」致企候、相剋仕出時与　綸旨以下年号等、遙(遙)令相」違候、然時、新儀已謀略之段者為顕然者欤、

○以下第二紙、但し中欠あるか、

雖事多、差越当寺、清水寺左座着座之」事、従先規曽以無之候、所詮双方片口申段」者、可為御不審候、修理大夫被申付(上)旨者、三院御」憲法披(〔批〕)判請申、可罷下候、此等趣(由)、急度三院」御集会奉願事、

一、山門御末寺帳以下(面)、於雲州、四ヶ寺之外、」自往古記録寺無之、(二□)左様不紛次第お茂、」彼寺申掠、山・国御造作罷成事、第一破戒」基候、弥不及(被)御糺決者、。(達而)歎可申歎事、

右条々、被成御披露、三院江被遂御啓達、」可被尽渕底之状如件、

弘治弐年
五月五日　　極楽寺
　　　　　　尊栄

井上坊
栄芸
本覚坊
頼予
善養坊参
安居院殿（覚澄）

一七五　延暦寺楞厳院諸谷連署状（折紙）

二六・四×四三・三

就当寺与清水寺」座論之儀、奉仰叡慮、任其旨、則」以三院連署、旧」儀不紛次第、被申」送候之処、背之、彼」寺菟角在之由、前」代未聞之興行也、」所詮被任旧例、」可為左座者也、」清水寺新儀企、」不可然之由、衆議折紙」如件、

弘治二　山門楞厳院
五月九日　別当代（花押）
○以下見返、解脱谷
一和尚代（花押）
戒心谷
一和尚代（花押）
般若谷
一和尚代（花押）

飯室谷
一和尚代（花押）
椛尾谷
一和尚代（花押）
都率谷
一和尚代（花押）

雲州
鰐渕寺
衆徒御中

一七六　延暦寺三院執行代連署書状

（封紙）四六・二×二六・二
（本紙）二七・五×四六・六

（封紙ウハ書）
「　　　山門三院
（尼子晴久）
佐々木修理大夫殿　執行代」

○封帯あり、

就当国鰐渕寺与清水寺法事」列座次第之儀、近年企新儀相紛事、」被訴去年当山条、糺旧儀是非、向後」鰐渕寺諸法事可為左方之着座旨、」対彼寺連署遣候、然者、于今被及」菟角之沙汰云々、太以濫吹之基候、」諸山共以為山門、置目等相定之事、」自往古不珍候、無異儀被仰付候者可為」衆悦候、恐々謹言、

（弘治二年）五月十一日　別当代（花押）

西執行代（花押）

執行代（花押）

佐々木修理大夫殿

一七七　延暦寺三光坊暹俊書状（切紙）

（封紙）二九・三×一六・五
（本紙）一七・〇×四七・四

（封紙ウハ書）
「　　山門三光坊

立原備前守（幸隆）殿　御返報　暹俊」

（端裏切封）
「（墨引）」

○封帯切痕あり、

鰐渕寺・清水寺」法事之砌、座論之儀」未究之由候、就其、預御札候、」貴殿彼寺御奏者」之由承候間、愚老御門跡（青蓮院尊朝法親王）」御門徒雖随一候、令遠」慮候、然間、左右方御」調仕儀無之候、御分別」所仰候、恐惶謹言、

（弘治二年）五月十六日　暹俊（花押）

立原備前守殿

御返報

一七八　清水寺初問状案

二五・〇×四一・五

(モト端裏書)「清水寺初問」

清水寺左座一座之事

尼子経久千部経
尼子晴久千部経

一、伊与守経久(尼子)於富田千部経読誦之時、」毎度左座之事、

一、晴久(同)於富田千部経興行之時、左座無紛事、

一、其後鰐渕寺依新儀相論、為当座之」口入、清水寺者左之後座、鰐渕寺者右之」後座出仕之事、

一、去年二月経之砌、鰐渕寺及(×者)違乱之条、」於富田晴久両寺之座次遂対決之処、」清水寺以理運、無紛旨左座之事、

一、数度之左座分明之儀、於国中事旧訖(×乾)、」所詮鰐渕寺申掠子細歴然之上者、弥可」被任順路之儀事、

以上、

○本文書、日付を闕くも、この頃のものならん、

一七九　室町幕府奉行人連署奉書

（封紙）四六・〇×二六・五
（本紙）二七・六×四六・二

（封紙ウハ書）
「佐々木修理大夫殿（尼子晴久）　前加賀守貞広（飯尾）」

山門末寺出雲国鰐渕寺与同国」清水寺座次之事、当寺往古以来、為」勅願寺、帯　御判以下証文、勤寺役之」処、先年彼清水寺掠給　綸旨、構」新儀之条、捧度々証跡、依歎申、被」聞食分、可為左座之旨、去天文廿四年」被成下　綸旨、山門三院執行代連署」分明之処、背叡慮及違犯云々、太不」可然、所詮、任　綸旨等之旨、如先規鰐渕寺」着左座、可専寺役之趣、可被加下知之由、」所被仰下也、仍執達如件、

弘治弐年五月廿三日　左衛門尉（治部藤通）（花押）

前加賀守（花押）

佐々木修理大夫殿

一八〇　室町幕府奉行人連署奉書案

二五・五×四二・八

山門末寺出雲国鰐渕寺与同国」清水寺座次之事、当寺往古以来、為」勅願寺、帯　御判以下
証文、勅（勤）（脱アリ）　綸旨、構」新儀之条、捧度々証跡、依歎申、被」聞食分、可為左座之旨、去天。文
廿四年、」被成下　綸旨、山門三院執行代連署」分明之処、背　叡慮及違犯云々、太不」可然、
所詮、任　綸旨等之旨、如先規鰐渕寺」着左座、可専寺役之趣、可被加下知之由、」所被仰
下也、仍執達如件、

弘治弐年五月廿三日　左衛門尉（治部藤通）判
　　　　　　　　　　前加賀守（飯尾貞広）判

佐々木修理大夫殿（尼子晴久）

一八一　大館晴忠書状（切紙）

（封紙）三〇・三×一四・九
（本紙）一九・一×四九・五

（封紙ウハ書）
「　　大館治部大輔
尼子修理大夫殿（晴久）　　晴忠」
「（墨引）」（端裏切封）

○封帯あり、

山門末寺当国鰐渕寺与」清水寺座論事、鰐渕寺為」勅願寺、帯数通証文、勤寺役」処、申掠
綸旨、企新儀ニ付而、」捧証文申披、可着左座由、
綸旨幷山門三執行代連署無」紛処、及違犯段、不可然間、可退其」坊通可被仰付旨、被成御
下知条、」可被得其意之由、被仰出候、」恐惶謹言、
　（弘治二年）
　五月廿三日　晴忠（花押）
尼子修理大夫殿

一八二　大館晴忠書状案

二五・六×三九・八

（端裏書）
「　大館治部大輔（晴忠）」
山門末寺当国鰐渕寺与」清水寺座論事、鰐渕寺為」勅願寺、帯数通証文、勤寺役」処、申掠
綸旨、企新儀ニ付而、」捧証文披（申脱）、可着左座由、
綸旨幷山門三執行代連署無」紛処、及違犯段、不可然間、可退其」坊通可被仰付旨、御下知
条、」可被得其意之由、被仰出候、」恐惶謹言、
弘治弐

五月廿三日　晴忠判

尼子修理（晴久）大夫殿

一八三　清水寺二問状案

（第一紙）二六・五×二二・一
（第二紙）二六・九×四五・四
（第三紙）二七・〇×四五・四
（第四紙）二七・〇×四五・三

（端裏書）「清水寺　二問」

清水寺雑掌重謹言上

当寺法席左座連錦（綿）之処、鰐渕寺濫訴」無謂条々事

富田読経

一、伊与守（尼子）経久於富田読経之時、左座之由申欤、』以外之虚説也、所詮、経久初而読之時、両寺之」座次、当寺左座出仕訖、毎度本座無」紛者也、

一、先年読経之時、二ヶ目遅参之事在之、」然時も残置左座之上、鰐渕寺任先例左仁」着座之由申欤、恣言上也、当寺毎度着」本座上者、彼寺以何称左乎、旁以新儀之偽」謀露顕者乎、絶言次第也、

尼子晴久富田にて千部経興行

一、（尼子）晴久於富田千部経興行之時、対座無之由申欤、」当寺任理運左座出仕之処、彼寺構私曲不

及」出仕、剰只今無対座之由、胸憶之言上、非拠之」随一也、
一、後座之座次、更不可立本座之証拠之由申欤、」既両寺左右之差別於在之者、左座無紛」段、
証拠之随一也、
一、去年二月経之砌、去天文六年仁掠給　綸旨、」今度初而出帯□〔之〕間、依難背　勅裁、先不
及」是非、鰐渕寺者不罷出由申欤、此条自由之」言上也、彼寺背先規、企新儀之異論、
不」罷出段者、頗以背　勅命者哉、天文十四年」読経之砌、鰐渕寺及違乱之間、雖可遂糺
明、」晴久出陣之間、以当座之口入、不及是非遵行」畢、其後読経之時、毎度当寺任理運
着本」座上者、　綸旨出帯之儀無之候、去年鰐渕寺」含横訴、重而及違乱故、晴久遂対決
処、先規」左座無紛旨申極、殊　綸旨等出帯申、旁」以不及異論、当寺左座分明者也、弥
被任先」規、可被仰付事、
一、鰐渕寺左座之事、於国中不可有其隠之由」申欤、当寺左座之儀、雖事多、古今不珍」上者、
其巨細前後事旧訖、
一、当寺只今不恐　叡慮、不憚宗旨誡、悉以」虚言之由申欤、当寺左座之事、連錦〔綿〕之上者、」
先年既被任先規之由、忝被成下　綸旨、」弥備一山之亀鑑処、去年鰐渕寺掠給　」綸旨、
相語三院役者、調連署罷下云々、其」砌子細為　梶井宮〔入道応胤親王〕被達　天聴訖、次三院」之儀被尋

下之処、諸谷不致存知由被申」入云々、其通為東谷・南学頭代、対晴久被差〔谷脱カ〕」遣一行候、然処、両寺所詮致上洛、可遂一途之」糺決之由、対当寺晴久書状如此候、備右、則罷上」御糺明之上者、奉仰順路之御沙汰、当寺」左座無紛条々申上者也、乍存旧規之」勅裁、廻新儀之巧略、彼寺掠給　綸旨、恣之」所行歴然之処、剰当寺只今不恐　叡慮」之由申段、子細何事候哉、前代未聞之」申状、驚入存者也、

晴久両寺に対し京都にての糺決を命ず

一、於杵築大社読経之時、左座之由申欤、此条、」彼寺一旦号社僧、以猛悪無道之謀訴、令」自専者也、一向背法儀上者、不及是非者也、」速此砌、預破邪帰正之御成敗而、弥奉可(ママ)」抽御祈禱之精誠旨、重言上如件、

杵築大社読経

弘治弐年五月日

一八四　妙法院尭尊法親王令旨

(封紙)四一・一×二五・〇
(本紙)二五・八×四一・九

(封紙ウハ書)
「鰐渕寺　　　　(今小路)行忠」

於当国、法席着座相論」事、鰐渕寺儀者、不混余寺」山門累代末寺、殊当門跡由緒勿論」也、清水寺、近年新儀興行無紛者也、」既被下　綸旨、三院一味上者、有」誰論之、為何宗背

鰐渕寺は山門累代の末寺妙法院との由緒も深し

勅命哉、速」任旧規、鰐渕寺可為左座之由、被仰」出者也、仍執達如件、

弘治弐
五月　日　行忠（花押）
鰐渕寺

一八五　鰐淵寺二答状案

（第一紙）二六・六×四五・三
（第二紙）二六・八×四五・八
（第三紙）二六・八×四五・八
（第四紙）二六・八×四五・八
（第五紙）二七・〇×　八・四

（端裏書）「二答本」

鰐渕寺雑掌謹重支言上

就法席座次相論、清水寺申状之旨、」悉以恣之事

抑当寺者、推古天皇之御願、尋其」根元者、自　神代別而霊験之勝地也、其」縁起者、本尊講之式ニ粗被書載之訖、則」一巻備右、昔者谷々隔路、坊院並軒、凡三千」余房雖為歴々、次第ニ令零落、今者其名計之」為躰也、然間、人々軽賤、口惜次第也、寺務者　」青蓮院殿、寺務代者安居院、其外ニ有本谷」本房山門之交、雖致其役、連々ニ無力之儘、」諸事無沙汰候条、失其便、依之、当時者清水寺」風情之寺与相紛様、被及執沙汰之

寺務青蓮院寺
務代安居院
清水寺風情之
寺

国の俗方は法中の実儀に立入らず

毎年正月廿日杵築社大般若経奉読

段、無是非次第也、』仍彼寺守時節、掠申而叡慮、給　綸旨、掠而」御門跡（入道応胤親王）、罷成御末寺分云々、廻種々調法、新儀ニ可」越当寺造意之働、言語道断之次第也、随而」恣中触旨聞之、国之俗方者、不立入法中之」実儀候条、只為静当座之諍論、一端口入之」扱等者、更不可為正儀欤、依新儀之企、毎々」法事之妨不可然之条、去年致言上子細、令」頂戴　綸旨、山門之副状等無紛処、為」座主宮（入道応胤親王）、前々　綸旨可為正本旨依被仰下、」国守（尼子晴久）難有分別由被申就意見、今度致上洛、」歎申処也、然而、彼寺猶以恣之言上、無是非次第也、

一、当寺不私事者、勅附之田地麓ニ有之、号」経田、以件料所、毎年正月廿日寺家衆罷下、」於杵築之社、大般若経奉読之者也、自修正始而、」勅願之御祈于今厳重也、廿日以前者、国守ニ」年頭之礼儀等無之候、依　勅願之行事也、国」中無其隠候哉、就中　将軍家御代々　御判」御教書以下数通、備右者目録、依如此之証拠、当寺者』無双之処、彼寺以如何様之由来・証跡等可超越哉、」恐者、於国可超当寺事者、無覚束者也、

一、天台末寺之目録、備右、争可及対論哉、

一、彼寺天文六年始而申請　綸旨事、頗以」不審也、若為根本理運之上座者、珍敷可」蒙　勅裁事、不可有之欤、但当寺若新儀ニ」於成妨者、其段曲事之由、対当寺被加御成敗」様、可被訴申処、一方向ニ申給　綸旨、経　」数年出帯、更不得其意、幷御門跡御令旨、可」

国之侍立原備
前守

為　綸旨同時処、遙之後被成之趣、出帯何事哉、

一、彼御令旨天文十九八月廿一日御文言仁、清水寺者、当門跡御」境内之精舎云々、於国不及承事也、但為　梶井御」門跡之御境内仁建立之精舎者、叡山以後与相聞畢、」当寺之草創者、二百余歳之前也、然者、不及」対論次第也、是等之条々、彼寺掠申段者無紛旨」言上之処、還而当寺掠申由言上之段、曲説也、其」掠申子細何事哉、帯証跡於無言上者、無正躰』謀言也、

一、依不能国守分別、令上洛、可一決之旨、左右方仁」出状之上者、近年於国兎角之往複〔復〕者、互仁不入」申事欤、只今古今之次第、就証跡可被仰付也、」仍三万部之時之左座之事、国之侍立原備〔幸隆〕前守」書状如此、備右、以口状忩之申事者、互仁不可有済〔際〕限者哉、

一、去年山門役者副状之事、満反〔遍〕無存知之間、不可為」正意之由、為両谷国江被申下云々、其段者、寺家衆」無案内候条、為寺務代之谷、其理言上也、仍北谷之」状備右、此儀者、去年又当年両度迄、自彼方」三執行代江連署之状雖有所望、無息〔同心〕云々、」若於有判形者、以其旨、可被背　綸旨之造意」歴然也、依無加判、此方江任　綸旨幷山上之故」実等、判形之書状可為反古趣、国江被申下段、無」其謂者欤、所詮、速被披　聞召、任理運堅被加」御成敗様、被経御奏聞、於為如先規者、弥可奉抽」御祈禱之精誠者也、仍謹重支言上如件、』

弘治弐年六月日

一八六　清水寺三問状案

（第一紙）二四・五×四一・〇
（第二紙）二四・六×四二・二
（第三紙）二四・六×四二・五
（第四紙）二四・七×一二・六

（モト端裏書カ）
「清水寺三問状　弘治二　六　九　案」

清水寺雑掌謹重言上

就当寺法席左座之儀、鰐渕寺重奸陳」恣之事

一、当寺左座之事、毎度理運無紛旨、猶重而」雖載条数、不立入其条、只今捧本尊講式言上云々、」恣之謀略歴然者哉、当寺者、号瑞光山、　」推古天皇御願、本尊者十一面観音、希代之霊地、」子細異于他者哉、昔者至坊舎、雖為厳重之次第、」送数百廻星序之間、追年及荒廃、名称計」之躰、愁吟之処、剰先年擾乱之時、群兵乱入」寺中仁、殺衆徒、奪取雑物、当時残所之坊舎・」仏像・経蔵等以下、悉以令焼失畢、雖然、於本」堂一宇者、無恙者也、廻禄以後、建立坊院、長日之」勤行・顕密之行業、于今不怠、抽御祈禱之精」誠処、当時清水寺風情之寺之由、為彼寺於申者、」当寺勅願之浄場卑劣者哉、殊於国中、諸寺雖多」之、当寺古今左座不珍者也、

一、国之俗方不立入法中之実儀之由申欤、不可説之』陳答也、法中之儀、国之俗方於申分者、

将軍家代々御判御教書

雖為前々理運」之儀、可被奇捨哉、彼寺不止新儀之邪執、依申掠、」去年既対決之処、先例云、　綸旨与申、当寺左座」分明之上者、弥理運無紛由、国守（尼子晴久）申分憲法者哉、

一、勅附之田地、将軍家御代々御判御教書等在之由申欤、」田地等或御奇〔寄〕附之以一義於申上者、不可立左座之」証拠候、寄事於左右、彼寺申掠段、一向無謂題目也、

杵築社にて万部経執行時之奉行亀井秀綱

一、依不能国守分別、令上洛、可一決之旨、出状之上者、」近年於国菟角之往復者、互不申入〻（申）〇事欤之由申云々、」於国之往復者、彼寺依新儀濫訴也、其儀更不」可及隠蜜題目候、当寺古今左座之例証、於不申」入者、以何之可為御紏明哉、恣之申状、前代未聞之」次第也、当寺左座之以後、万部読経之事者、於」杵築社之執行也、其儀彼寺違背先例之座次、」不憚視聴之人口、以逆悪之所行令自専段、更不可」為正儀候、併時之奉行亀井能登守（秀綱）等、不知案内」故也、重而彼寺読経之時、令妨乱先例之座次間、」為退治法事魔障、天文六年仁、当時〔寺〕左座」数度之先例以無紛旨依申上、被任先規之由、」被成下　綸旨上者、不可有其妨処、彼寺以謀訴」背　勅命段、言語道断之次第也、於杵築社万」部読経之時、号社僧、以一旦非分之傍例、彼寺」理運之由、濫吹之申状、近比荒凉者哉、此儀最前』雖申入候、子細猶以申上者也、所詮、当寺左座以」連綿之旨、被聞食分、可預御　奏聞者也、

一、去年対鰐渕寺山門三役者一札之事、子細」諸谷江可有其届処、且以無存知之由、為谷々

被」申披候、傍之所行歴然者哉、於請文者、為御門跡（入道応胤親王）」可有御出帯候、自然雖為何事、以
傍之儀、役者」判形於在之者、惣山之可為証拠哉、剰事之子細」恣役者不伺衆儀出状者、
山門之故実哉、以北谷」之状其理何事哉、東塔執行代江、座次之」事、於　禁中御糺明之
最中之間、以一方向之」儀、理不尽仁役者連署於在之者、旁以可為聊尓」之由、度々被仰
届者也、

一、当寺　御門跡之御末寺分仁罷成之由申欤、」然者、自去年至当年、彼寺茂御末寺仁可罷成
之」由、廻内外之馳走、種々致懇望之由、造意何事哉、」縦彼寺於罷成御末寺者、何当寺
之先例可」空哉、旁以理運無紛者也、為彼寺懇望之子細、」於御不審者、御門跡江被尋申、
被召出証」人者、巨細之儀、定而可被申披者哉、所詮、当寺」理運之旨、具被披聞召、被
任先例者、弥奉」抽御祈禱之精誠者也、仍謹重言上如件、』

弘治弐年六月日

一八七　鰐淵寺三答状案

(第一紙)二七・一×三七・一
(第二紙)二七・〇×四五・六
(第三紙)二七・〇×四五・八
(第四紙)二七・〇×四五・六
(第五紙)二七・〇×四五・七
(第六紙)二七・〇×二三・一

(端裏書)
「三答本」

鰐渕寺雑掌謹又重支言上

清水寺幾度毛同篇之言上、更無其実〈躰〉事

当寺出帯申分、縁起一巻・将軍家御判」御教書目録別在之、・天台末寺目録二本・」左座之証状一通・山門役者連署御所望之内状三通、為遠国之条、証跡(注)住進次第、猶可致進上也、』

一、天文十九年之御令旨仁、清水寺〈者〉、当門跡境内之精舎云々、」山門以後之儀歴然之由、先度言上之処、既承伏畢、」於国守(尼子晴久)対論之時者、為大同年中開起之寺之由、慥」被申之畢、今度之申状者、推古天皇之御願云々、」定而其証跡可在之、争出帯無之候哉、大同之建立毛、」御門跡御境内之精舎毛、共以山門以後之段勿論也、又万一」当寺同前仁推古天皇之御願成共、非天台末寺之数、」然上者、三ヶ寺何毛不可相並当寺条、為顕然者哉、」其上、只以一寺、三ヶ度之被申様相違之上者、悉皆虚」言之段、無異論者哉、仍遠与近、寺之

大与」小、証跡之有与無、山門根本之末与非末寺之」数、以今案之謀略恣申掠寺〔与〕而生得之
有様付〔計〕申、」彼是不能対論者哉、依何可令超越哉、不及自余之」御沙汰候欤、此外之儀者、
問状之条々、不致承伏験仁、悉雖」相理申、大略以前同篇之趣欤、

一、為顕縁起、本願講之式奉捧之処、謀略云々、」非新調子細、又非人作之題目ニ、旁以無私
者哉、」彼方者、只以口状恣之言上、非法之至極也、幷左座之』事、不立入条数云々、此
問答之始終、悉非左座之儀哉、」寺社共依前後之次第、上座之相剋者連綿之事」欤、左座
之沙汰者珍敷〈之〉由、及執沙汰者哉、只依寺之」次第、相極事也、取別而左座計〈之〉沙
汰、不及相論儀也、仍」古寺〈之〉証文、則左座之〈証跡也、彼寺者、其証跡一向依無之、
巧而　綸旨幷〉御令旨等仁左座之御文言掠」給之、以是計為証文、恣之謀言、以外〈之〉
次第也、更以彼」寺左座之例者無之事也、為先規由　綸旨仁申」給候段、其先規何事哉、
証跡一向不可在之、此方者、」立原(幸隆)書状無紛者哉、

一、彼方兵乱之砌、寺家悉廻禄云々、依無証跡、寄事於」左右、為陳防言上欤、若為生得之
道理者、不依」多少、証跡散在而可有之者哉、当寺之廻禄者、」草創以来雖及十箇度、各有記禄〔録〕、
今只一両谷如形」〈雖〉相残、依年久相積、証跡散在之分、出帯申処也、」然而、以口状只
左座之一義計由言上之段、誠以浅近」也、両寺之前後於無紛者、座配者絶言之儀也、

一、国之俗方依難相定、上洛一決之意見之段、以前」言上事旧畢、猶以同篇之被申事也、上座之儀者、」此方帯証跡申上処、猶以去年彼方在左座云々、』当寺者、不罷出〈之〉上者、対当寺左右之沙汰、一向不入」事也、何毛不罷出時之儀者同之、以左座之言上、去年」所被成下之　綸旨、彼方違背之段、相聞者哉、

一、勅附之田地之事、又将軍家御判御教書等」令出帯事者、寺家年旧不私証拠、何事如之哉、」然上者、無双之段無紛処、不可立左座之証拠之由、」言上理不尽之至極也、

尼子経久法華経信仰に依り法事興行す

一、三万部之時、当寺上座之段、帯証状等無紛旨言上〈之〉」処、種々防言、太以奸謀也、惣而前々者、為国守法」事興行之儀者希有也、経久（尼子）依為法花経信仰、」被誅亡大敵、其切取所領之土貢、以之為足付、或者」千部万部之読誦、或者以摺写之経、諸国之堂舎江」被賦之畢、仍彼三万部者、三ヶ度仁万部充」被執行者也、何毛自国方、驚（警）固諸公事以下之」奉行者、亀井能登守（秀綱）、堂中之経奉行者、当」寺之桜本坊豪栄・鏡林坊円怡両人、開白結」願之導師者、橋本坊円海法印・西本坊頼円法印」等也、彼亀井能登守者、其時分、経久存知之国々大』小事悉皆令存知、為明白之仁躰事、無其隠、于今」以其儀為亀鏡者哉、依之、被差奉行被執行法事仁、」争聊毛末尽之儀可在之」哉、其上三万部之間、一年」三年隔年数之間、若為理運者、子細先例等」申披、可為上座処、不及是非之沙汰罷過、彼第三」番目

之経者、当年廿七ヶ年以前也、如此経数年」後、至于今、或当寺押而至上座由申、或奉行亀井」無案内之故等、恣之被申事、旁以虚言之随一也、眼前之」例証、不可過之者哉、殊当寺者、杵築社僧云々、鎮守」者蔵王権現也、必非社僧者哉、誰〔縦〕又雖為社僧、」自元座次之次第〈於〉相定者、更不可有異儀事也、不」可依在所、為其国之奉行罷立、被執行者哉、

一、執行代江、於禁中御糺明最中也、卒尓之一」行不可被出之由、〈自〉座主宮（入道応胤親王）被仰届云々、其段者、此」間之御事欤、如以前言上、去年此方江、任　綸旨」幷故実、副状被出之後、自去年至当年、度々」雖有御所望、証状備右、依無証跡、同心不申旨、役者被申由、為」北谷能々相尋、慥被申者也、若彼副状為反古者、御』所望何事哉之由、山上内々沙汰也、以前具言上畢、

一、当寺　御門跡江内々懇望之事、既　叡慮者」雖申披、為　御門跡種々被仰塞段、迷惑之間、」幾重毛懇望之由申入段、有何咎哉、兼帯之」儀不珍事也、於無御承引者、不及力次第也、此等之趣、」被披　聞食、彼寺謀訴曲事段、堅被加御成敗」様、為預御　奏聞、謹又重支言上如件、

弘治弐年六月日

○本文書、〈　〉部分、東京大学史料編纂所所蔵謄写本京都御所東山御文庫記録により補う、

一八八　後奈良天皇女房奉書

（本紙）二八・〇×四四・四
（裏紙）二八・〇×四四・三

いつものくににて、せいすい寺かくゐん寺」ひたりさの事、三もん三たう御らんせ」られ候
ところに、かくゐん寺ひたりにつき候」に、ちさんの事候つる時に、せい水寺さを」あけて
をき候つるよし、申候ところに、」又せい水寺かつてひたりのほかに、さに」つきたる事な
く候よし、二もんにのせ候」へは、そのやうたひ二たうに申に、申」わけ候へき事にて候に、
かつて一こんに」およひ候はぬうへは、かくゐん寺申ところ候はぬ」とおほしめし候、きつ
きのやしろ」にて、ひたりさにかくゐん寺つき候事も、」天文六年りんしをなされ候はぬ」い
せんの事にて、それにつきて、こそ」せいすい寺にりんしをなされ候」事にて候へは、きつ
きの事は、せうせき」なり候ましきとおほしめし候、（〇以下裏紙、）」又さうろんの時に、せいすい寺ひた
りさ」のうしろにつきたる事、れきせん」にて候へは、かた〳〵せい水寺申ところ」あるよ
し、おほしめし候よし、」よく〳〵申され候へく候、かしく、
（奥ウハ書）「四つし大納言（季遠）とのへ」

清水寺申分に理あり

善住院

一八九　永請書状

二六・〇×四一・〇

御札致拝見候、善住院之儀、及御」思安之由承候、種々出入在之儀候を、」既ニ四度迄被遣、大方相調候処、」如此候、左様候は、、一昨日可及御思」安候事候、御存分共不覚候、然共御」状通被申遣候、御領状段を被」仰遣候、又如此候、恐惶謹言、

七月五日　　永請（花押）

正教（詮運）坊法印

尊報

○本文書、年未詳なるも、永請にかけ、暫くここに収む、

一九〇　延暦寺西塔院衆徒連署状案

（第一紙）二五・六×四三・〇
（第二紙）二五・六×四三・四
（第三紙）二五・六×四三・五
（第四紙）二五・六×四三・六
（第五紙）二五・七×四三・五
（第六紙）二五・六×四三・四

雲州鰐渕寺与清水寺
　左右座論之事

三院評儀之憲法

右、尋流伝之根元者、吾宗法海」之要津、糺正世之由来者、像末弘」教之通例也、粤清水寺徒衆背」往古之法度、企逆悪之造意、左座之」所望奥〔興〕起仁付而、奉掠叡慮、訴申」門主（入道応胤親王）既賜綸旨、請令旨、左仁可着」座之由、令発言訖、然処仁鰐渕寺」僧侶頻以驚之、則以上洛左座」無紛之旨、令達　叡聞之趣、」抑鰐渕寺者、当初為　推古天王』御願所、祈数代之安寧、為叡岳」天台末寺、守釈氏之威儀、自尓」已来、於国中諸法席座次、于今」不乱、其上捧古今証跡、令言上事」子細、左座之段、置而不論之由、申」披了、然則鰐渕寺理運之旨、去」年五月廿日、忝被成下綸旨者也、」剰為三院役者被及一行、左座之儀」事旧了、言上古之法儀、云当時之　」勅許、不可能猶予之処仁、清水寺悪」徒鬱訴、尚依未休、至于当年、重而」奉対梶井宮歎申之間、以御門徒」旁〔芳カ〕約之御贔屓、被仰有叡慮、又」清水寺可為左座之由、被下綸旨云々、』其是非雖難有測知、既以天文六」年以来之新儀、棄数百ヶ歳上代之」旧規、無道之言上御許容之上者、於山門」更難存知者欤、所詮任故実之証」文、以順路之理局、左座之旨、幾重茂」達叡聞之明決、以三院評儀之」憲法、可有落着之条、加満徒一味之」連判、備後日之亀鏡之状如件、

弘治弐年七月十九日　西塔院　執行代

北谷

法印詮運
法印春恵
法印康運
法印勝運
阿闍梨煒運
大法師善運
内供奉盛運
大法師賢運

学頭代
阿闍梨賢慶
大法師朗運』
大法師倖運
内供奉誠運
大法師栄玄
内供奉源運
大法印〔師〕誘運

東谷

法印仁超
法印豪祐
法印円秀
阿闍梨尊闍

阿闍梨秀盛　学頭代
大法師宗親　大法師良心
大法師豪慶　大法師尊祐』

南谷
法印快重　学頭代
阿闍梨永請　大法師木実
阿闍梨定祐

南尾
法印慶俊　大徳慶源
法印良澄　大徳祐澄
法印春芸　講衆大徳永円
法印慶舜　一和尚
権少僧都真芸　学頭代

阿闍梨宗盛
内供奉亮舜」
大徳隆好
北尾
学頭代
法印光暁　阿闍梨秀盛
擬講承源
大法師秀存
大法師宗純

一九一　延暦寺西塔院・楞厳院条々書

（第一紙）二七・八×四三・〇
（第二紙）二八・三×四四・五
（第三紙）二八・三×四四・二

山門西河両院条々書之事

一、改邪帰正者、仏家之故実、却非賞理者、」釈門之法度也焉、爰雲州両寺座次相」論之儀、雖事旧、従往古鰐渕寺事者、」於大社及度々左座無其隠者也、此段者」清水寺茂乍有同心、

山門座主職は三門跡輪番

相紛菟角之諍論、」太以不可然事、

一、彼鰐渕寺者、出数通之証文言上在之、」清水寺者、証文在之由雖令披露、既以」所出無之上者、胸臆之申事令顕然之」条、可被処非拠事、

一、鰐渕寺者、忝 推古天皇御願所、」無双古砌〔刹〕、無止霊地、異于他寺他山、」自余之寺、不足対論、剰証跡分明之条、』不及猶予、於国順路可被申付之処、」修理大夫(尼子晴久)方用捨之儀、不能分別事、

一、鰐渕寺者、従往代為 青門之御寺務、」当山譜代之末寺也、清水寺者、近年」罷成 梨門之御門徒、恣申掠及異」論之段、新儀之申事、非例之専一、何事」如之、然上者、曽以不可有許容事、

一、天文六年以前者、先例不可為証拠之」趣、為 叡慮被仰出之通、相見欤、」非道之儀、不正之至、歎敷次第也、吾山之」満徒、更同心不可在之、山門者、一切之法事」悉守旧規、上下之階級不乱其徹事、

一、座主職者、三門跡之輪番也、 」梶井門主(入道応胤親王) 為当 山務理不尽之」令旨、若輩敢不可令仰信事、

一、今般三問三答之儀、何モ為鰐渕寺濃」雖致言上、不被尽於理非、為 天子(後奈良天皇)被」仰出云々、

詔勅を成し返す先例一に非ず

西塔横川両院は鰐渕寺に理ありとす
東塔へも与同を促す

縦雖被成下宣旨、於非分之」儀者、及山訴、被成返紹〔詔〕勅事」先例非一、於正否未窮者、綸旨雖』在之、山門都不可有同心事、

一、就三問三答理屈、於国無偏頗可被」及分別事、

一、従修理大夫方、鰐渕寺江出状之趣、清水寺茂」数通之証文在之云々、然而一通毛所出無之、」如何在之哉、不審事、

一、梶井宮御門徒中歴々雖在之、西河之」両院者、鰐渕寺理運之通、老若令一味」者也、依之為両院東院江、順路之儀可為」肝要之旨、被申送畢、然間於彼院内」一両谷者、両院江被与同事、

楞厳院

弘治弐年七月廿八日　別当代（花押）

西塔院

執行代（花押）

○各紙継目裏、上部に執行代、下部に別当代の花押あり、

青蓮院庁務長
谷玄穎

一九二　長谷玄穎書下

（封紙）四六・〇×二七・八
（本紙）二八・八×四六・六
（裏紙）二八・八×四六・六

「（封紙ウハ書）
　　　　　青蓮院庁務法眼
雲州
清水寺衆徒中　　　（長谷）玄穎」

○封帯あり、

為当寺　座主宮（入道応胤親王）御門徒云々、然者、」三門跡輪番御存知候処ニ、梶井宮」為一門跡御進退之様
候、如何様之」子細候哉、但又彼門跡御門徒候欤、」様躰具可被仰上候、為其、令啓」達候、
仍状如件、
（弘治二年）七月廿八日　玄穎（花押）
　　清水寺衆徒中

○以下裏紙、
「（奥切封）（墨引）」

一九三　長谷玄穎書状

二八・八×四六・四

○封帯あり、

鰐渕寺・清水寺就座次之儀、」被申結候、彼清水寺、座主宮御(入道応胤親王)」門跡(徒)云々、然者、此座主儀者、三門跡」為輪番御存知候処ニ、梶井宮為一」門跡御進退様候、不審候、如何様之」子細候哉、所詮彼寺へ様躰被相尋、」可仰上候、此等之趣、修理大夫(尼子晴久)殿可被申」達候事、専一候、恐々謹言、

七月廿八日(弘治二年)　　玄穎(長谷)（花押）

立原備前守(幸隆)殿

(封紙)四五・九×二八・〇
(本紙)二八・九×四六・一
(裏紙)二八・八×四六・二

一九四　長谷玄穎書状

(封紙ウハ書)
「　　　　青蓮院庁務法眼
雲州
鰐渕寺衆徒中　　　玄穎(長谷)」

○封帯切痕あり、

就当寺・清水寺座次之儀、被申結候、」其砌、拙者若州在国之事候て、相応」馳走不申、無念候、双方不及理非、被」返成綸旨候、言語道断次第候、然者、」此段、為当門、是非可申分衆議候間、可御心安候、」殊彼寺、座主御門徒云々、然者、従天文十九年、座主」為御門

清水寺は天文十九年より座主門徒と称す

徒被参候由候欤、其時者、当門跡座主（入道尊鎮親王）事間、為」此方可被申事哉、所詮、如此相違之次第、
急度」於守護所可被申達候事、肝要候、猶委者、此仁へ」申含候間、不能再三候、恐々謹言、

（弘治二年）七月廿八日　　　玄穎（花押）

鰐渕寺衆徒中

○以下裏紙、

（奥切封）「（墨引）」

一九五　延暦寺西塔院執行代・楞厳院別当代連署書状（切紙）

（封紙）三九・四×一四・九
（本紙）一九・八×五二・九

（封紙ウハ書）
「　　山門西河両院
立原備前守（幸隆）殿　　連署」

（端裏切封）「（墨引）」

○封帯あり、

就両寺座次相論之儀、」鰐渕寺理運之段、誠以」明白候、於子細者、以条々書」申候、然者、
為老中、被遂」分別、順路之沙汰可然候旨候、」恐々謹言、

子細は条々書にあり

老中

(弘治二年)七月廿八日　楞厳院　別当代（花押）

西塔院　執行代（花押）

立原備前守殿

（封紙）三二・二×一三・〇
（本紙）二〇・八×五〇・四

一九六　安居院覚澄書状（切紙）

安居院覚澄

片手打の裁許

(封紙ウハ書)「立原備前守(幸隆)殿　(安居院)覚澄」

「(端裏切封)(墨引)」

○封帯あり、

去年下向之刻、種々御馳走」快然至極候、厥后聽可令」啓候之処、兎角遅怠非本」意候、仍鰐渕寺与清水寺座」論之事、去年様躰事旧無」別儀之処、於　禁中幷山門」可有糺決旨、匠作(尼子晴久)一札雖」山着候、不及其是非、片手打」御裁許、更以不順路之儀候、」雖然山上之儀、未落居之段、」委曲為鰐渕寺可申入候、此等」之趣御執合可為歓悦候、恐々」謹言、

(弘治二年)八月三日　覚澄（花押）

立原備前守殿

一九七　延暦寺列参衆衆議連署状

（第一紙）二四・一×四〇・二
（第二紙）二四・〇×四〇・四

京都一条宿にて列参衆衆議す

弘治二年九月十八日、於京都一条宿、」山上列参衆衆議曰、」
右、出雲国鰐渕寺与清水寺法席」座論之事、去夏、為　梶井宮（入道応胤親王）」依被仰掠　禁中、対清水寺、」被成　綸旨候、片手打之御」裁許、前代未聞次第也、所詮」綸旨為可申返、今度東塔北谷、」西・川両院之衆、参洛候、於此事者、」以一味之儀、可被仰達候、若列参」衆之内、自然彼方江有内通之」儀、或構別心於仁躰者、堅可被及」衆議旨、連署之状如件、

内通別心は衆議に及ぶべし

次第不同

又別当代（花押）

西執行代（花押）』

秀存（花押）

賢運（花押）

定実（花押）

舜稼（花押）
幸源（花押）
栄源（花押）
慶運（花押）
豪慶（花押）
賢慶（花押）
宗秀（花押）
定和（花押）
真芸（花押）
玄盛（花押）

一九八　三好長慶書状（切紙）

（封紙ウハ書）
「三好筑前守
　　長慶
山門西塔院
　執行代御房

（封紙）二二・八×一一・七
（本紙）一七・八×五〇・八

山門楞厳院
別当代御房御返報　」
（端裏切封）「（墨引）」

○封帯あり、

御札令拝見候、仍就」雲州鰐渕寺与清水寺」座論之儀、叡慮片手打之御裁許、」雖歎御申候、無一途御座之」趣、示預候、如何候哉、蒙仰次」第、随分両伝奏迄可申達候、」聊不可存疎略候、随而青銅」百疋被懸御意候、御懇儀」祝着候、猶公文所可被申候、」恐々謹言、

（弘治二年）
九月廿五日　長慶（花押）

山門西塔院
執行代御房

山門楞厳院
別当代御房

御返報

叡慮片手打の裁許

二七・九×四四・〇

一九九　延暦寺西塔院政所集会事書

西塔院政所に集会す

弘治二年十月十二日、於西塔院政所集会議曰、

早可被為庁務（鳥居小路経孝）沙汰申入　梶井宮（入道応胤親王）事

夫捨邪帰正者、世出之軌範也、爰雲州両寺座論事、」雖事旧、清水寺者、珍敷誘取　綸旨、近年罷成当」御門徒、巧而欲超往古帯証之鰐渕寺、造意之企、更」不叶法意、頗背制戒之旨者哉、今度者、雖被号御」糺明、一向理不尽之御沙汰、歎敷之旨、雖為衆存、就」青門宮御（尊朝法親王）幼少、依難達欝望、慥為令達　叡聞、」任旧例、着法衣、列参之処、御取合者無之、而剰被」集在々所々人数、俗儀之御支度、併為被与衆徒」難儀、為歴然、法中不応御造意、座主違隔之」御働、絶言之至也、既御難儀之時者、各馳走之段、非」眼前之儀哉、向後又可為同前処、忽無其甲斐、只」被賞遠国小寺之非儀、於山中理運之沙汰者、被処」御耳外、被及騒動事、以外之次第也、於雲　貫頂」之智月者、住三千黒闇之洞、一天之精祈不可有其詮」者哉、任　勅定、言上之条々、早被達　叡聞、不尽理」非之渕底者、山中之静謐、不可有其期之旨、衆儀如斯、

叡聞に達せんが為列参

遠国小寺

理非の渕底を尽さざれば山中静謐せず

二〇〇　松永久秀書状（切紙）

（封紙）二八・八×一一・〇
（本紙）一六・三×四七・〇

（封紙ウハ書）
「　松永弾正忠

山門
西院執行代御坊
楞厳院別当代御坊　御報　久秀」
（端裏切封）
「（墨引）」

○封帯あり、

就雲州両寺之儀、重而」御札令拝見、則申聞」長慶（三好）候、禁中江之儀、」達而可申上之由、被申候、」聊以不被存疎意候、委」曲行経坊可被申候、可然之」様、御衆達所仰候、恐々」謹言、

（弘治二年）
十月十三日　久秀（花押）

西塔執行代御坊
楞厳院別当代御坊
御返報

二〇一　座論手日記

二八・一×四六・二

手日記雲州鰐渕寺与清水寺座論之条数

一、今度両寺座論申結候子細者、彼国」大守（尼子晴久）於禁裏幷本寺可相究旨依申」上、則於禁中三問三答候、其次第旧規対」山門可有御尋之処、理不尽御批判歎ケ」敷存、以列参申上候処、

被捨本寺之存分」候段、無是非事、

一、山門之末寺諸国仁多之、恣被定座次者、」濫吹之基、難打置事、

一、京都山門之儀、他国之外聞無勿躰事、

以上、

二〇二　後奈良天皇女房奉書

鰐渕寺に綸旨下る

○封帯切痕あり、

三一・三×四四・九

いつものくにの両寺」さろんの事、山もんの」大しゆ、てい中いたし候に」つきて、かくゐん寺へ」りんしをなされ候事にて候、」一日なかよし(三好長慶)のあそん」申候つるま、、このやう」おほせきかせられ候への」よし、心えて申とて候、」かしく、

二〇三　後奈良天皇女房奉書

○封帯切痕あり、

(本紙)三一・四×四五・〇
(裏紙)三一・六×四五・五

いつものくにかくゐん寺と」せいすい寺とひたりさ」さうろんの事、すきし」六月に御きう

山法師

青蓮院執事尊
勝院慈承

めいを」なされ候、そのきこしめし候」やうふしんのよし申候て、」やまほうしともまいり、」しきりにそせう(×よ)申候」あいた、○以下裏紙、ふた、ひそちんの」かき物御らんせられ候ところに、」かくゐん寺せようせきとも」まきれなく御らんし候、」もんたうのうへに、あやまり候」かとおほしめし候をは、」かくゐん寺みな〳〵申わけ候」うへは、りうんとおほしめし候」ほとに、かくゐん寺ひたりに」つき候へとおほせにて候、かしく、

(奥切封ウハ書)
「(墨引)
(尊勝院慈承)
そうせうゐんとのへ」

二〇四　後奈良天皇女房奉書案

(本紙)二七・五×四四・二
(裏紙)二七・五×四四・五

(三好長慶)
ちくせんのかみに、」よくおほせきかせ」られ候へと申とて候、かしく、

いつものくにりやう寺の」事につきて、みよし」ちくせんのかみしよしやう、」ない〳〵御らんせられ候、」三もん三たう、せうもん」い下のうへにて、御きう」めいをとけられ候、せう〳〵」をの〳〵にもあひたつね」られ《うら》、いけんにまかせて」おほせつけられたる」事に○以下裏紙、て候、御心ひとつにての」御さたにても候す候、やかて」おほせられ候はんするを、御と

り」みたしの事にて、」たゝいまおほせられ候、かしく、

ひろはし（広橋国光）大納□〔言とのへ〕

（本紙）二八・一×四七・〇
（裏紙）二八・一×四七・〇

二〇五　広橋国光書状

○封帯切痕あり、

就雲州両寺之事、」女房奉書如此候、尤」珍重候、恐々謹言、

（弘治二年）十一月十三日　（広橋）国光

三好筑前守（長慶）殿

○以下裏紙、

（奥切封）「（墨引）」

二〇六　後奈良天皇綸旨（宿紙）

（封紙）四六・四×三三・二
（本紙）三四・九×四八・九
（裏紙）三四・九×四八・八

（封紙ウハ書）「鰐渕寺衆徒中　権右中弁経□（元）（甘露寺）」

当国諸法事座次相論之事、」先度、対清水寺、雖被成　」綸旨、道理未究之旨、山訴之間、」

先度の綸旨を
破棄す
鰐渕寺左座た
るべし

訴陳之状、重而　叡覧之処、」当寺証跡依無紛、被棄置」去六月之　綸旨畢、当寺向後」可為
左座者、
天気如此、仍執達如件、

弘治二年十一月十三日　権右中弁（花押）

雲州
　鰐渕寺衆徒中

○裏紙あり、

二〇七　中山孝親書状（切紙）

（封紙）三八・一×一三・二
（本紙）二二・〇×五〇・二

（封紙ウハ書）
「佐々木修理大夫殿（尼子晴久）　（中山）孝親」

「（墨引）」（端裏切封）

○封帯切痕あり、

今度鰐渕寺与清水寺」座次相論之事、去六月、対」清水寺、被成　綸旨候処、理」不尽之御
沙汰之由、為山訴、衆徒」列参　禁中候、申次事、乍」斟酌、依　勅命令存知、任訴」訟之
旨、被成返　綸旨於鰐渕寺」候之間、弥無別儀様、可被申」付事、肝要候、恐々謹言、

（弘治二年）十一月十三日　孝親

佐々木修理大夫殿

二〇八　勧修寺尹豊書状（切紙）

（封紙）三五・二×一五・三
（本紙）一九・八×五一・七

（封紙ウハ書）「尼子修理大夫殿（晴久）　（勧修寺）尹豊」
（端裏切封）「（墨引）」

○封帯あり、

雖未申通候、令啓候、」今度鰐渕寺申分」事、任山訴之旨、被成」論（綸）旨候、被存知其旨、堅」可被仰付事、肝要候、乍」斟酌、涯分令馳走候、」恐々謹言、

（弘治二年）十一月十三日　尹豊

尼子修理大夫殿

二〇九　柳原資定書状

（本紙）二七・二×四四・九
（裏紙）二七・三×四四・九

○封帯切痕あり、

今度雲州両寺」相論事、既対清水寺」雖被成　綸旨、理不」尽之御裁許、不可然之由、」山門
愁訴無余儀候、」然者、此事於御前度々」懇為申入候処、被聞召分、」鰐渕寺江重而被成」勅裁○以下
裏紙、
候旨、外聞実儀」珍重候、依為御末寺、別而」御入魂之段、感悦候、向後」自然為寺家申分

使者真継久直

共候者、」涯分可馳走候、猶久直（真継）」可申候也、恐々謹言、

（弘治二年）十一月十三日　資定（柳原）

「（奥切封ウハ書）（墨引）

安居院御房（覚澄）　資定」

（本紙）二七・七×四六・六
（裏紙）二七・六×四六・二

二一〇　速水武益書状

○封帯切痕あり、

昨夜者、任先例御参　内、」尤珍重被存候、仍雖御無心儀候、」就雲州両寺事、三筑（三好長慶）江」被成

表向

奉書候、表向可被申候へ共、可然」様御伝達被頼存候、大納言（広橋国光）以一札」可申候処、御会祗候
之事候間、得」其意可申旨候、恐惶謹言、

（弘治二年）十一月十七日　武益（速水）（花押）

竹内（季治）大膳大夫殿
人々御中

○以下裏紙、（奥切封ウハ書）

「（墨引）　速水左衛門大夫
竹内大膳大夫殿　　　武益
人々御中　　　　　」

二一一　六角氏家臣永田賢興・進藤賢盛連署奉書（切紙）　一六・二×四二・二

○封帯切痕あり、

（端裏切封）
「（墨引）」

就雲州両寺座論」之儀、両院御札之旨、」披露仕候之処、今度」於京都、以外強訴御」働候之間、一段不可然儀と」被存候之条、於山上、猶」以聊尓之御働候て者、」可為御越度由、可申入通候、」恐惶謹言、

京都にての強訴然るべからず

（弘治二年）十一月廿八日　（進藤）賢盛（花押）
（永田）賢興（花押）

別当代
執行代
　　御報

二一二　教林坊円秀等連署書状

（本紙）二七・五×四三・三
（裏紙）二七・五×四三・八

○封帯切痕あり、

御屋形（六角義賢）有御入魂、東院へも堅被仰」儀候間、自然若輩御聊尓之族」在之者、太不可然
　候、其分可被仰付候哉、
急度注進申候、各罷下候処、今日十二」御屋形江被召寄候、路次等之儀、聊無御」等閑之
由候、
一、今度之　綸旨、左京兆（六角義賢）江当座可被」預之由候、雖然、為正光坊（賢運）、　綸旨者既仁」雲州江下
候、此方無之由、重畳雖被申候、」未此方在之旨、風聞之条、此分可然之由候、」万一
綸旨御屋形へハ手放之様無覚」束思食候者、妙観院江可被預候、妙之預状」を以、可被仰
調候、猶以及御思案候者、貴房・」正光坊・教林坊（円秀）江可被預候、其預状を」可被取之旨候、

路次は往古以
来留めらるる
ことなし

御存分次第仁可被仰下候、」

〇以下裏紙、
一、路次之事者、往古以来、被留事無」其例之条、急度可被明之旨、東院江」可被仰遣候、但当座之色目候之条、」於和多房者、可被及衆儀之旨候、此等之」趣、於御同心者、可預御返事候、各色々」御思案共候、雖然、非此儀者、不日仁路次」可明儀、難在之旨候、恐惶謹言、

正光坊

未刻
(弘治二年)十二月十一日　賢運（花押）

光泉坊

玄珍（花押）

教林坊

円秀（花押）

(奥切封ウハ書)
「（墨引）　連署

(詮運)
正教坊法印御房　円秀

御同宿中」

（封紙）二五・六×一〇・九
（本紙）一六・五×五一・三

二一三　大原高保書状（切紙）

（封紙ウハ書）
「　中務大輔
正教坊法印坊（詮運）　　高保（大原）
　　御報　　」

（端裏切封）
「（墨引）」

○封帯切痕あり、

御状幷以中納言公」御懇ニ承候、殊ニ五明」一本・杉原十帖給候、」祝着候、毎々御音」信快然
之至候、一」ヶ条之儀、委細水原」河内守（氏家）可申候、恐々」謹言、

正月廿七日　高保（花押）

正教坊法印坊
　御報

○本文書、年次を闕くも、正教坊にかけ、暫くここに収む、

佐々木大原高保

二一四　延暦寺西塔院執行代・楞厳院別当代連署書状

（封紙）三六・七×二六・六
（本紙）二七・三×四五・三
（裏紙）二七・五×四五・三

（封紙ウハ書）
「
西
執行代
別当代
連署」

（尼子晴久）
佐々木修理大夫殿

○封帯切痕あり、

当国鰐渕寺与清水寺法席」相論之儀、於　禁中往覆雖及」数度、一途不決之間、去年霜月、」為山訴以三ヶ条、鰐渕寺可為」左座之旨、令　奏問（聞）之処、被聞」召分、則被成下　綸旨之上者、」於国中弥無改転之様、堅可被」仰付事肝要之由、衆儀候、恐々謹言、

（弘治三年）
三月七日

別当代（花押）
西
執行代（花押）

佐々木修理大夫殿

○以下裏紙、
（奥切封）
「（墨引）」

禁中にて決せざるにより山訴

二一五　延暦寺西塔院執行代・楞厳院別当代連署書状

(封紙)四二・七×二四・八
(本紙)二七・五×四五・一
(裏紙)二七・三×四五・一

「(封紙ウハ書)
山門両院
鰐渕寺衆徒御中　西執行代
別当代」

○封帯あり、

為清水寺申掠左右座次之」相論、去年霜月為　直奏」数日令庭上、以三ヶ之条数、一途」申究、則当寺左座無紛之」通、賜厳重之　綸旨之上者、」向後弥不可有別儀之由、衆儀候、」恐々謹言、

(弘治三年)
三月七日　別当代(花押)
執行代(花押)

鰐渕寺衆徒中

○以下裏紙、

「(奥切封)(墨引)」

庭上

二一六　尼子晴久書下

二八・九×四六・三

出雲国鰐渕寺々領高浜」郷内弐町弐段六十歩・遙勘内三段三百歩」下地事、任数通証文、杵築」内経所経田上者、止検住〔注〕已下」諸公事、寺家可有知行者也、」雖然三月会、右郷臨番之」時者、反銭可出之、其外之反銭等」令免除之状如件、

弘治三年卯月廿三日　修理大夫（尼子晴久）（花押）

鰐渕寺

高浜郷
遙堪
杵築内経所経田
三月会

二一七　西光寺憲秀等連署奉書（折紙）

二九・一×四六・一

貴寺御寺領」分高浜郷之内」弐町弐反六十歩・遙勘之」内三段三百歩下地之事、」被任数通証文、」杵築内経所経」田上者、止検住〔注〕已」下諸公事、可有」御知行通、既被」成　御判畢、雖」然三月会、右之」両郷臨番之時者、〇以下見返、」反銭可有其調、」此外自余之」反銭等可有免」除旨、被仰出状」如件、

弘治三
　卯月廿三日　備前守
　　　　　　幸隆（立原）（花押）
　　　豊前守
　　　　　　家吉（本田）（花押）
　西光寺
　　　　　　憲秀（花押）

鰐渕寺
　年行事御房

二一八　柳原資定書状（切紙）

（封紙）三一・〇×一四・一
（本紙）一七・六×四八・七

（封紙ウハ書）
「　長谷法眼御房（玄穎）　　資定（柳原）
　　　　　貴報　　　　　　　」
（端裏切封）
「（墨引）」

○封帯あり、

清水寺に再度の綸旨下るとするは虚説

芳翰披閲本望候、」仍彼両寺相論事、」去年一着之処、当春」又対清水寺被成　」綸旨之由、其沙汰候哉、先以」驚入候、定而雖可為虚」説候、如此之風聞、為　」朝為世歎入候、心事猶」真継兵庫助（久直）可申候間、」先閣筆候也、謹言、

（貼紙）
「柳原殿」
（弘治三年）
五月十五日　資定

長谷
　法眼御房
　　回章

二一九　中山孝親書状（切紙）　二一・七×五一・〇

（端裏切封）「（墨引）」

○封帯あり、

旧冬、対鰐渕寺、被成　」綸旨之趣、先度申達候、然処、」当春又清水寺へ被成返」綸旨之由、為梶井宮（入道応胤親王）被成　令旨」案見給候、驚入候、於　禁中、」其沙汰無承儀候、殊青蓮院（尊朝法親王）・」尊勝（慈承）院・同庁務（長谷玄顗）擯出之由、申」下之段、一向虚説候、所詮、両寺」相論之事、以理運之筋目、可」被申付儀、肝要候也、恐々謹言、

（弘治三年）五月十九日　（中山）孝親

（尼子晴久）佐々木修理大夫殿

二二〇　勧修寺尹豊書状（切紙）　二一・六×五〇・八

（封紙ウハ書）「佐々木（尼子晴久）修理大夫殿　（勧修寺）尹豊」

（端裏切封）「（墨引）」

○封帯切痕あり、

先度対鰐渕寺被成　綸旨之」段、以書状申候キ、然処、近日清水寺江」被成返　綸旨由、為梶井宮（入道応胤親王）庁務（富小路任尚）」申下候、書状案文令披見候、驚」入候、曽以　禁中無其御沙汰候、」書出職事中不存儀候、殊青蓮院（尊朝法親王）・」尊勝院（慈承）・庁務（長谷玄顕）擯出之由、申下候段無之」事、虚言候、所詮、任去年霜月　」綸旨、鰐渕寺江可被申付事肝」要候哉、恐々謹言、

（弘治三年）五月十九日　　尹豊

佐々木修理大夫殿

（封紙）四五・九×二七・六
（本紙）二九・〇×四六・二
（裏紙）二九・〇×四六・二

二二一　青蓮院尊朝法親王令旨

○封帯切痕あり、

（封紙ウハ書）
「佐々木修理大夫殿（尼子晴久）　慈承（尊勝院）」

去年任鰐渕寺理運之旨」被成　綸旨之間、無別儀可有」落居之処、当春清水寺へ」被成返　綸旨之由、梶井庁務（富小路任尚）」申下候、案文之様躰、被驚入候、」就其去年申次勧修寺（尹豊）・中山弁（孝親）」書出職事中被相尋候処、重而」被成　綸旨之段、各不存知之由、慥」出状候、殊当門（尊朝法親王）・愚僧・庁務（長谷玄顕）擯」出之由、申下候、此儀曽以無之事候、」（○以下裏紙、）如此聊尓之儀申輩、沙汰之」限候哉、次為伏（貞

伏見宮貞敦

曼殊院覚恕

見殿女房奉書・」同従竹門以御書被仰下候、所詮、」鰐渕寺へ以被成　綸旨筋目、無」相違

（敦親王）（覚恕）

可被申付之段、肝要之由、被」仰出候、恐々謹言、

（弘治三年）
五月十九日　　慈承（花押）

佐々木修理大夫殿

（奥切封）
「（墨引）」

二二三　伏見宮貞敦親王家女房奉書

（本紙）三一・七×四五・八
（裏紙）三一・八×四六・二

○封帯あり、

こそしも月に、かくゐんし」りうんのむねに」まかせ、りんしをなされ候」ほとに、へちきなくあい」はて候へきとおほしめし候へは、」又かさねてせい水寺へ」りんしをなしかへされ候よし、」かちゐの宮（入道応胤親王）ちやうむ（富小路任尚）として」申くたし候とをり、」○以下裏紙、あんもんうつして、ちやうむ」かたよりのほせ候、ちかころ」おとろきおほしめし候、」それにつき、こその申つき」くわんし（尹豊）ゆうし・なか山（孝親）そのほか」しきし中へ、ない〳〵もんせき」としてたつねられ候へは、かさねて、」○以下本紙、せい水寺へなされ候事は、」かつてそんし候はぬ」よし、おの〳〵しゆつしやうにて」

申され候、かやうに候へは、」かさねてなされ候」はぬ事はきこへ候かと」おほしめし候、と
にかくに、」こそなされ候りんしの」すちめにて、かくゐんしへ」へちきなく申つけられ候
は丶」よろこひおほしめし候、かしく、」猶々くはしき事は、」そんせう院(慈勝)・新三位(竹内季治カ)申」くたし
候へく候、かしく、

「(裏紙奥切封ウハ書)
(墨引)
さゝきしゆり大夫(尼子晴久)とのへ」

二二三　延暦寺西塔院執行代・楞厳院別当代連署書状

(本紙)二八・四×四四・七
(裏紙)二八・四×四四・六

「(封紙ウハ書)
山門両院
佐々木修理大夫(尼子晴久)殿　西執行代
別当代」

○封帯切痕あり、

当国両寺座次相論之儀、去年霜月」於　禁中糺決之砌、左右方理局依被聞」食分、被捨前々
未究之是非、成賜一途決」定之　綸旨之上者、改転之儀曽以不可有之処、」至于当年清水寺

江被成返　綸旨之由、」為　(富小路任尚)梨門庁務被申遣、其外表裏種々被申」掠云々、希代絶言之虚説、
不過之候、此等之趣、為」公家中被経奏問(聞)之処、去年落居之通」今以　天気無異路之由候、
則為伝　奏、各以」直札被仰遣之間、鰐渕寺理運之段者、山洛聊」別途無之候、於国中弥順
路之儀、可為肝要之」旨候、恐々謹言、

(弘治三年)五月廿日　　別当代（花押）

西執行代（花押）

佐々木修理大夫殿

○裏紙あり、

二二四　安居院覚澄書状（切紙）

（封紙）三三・〇×一一・二
（本紙）一九・六×四七・四

(封紙ウハ書)「本学坊
和多坊
極楽坊　　　(安居院)覚澄」

鰐渕寺寺務安
居院覚澄

(端裏切封)「(墨引)」

○封帯切痕あり、

猶々、寺家之儀馳走本望候、」次五明参本進之候、各祝儀計候、

運上分

下国之以後、書絶無音儀、不審」至極、其公事一儀仁付而、種々」様々無是非儀共候、就其、先年」富田江下向之時、運上分向後不」可有懈怠之旨、請文等モ相破被捨」置事候欤、無曲儀候、委細従」善養方（宗秀）、以一書寺家江申越候、為」其態差下使者候、各被入魂、」具可被遂衆達事肝要候、」恐々謹言、

（弘治二年カ）八月三日　覚澄（花押）

（頼予）本覚坊

（栄芸）和多坊

（尊栄）極楽坊

（本紙）二八・七×四六・二
（裏紙）二八・七×四六・一

二二五　長谷玄穎書下

鰐渕寺安居院に属さず山門直参たるべし

○封帯切痕あり、

当寺之儀、可属安居院（覚澄）之由、」雖被仰付候、数年対当門」不義之子細条々在之間、被」召放御門徒候、然者任先規、」衆僧可為直参之旨、被仰出候、各」被成其意得、可被抽忠勤候、随而」末寺役等之儀、同可被存其旨事」肝要候、仍状如件、

弘治参年

九月廿九日　玄顕（長谷）（花押）

鰐渕寺衆徒御中

○以下裏紙、

「（奥切封）（墨引）」

（封紙）四四・〇×二八・三
（本紙）二八・八×四五・一

二二六　尼子義久書下

「（封紙ウハ書）鰐渕寺　（尼子）義久」

○封帯切痕あり、

晴久判形

当寺々領分之儀、以去天文十二年」六月廿七日・同廿八日書立両通晴久（尼子）」判形之旨、至于向後不可有相」違候、修理勤行等無怠慢、并国」家長久之精誠等、厳重ニ被執行、」可被全寺務之状如件、

永禄四年九月十九日　義久（花押）

鰐渕寺

三五・七×四九・八

二二七　尼子義久袖判佐世清宗等連署奉書

（尼子義久）
（花押）

年規〔期、下同〕蔵納買得之事

年期蔵納分

一、惣山依有要用、蔵納十五年毛、各口入之由候、」和多坊（栄芸）・井上坊（豪円）両人之口入之内拾俵者、温泉之」板屋源左衛門尉江売渡、残而三拾六俵者、依無買」手十五年毛両人買得也、

一、同池本坊口入前廿三俵十五年毛、池本坊買得也、

一、同大蓮坊口入之内拾壱俵十五年毛、大納言公」買得也、

一、四俵、重円ヨリ大納言買得、今四年毛也、

一、国富之内中かた田、井本坊ヨリ江角宗兵衛尉年規仁」買取、和多坊江令寄進也、

一、蔵納十俵拾年毛、従密厳院尾崎六郎次郎買」取、井上坊江令寄附也、

天下一同の年期返を免ず

右、年規蔵納者、於寺内有知行事候条、縦天下」一統之年規返、又者鰐渕寺為御建立年規等、押」落被作相返候共、於此旨者、無相違可有御知行之由」被仰出、被成袖　御判候、仍如件、

永禄四年辛酉拾月廿三日

立原備前守

幸隆（花押）

佐世伊豆守
清宗（花押）

井上坊
参

二二八　尼子義久袖判立原幸隆等連署奉書（折紙）

二八・六×四二・八

（尼子義久）
（花押）

就渡辺重兵衛逐」電、彼跡職、目賀田」新兵衛尉ニ被遣候」之処、御寺領分直」江之内、菅沢名四」分壱之庶子分・三」崎原五斗蒔・屋敷」共ニ、雖競望候、」御判并証文被懸」御目之処、各別」之趣被成御分別候、」然上者、於向後全」無相違、（○以下見返、）為梅本坊」寺領可有御知行」之旨被仰出、被成」袖　御判候也、仍」状如件、

永禄四
十一月十二日　本田豊前守
家吉（花押）
本田八郎左衛門尉
秀親（花押）
立原備前守
幸隆（花押）

鰐渕寺
井上坊
まいる

二二九　竹尾坊円高契状

三一・八×四九・〇

（端裏書）「井上坊まいる」

我等年寄候て、当坊修理（×師弟）しへきニ、くたひれ候間、」御坊師弟之契約申候条、御見つくろい候て、当坊後」ま□（て）つ、き候やうニ、御調法頼存候、就其、

一、唐川源兵衛拘分之内より、炭廿・山のいも一は・すろ一」ケ・抹香一ケ、来善ニ御出候て可給候、炭十円才ニ御出候て」可給候、何時成共、彼すみ取まへ、売候事候者、御坊へ可申候、万」一御坊めさす候は丶、何れへ成共うり可申候、

一、別所之三郎二郎居候屋敷、寺本坊之分にて候間、来善ニ御出可給候、

一、三昧田国富ニ在、是をハ来善ニ御出候へく候、

一、三昧田宇賀ニ有、是をハ円才ニ御出候て可給候、

一、寺本坊之地、別所屋敷・国富三昧田何れも売申候者、」御坊へ尋申、御かいなく候は丶、

何れへ成共売候へ由、堅申付候、

一、円才所事も同前ニ申聞候間、可御心安候、為其如此書」載申候、両人なから御坊へ尋不申候て、質券なとニ置候共、又何様」之儀も御坊へ尋不申候者、在間敷候、

一、竹尾坊領一円ニ付置事ニ候間、違儀有間敷候、加様ニ」申候事も、当坊後まてつゝき候やうニと申事候、又」来善・円才か事も、御弟子と思召、後まて被懸　御」目候て可給候、

仍為亀鏡、契約状如件、

竹尾坊

永禄亖年辛酉拾弐月十九日　円高（花押）

井上坊豪円
まいる

二三〇　佐世清宗等連署奉書（折紙）

二六・六×四一・〇

鰐渕寺山、不及」案内、自隣郷」切荒之由候、就其被」得　御意候へは、隣郷へ」可相届之由、被　仰」出候、相背此旨、山へ」入候はん者をは、堅可」被仰付之旨候条、其」分可被相心得候、」尚自鰐渕寺茂可」被仰候、○以下見返、恐々謹言、

九月十日　立原　幸隆（花押）

本田　家吉（花押）

佐世　清宗（花押）

高浜

林木

要〔遙〕堪

常松

其外隣郷衆中

鰐淵寺拘分山

二三一　佐世清宗等連署奉書（折紙）

二六・八×四二・八

御寺御拘分之山、従」原手山下切荒之」由候、其旨得御意」候へは、曲事之由、被」仰出候、
就其惣地下」中江、自両三」人以折紙申候条、可」被成御届候、若以」此旨茂無同心、如此」
間之切取候者、搦取」此方へ可被作行由、」堅〇以下見返、御掟候、恐惶謹言、

立原備前守

九月十日　幸隆（花押）

本田豊前守

家吉（花押）

佐世伊豆守

清宗（花押）

鰐渕寺

年行事

二三二　毛利元就・同隆元連署書状

（本紙）二五・四×四二・〇
（裏紙）二五・四×四一・八

○封帯切痕あり、

貴寺御領之事、蒙仰候、」委細令承知候、御当知行」之儀、聊以余儀有間敷候、」堅固可被仰付事、肝要候、」猶両人可申候、恐々謹言、

（押紙）「永禄五」

八月十六日　隆元（毛利）（花押）

元就（同）（花押）

鰐淵寺
衆徒御中
○以下裏紙、
（奥切封）
「（墨引）」

二三三　毛利元就・同隆元連署書状案　二七・七×四六・九

うつし
貴寺御領之事、蒙仰候、」委細令承知候、御当知行」之儀、聊以余儀有間敷候、」堅固可被仰付事、肝要候、」猶両人可申候、恐々謹言、
（永禄五年）
八月十六日　（毛利）隆元
（同）元就
鰐渕寺
衆徒御中

二三四　毛利氏奉行人連署安堵状

（第一紙）二八・八×四一・八
（第二紙）二八・八×三〇・三

鰐渕寺領書立事

百姓等武家へ奉公に於いては其拘分を召放つべし

室役紺役

一、直江・国富両所散在田畠等之儀、」如先規、為守護不入之地、鰐渕寺」可有知行候、近年富田為給恩、名」職相拘人、何茂不可叶候、於向後、」百姓等武家江奉公候者、其拘分」被召放、余人可被仰付之候、其外」諸御寺領百姓等下地、他所之仁不」可立沽却・質券事、

一、諸郷之内坊々経田、当知行不可有」相違事、」

一、別所・辛川室役・紺役・其外諸課」役、如先々令免除之事、

右、全可有御寺務状如件、

　　　　　　　　国司右京亮
永禄五年八月十六日　元相（花押）
　　　　　　児玉小次郎
　　　　　　　　元実（花押）

鰐渕寺
　年行事御坊

○紙継目裏に国司元相の花押あり、

国富簾名
人質を召寄す

二三五　毛利氏奉行人連署奉書（折紙）

二五・九×四〇・一

安田与三右衛門尉先」拘国富簾名之」事、貴坊御買得之」証文等明白候、雖然」近年之儀者、彼安田」相憑□□之権門」押妨候、然処今度」御人質被召寄候処、」安田事令懸落之」□此節有御進止」度之通被成　」御心得候、〔○以下見返、〕御買得」証文等無紛云、人質」懸落緩怠云、旁以」無他妨、御執務肝」要候、此由可申旨候、」恐々謹言、

十月廿日　　児玉小次郎
元良（花押）

国司右京亮
元相（花押）

和多坊
御同宿中

○本文書、年未詳なるも、永禄六・七年のものならん、

浄音寺神宮寺
六所宮宗雲庵
名蔵名中大夫
名

二三六　毛利輝元判物

三二・四×五二・〇

雲州意宇郡大庭内浄音寺・」同郡大草内神宮寺・同六所宮・」宗雲庵幷名蔵名・中大名〔夫脱〕坪付別紙有之、」等事、連々別而御馳走故、進之」置候、諸天役、可為守護使不入候、」以此旨、全可有

知行候、仍一行如件、

永禄九年五月九日　輝元（毛利）（花押）

和多坊栄芸律師

二三七　毛利輝元判物案

二九・五×四三・七

雲州意宇郡大庭内浄音寺・」同郡大草内神宮寺・同六所宮・」宗雲庵幷名蔵名・中大名（夫脱）坪付別紙有之、」等事、連々別而御馳走故、進之」置候、諸天役、可為守護使不入候、」以此旨、全可有

知行候、仍一行如件、

永禄九年五月九日　輝元（毛利）（花押影）

和多坊栄芸律師

二三八　毛利氏奉行人連署奉書（折紙）

二九・〇×四五・九

当国意宇郡内」大庭浄音寺・同郡」大草之内六所宮・」神宮寺・宗雲庵幷」名蔵名・中大名（夫脱）

等」事、一行被進置候、」御進止肝要候、然」上者、諸天役事、可」為守護使不入之」由候、右、

六所宮造営」時者、如先例、郡役」勤来候儀者、無余」（○以下見返、）儀可被仰付之由、可」申旨候、恐々謹

六所宮造営郡役

言、

永禄九　国司飛弾入道

五月九日　　元相（花押）

児玉小次郎

元良（花押）

和多坊栄芸律師

御同宿中

二三九　毛利元就書状

（本紙）二七・六×四四・九
（裏紙）二七・六×四五・一

周防安芸に於て一寺進すべし

○封帯あり、

連々対我等、無二御入魂之段」者、更不及申候、然間、雖不承候、似合」所帯等、頓可令合力候処、依」繁多遅々、慮外候、然間、於防」芸間、一寺急度可進置候、少茂」不可有相違候、猶児玉小次郎（元良）可申候、」恐々謹言、

十一月晦日　　元就（毛利）（花押）

和多坊（栄芸）

御同宿中

○以下裏紙、
「(奥切封ウハ書)(墨引)　右馬頭
和多坊　御同宿中　元就」

○本文書、年未詳なるも、児玉小次郎の仮名より推して、永禄九年以前のものならん、

二四〇　毛利元就・同輝元連署書状

(本紙)二九・二×四五・八
(裏紙)二九・一×四六・〇

本覚坊月輪坊金剛院逆心跡職を毛利氏に入魂の衆僧に与ふ

本覚坊・月輪坊・金剛院逆心」付而、敵方江罷退候、然間、彼跡職」之事、此方入魂之衆僧江相」計、可有配当之由、尤可然候、」恐々謹言、
(永禄十二年カ)八月三日　(毛利)輝元(花押)
(同)元就(花押)
鰐渕寺
和多坊(栄芸)　床下

○以下裏紙、
「(奥切封ウハ書)(墨引)　毛利
同右馬頭

鰐渕寺
和多坊　床下　輝元」

二四一　尼子勝久判物（折紙）

晴久の時の如く知行あるべし

三三・九×五〇・七

鰐渕寺領直江」郷・国富庄・同散在」分并諸郷之内」坊々経田等之儀、如」晴久（尼子）時、有御知
行、」修理・勤行無懈」怠可被仰付候、」○以下見返、全不可有相」違之状如件、

永禄拾二
九月廿日　勝久（尼子）（花押）

鰐渕寺
衆徒中

二四二　尼子勝久判物案（折紙）

三六・〇×五三・二

鰐渕寺領直江」郷・国富庄・同散」在分并諸郷之内」坊々経田等之儀、」如晴久（尼子）時、有御」知行、
修理・勤行」無懈怠可被」仰付候、全不可」有相違之状如件、

○以下見返、
永禄拾二
九月廿日　勝久（尼子）御判

鰐渕寺
衆徒中

（第一紙）二九・一×四五・一
（第二紙）二九・一×四一・七
（第三紙）二九・一×二五・九

二四三　毛利家掟書

（毛利輝元）
（花押）
（同元就）
（花押）

鰐渕寺領直江・国富百姓職・散在」田畠、無抜目、如往古為守護不入、被」成御寄附之上者、為御祈禱、於　」杵築大社、毎年正・五・九月一七日之護」摩供有執行、可被抽精誠事、

一、中途百姓職幷宅野大郎左衛門尉拘分」竹本坊買得之地百姓職之事、当寺」御本尊於宝前、為御祈念、不断護」摩幷定灯不可有懈怠事、

一、直江・国富田畠等幷坊舎経田、惣山中江」不相伺、沽却・質券契約不可叶、仍」云売人、云買人、共可被処罪科事、

一、渡辺彦五郎・坂根土佐入道拘分百姓」職之事者、近年拘来候条、年貢・段銭』其外諸役等、可為地下並之、若於無沙」汰者、可被没収事、

一、直江・国富、他所百姓不可叶事、

付、両郷百姓、武家江奉公不可叶事、

杵築大社護摩供

当寺不断護摩

惣山中へ伺わざる沽却質券契約叶うべからず

諸役地下並

百姓の武家奉公叶うべからず

一、当寺領之内諸公事出来之時者、於」鰐渕寺、可請批捌〔判〕事、
一、両郷、雖為守護不入、水上河除切、於有」直江・国富損所者、雖為他所人足、可令」合力事、
一、諸郷之内坊々経田、如近年、不可有相」違事、
付、別所・辛川諸果〔課〕役、如近年、被成免許事、
一、当寺坊領買地之事、一代之後、麓江沽」却、堅可停止、但於寺内者、不苦事、
以上、
右条々、不可有相違、然上者、修理・勤行」全可被遂其節、旁以為堅被成袖『御判者也、
仍掟之状如件、
永禄十三年庚午七月廿八日
国司右京亮（元武）（花押）
児玉三郎右衛門尉（元良）（花押）
井上但馬守（就重）（花押）
粟屋内蔵丞（元種）（花押）
桂上総介（元忠）（花押）
鰐渕寺

朝山粟津
大草天満分
白鹿常福寺

衆徒中

二四四　毛利元就書状

（本紙）二八・〇×四一・〇
（裏紙）二八・〇×四一・〇

○封帯切痕あり、

和多坊《(采芸)》為愁訴、爰許被罷下候、」就其御状令拝見候、然間、朝山」粟津之内両寺・大草之内天満分・」白鹿常福寺之事、御同心候而」可然存候、何篇御引合肝要候、」彼是被申一通等認進之候、」可有御判候、猶直可被申候間、閣筆候、」恐々謹言、

八月五日《(元亀元年)》　元就《(毛利)》（花押）

輝元《(同)》　御返事

○以下裏紙、

「（墨引）《(奥切封ウハ書)》　右馬頭

輝元　御返事　元就」

二四五　毛利元就書状

（本紙）二八・〇×四一・二
（裏紙）二八・〇×四一・一

○封帯切痕あり、

為和多坊（栄芸）愁訴、爰許被」罷下候、就其御状令拝」見候、委細輝元（毛利）所へ申遣候、」被引合可被調
遣事肝」要候、猶直可被申候間、閣筆候、恐々」謹言、
（元亀元年）八月五日　元就（毛利）（花押）
隆景（小早川）
貞俊（福原）
通良（口羽）
元春（吉川）　御返報

○以下裏紙、

（奥切封ウハ書）
「（墨引）　右馬頭
隆景
貞俊　御返報　元就
通良
元春」

（本紙）二九・〇×四六・二
（裏紙）二八・九×四六・一

二四六　吉川元春・小早川隆景連署書状

〇封帯切痕あり、

鰐渕寺領直江・国富、如往古、無」抜目、為守護不入、被寄附候、」弥可被抽御祈禱精誠事、」肝要候、仍今度、八ヶ条之旨、以元就（毛利）・」輝元（同）証判被申定之上者、聊不可有」相違候、

八ヶ条

恐々謹言、

（元亀元年）八月十七日　隆景（小早川）（花押）
元春（吉川）（花押）

鰐渕寺
衆徒御中

〇以下裏紙、

「（奥切封ウハ書）
（墨引）　左衛門佐
駿河守
鰐渕寺
衆徒御中　隆景」

御書歴々持参

二四七　吉川元春・小早川隆景連署書状

二八・九×四五・六

和多坊（栄芸）愁訴之儀、吉田（毛利輝元）御事者、被申調」被罷下之由候、就夫、御書歴々持参候、」以其辻有
御披露、調可被進候者、可然存□（候）、」猶直可被申候、恐々謹言、
（元亀元年）八月廿五日　隆景（小早川）（花押）
元春（吉川）（花押）
（奥捻封ウハ書）
「左衛
駿河
（墨引）国右（国司元武）
児三右（児玉元良）申給へ　元春」

元就父子隆景元春の判形を以て定む

二四八　口羽通良・福原貞俊連署書状

（本紙）二七・九×四六・五
（裏紙）二七・九×四六・六

○封帯切痕あり、

鰐渕寺御寺領直江・国富、如往」古、無抜目、為守護不入、可被寄」附之旨、元就（毛利）父子幷隆（小早川）
景・」元春（吉川）以判形被相定候、聊不可」有御相違候、於我等式茂、内々可得」其心候、恐々謹
言、

（元亀元年）九月十日　　貞俊（福原）（花押）
　　　　　　　　　　通良（口羽）（花押）

鰐渕寺
　衆徒御中

「（○以下裏紙、奥切封ウハ書）（墨引）　福原左近允
　　　　　　　　　　　口羽下野守
鰐渕寺
　衆徒御中　　　　　貞俊」

二四九　口羽通良・福原貞俊連署書状案

（本紙）二七・九×四六・七
（裏紙）二七・八×四六・九

うつし

鰐渕寺御寺領直江・国富、如往」古、無抜目、為守護不入、（可脱）被寄」附之旨、元就（毛利）父子幷隆（小早川）景・元春（吉川）」以判形被相定候、聊不可有御」相違候、於我等式茂、内々可得」其心候、恐々謹言、

（元亀元年）九月十日　　貞俊（福原）

通良(口羽)

鰐渕寺
　衆徒御中

○以下裏紙、

(奥切封ウハ書)
「うつし　　福原左近允
　　　　　　口羽下野守
鰐渕寺
　衆徒御中　　　　貞俊」

二五〇　毛利元就・同輝元連署書状　　二三・六×三八・三

直江内田部ニ遣置候分事、」返進之候、如前々、御知行肝」要候、恐々謹言、

五月十日　輝元(毛利)(花押)
　　　　　元就(同)(花押)
　　　　　　　　右馬頭
　　　　　　　　少輔太郎

(奥捻封ウハ書)
「(墨引)　和多坊(栄芸)　　輝元」

○本文書、年未詳なるも、元就の没年にかけ、ここに収む、

（本紙）二九・〇×四六・七
（裏紙）二九・〇×四七・一

二五一　毛利元就書状

○封帯切痕あり、

当寺領直江郷之内　杵築大社」御座田之儀、従北島方雖競望候、」依為寺領内、如先規、当
寺任利運候、」但　大社御内殿御座畳之事、」前々姿従寺家可被相調候、於御無沙汰」者、不
可有曲候、恐々謹言、

九月廿六日　元就（毛利）（花押）

鰐渕寺
　年行事

○以下裏紙、

（奥切封ウハ書）
「（墨引）　毛利
鰐渕寺
　年行事　元就」

○本文書、年未詳なるも、元就の没年にかけ、ここに収む、

二五二　毛利元就書状（切紙）

一五・九×四〇・一

（端裏切封）
「（墨引）」

杵築大社御座
田北嶋方より
競望
大社御内殿御
座畳

為歳暮之儀、被遂懇」祈、御巻数送給候、」頂戴尤大慶候、仍御樽・」海苔一折、誠欣然
候、」猶慶事期明春候、」恐々謹言、
十二月十八日　元就（毛利）（花押）
鰐渕寺
年行事
御廻章

○本文書、年未詳なるも、元就の没年にかけ、ここに収む、

二五三　井上就重書状（切紙）　一八・二×四〇・二

○封帯あり、

（端裏切封）「（墨引）」

為年頭之儀、御札守」并青銅五十疋、毎事」御懇之儀、過分忝□（候カ）、」必従是御礼可申上候、」委
細此御方へ申候、恐々謹言、
卯月二日　就重（井上）（花押）
鰐渕寺
年行事
御返報

○本文書、年未詳なるも、花押形よりして、永禄末年から元亀年間のものならん、

二五四　毛利氏奉行人連署奉書

(本紙)二七・六×四〇・五
(裏紙)二七・五×四〇・三

○封帯切痕あり、

浄音寺領六所
領六所神宮寺
領

浄音寺幷六所・同神宮寺領、」彼三ヶ所儀、尼子代之時、浄音寺」被拘来候分者、可被去渡之由、対」和多坊(栄芸)被仰渡之候、右外安堵」最所分、又者先年者雖為六所領、」当　御代ニ別而為御志之、和多坊へ」被進之地之儀、少茂不可有相違之旨、」御意候、為其、去年茂被成奉書候、」殊自浄音寺被出之書立之外者、」○以下裏紙、無残之和多坊可有進止之由、被　仰」出候間、下地云、言士貢、速被打渡候様ニ、」秋上方へ能々可被申理事肝要之」由、被　仰出候、此由可申旨候、恐々謹言、

(元亀二年カ)
三月廿三日　元良(児玉)(花押)
就重(井上)(花押)
元種(粟屋)(花押)
元武(国司)(花押)

（奥切封ウハ書）
「（墨引）　連署
二宮（右忠）隠岐守殿
足立（信泰）十兵衛尉殿　元良
野村（士悦）信濃入道殿　」

二五五　毛利輝元書状

（本紙）二七・一×三七・八
（裏紙）二七・一×三七・九

○封帯切痕あり、

和多坊吉田に在り

秋上に大草を遣わす

和多坊大草の代所を望む

在所なし

宍道押領の道場を和多坊へ遣わすべし

一筆申入候、内々如御存知、和多坊（栄芸）事、雲州乱」入最前以来、別而入魂候而、島根在陣中之儀」者不及申、帰陣已後四五ヶ年在吉田候而、長」府陣中被相届候、此段者、御存知之前候条、」不能申候、仍島根在陣之時、和多坊江、大草之内」出置候処、今度秋上現形之砌、執放、旁申談、」秋上ニ遣候、為彼代所愁訴、爰許被罷越候、」去年朝山之内其外一両ヶ寺遺置候、是茂」相違候、於数度如此候、連々対和多坊、此方」心さしの段、不相届候而、無曲存候、相届度」と申候ても、更在所からなく候て、何ともせうし」迄に候、然処、新田道場之儀、前々尼子直ニ被」存知たる寺家にて候、乱入之時茂、元就（毛利）・隆元（同）」判形、○以下裏紙、対彼先住、被出置候つる、先住死去」已後、完（宍）道押領之由候、彼寺家之事、隆慶（宍道）江」被仰分、任先規、

手を引せられ、道場之儀、」和多坊へ被指遣候而可給候、惣別如此之」類、多々在之儀候条、
以連々是非共可申達」覚悟候、被成其御分別、此条先為御方様、」隆慶江能々被仰分候而、
対和多坊、我等」志之所、届させられ候て可給事、所仰候、委細、」児三(児玉元良)右所へ、自　上被
仰遣候間、定而可得御」意候条、不能詳候、恐々謹言、

(元亀二年)卯月三日　　(毛利)輝元（花押）

少輔太郎

「(奥切封ウハ書)(墨引)

(吉川)元春　御陣所　　輝元」

二五六　毛利元就・同輝元連署安堵状

二九・〇×四四・八

佐陀成相寺
新田寺道場
白鹿常福寺

佐陀之内成相寺・新田之内」道場・白鹿常福寺、以上三ヶ寺」之事、為大草代所進置候、
寺」家云寺領、全有御知行、修理・勤」行無怠慢被遂其節、祈念肝要候、」仍一行如件、

元亀弐年卯月三日　輝元(毛利)（花押）

元就(同)（花押）

鰐渕寺
和多坊栄芸

国富河除

二五七　毛利元就・同輝元連署書状　　二七・四×三九・四

追而申候、国富河除之儀付而、委細」和多坊（栄芸）可被申候、被副御心、被仰付」候者、可然候、

沖任彼口上候間、閣筆候、」恐々謹言、

（元亀二年）
卯月三日　　輝元（毛利）（花押）

元就（同）（花押）

右馬頭

少輔太郎

「（奥切封ウハ書）
（墨引）

元春（吉川）まいる　　輝元

申給へ　　」

常福寺

宗雲庵分名蔵
名中大夫名

二五八　和多坊当知行分書立案　　二七・一×四〇・五

対和多坊（栄芸）自分　御判之内、当知行分」書立事

一、白鹿常福寺、

一、大草之内宗雲庵分名蔵・中大夫名、

右弐ヶ所、弐百四五十程か、

米原

一、直江之内米原・北島右京亮・宅野太郎左衛門尉」抱分百姓職、但半分之事、

引合弐百ほとか、

右之外

直江国富

一、和多坊本坊領直江・国富ニ百七八十ほとか、

都合六百余、

二五九　和多坊当知行分覚案

二三・二×三六・〇

覚　当知行

一、白鹿常福寺、

一、大草之内宗雲庵分名蔵・中大夫名、

右二ヶ所分、弐百四五十か、

一、直江之内米原衆・北島右京亮」百姓職事、但半分私抱、

右弐百ほと、

一、和多坊(栄芸)本坊領直江・国富ニ百七八十ほとか、

都合六百余か、

二六〇　和多坊不知行分覚案

二七・一×三八・七

対和多坊（栄芸）自分　御判之内、不知」行分書立事

一、大庭浄音寺、

元春様御存

一、大草之内六所領・同神宮寺領、

一、佐陀之内成相寺、

宍道殿知行

一、新田道場、

吉田瑞川寺知行

一、粟津ニ弐ヶ寺、

以上、凡千俵ほとか、

浄音寺

六所宮神宮寺

成相寺

新田道場

粟津

二六一　和多坊不知行分覚案

二三・〇×三六・一

和多坊（栄芸）

〔不〕□知行

一、大庭浄音寺、

一、佐陀成相寺、

一、新田道場、　宍道殿知行

一、大草《元春様御存》之内六所領・同神宮寺領、
一、粟津《吉田瑞川寺知行》弐ヶ寺、
以上、凡千俵程か、

二六二　森脇春親書状

○封帯切痕あり、

（本紙）二六・二×三九・二

平田河除

過分の請料

平田河除之儀付而、先日茂以御」使僧、往古之御証物・当代之御判物、歴々」被差越、被仰聞候、左候条、吉田様（毛利輝元）被成」御申候へ、少茂於元長（吉川）不存疎意之由、被」申候ツ、御申上候哉、元春（同）より書状之案文・奉書」之案、歴々御持せ候て、被仰聞せ候、於」元長者、御意次第と被存候処ニ、重々被仰」越候、爰許分別不被申と被思召候哉、」於元長者、少茂疎意不被存候、剰大社被」抽御懇祈之儀候条、守護役等之儀者、」先例之まゝと之御事候、就夫、高勝（寿讃）寺・」古志殿代へ、以奉書令申候、何と様にも御談合」肝要候、さてハ、過分之うけ料なと被申懸候」哉、（○以下裏紙、）左様之儀を申候て、内々被申聞候処、被」致仰天候、此由を内儀可申聞之由、」被申候条、用奉書候、何と様にも、吉田様」御下知、又従元春被申候はん様ニ、可被仰付候、」切々被仰聞、迷惑被申候、此之由、可得」御意旨候、案文四ツ、差返申候、猶期

来慶候、」恐惶謹言、

（元亀二年カ）卯月廿二日　　　　（森脇）春親（花押）

「（奥切封ウハ書）（墨引）　　森脇大蔵丞

井上坊　　　　　　　　　　春親

参　尊報　　　　　　　　　」

○本文書、裏紙は、島根県教育委員会所蔵写真により翻刻す、

（本紙）二六・二×三九・九
（裏紙）二六・二×三九・九

二六三　小早川隆景書状

○封帯切痕あり、

（栄芸）和多坊拝領之地、依他之妨」在之、于今無安堵之通、吾等事茂、」上口・沖家之儀付而、近日者吉田へ」茂不罷出候、菟角其方角御在」陣之事候条、御意ならては、吉田之」儀茂、難有落着之間、偏奉頼之」通、従吾等茂可申之由、爰元へも」被申越候間、企一書候、可被加」御哀憐事、肝要存候、恐々謹言、

○以下裏紙、

（元亀二年カ）五月十三日　　（小早川）隆景（花押）

「（奥ウハ書）　　　　左衛門佐

上口沖家の儀

元春《(吉川)》参　御申之　　隆景」

二六四　天野隆重・毛利元秋連署書状

（本紙）二八・〇×四六・六
（裏紙）二八・〇×四六・六

〇封帯切痕あり、

呉々、元就・輝元被申定」八ヶ条之旨、不可有相違候、可」《〇以下行間、》御心安候矣、

元就輝元定むる八ヶ条

鰐渕寺領直江・国富、如往古、」無抜目、可為守護不入之由、」元就《(毛利)》・輝元《(同)》証判并隆景《(小早川)》・元春《(吉川)》」副状拝見仕候、乍勿論、不可有」御相違候之条、可御心安候、於吾等も、」存其旨候、

恐々謹言、

五月廿七日《(元亀二年)》　元秋《(毛利)》（花押）

隆重《(天野)》（花押）

鰐渕寺　衆徒御中

〇以下裏紙、

「（墨引）《(奥切封ウハ書)》　少輔十郎

天野紀伊守

鰐渕寺　衆徒御中　元秋」

二六五　毛利氏奉行人連署奉書

（本紙）二六・五×四〇・九
（裏紙）二六・六×四〇・三

○封帯切痕あり、

鰐渕寺領直江・国富之事、為御」祈禱、為守護不入、洞春様（毛利元就）御」存命之時、御判被遣候、向後諸天」役可有御除之由、御意候、此等之趣、」元秋（毛利）・隆重（天野）江御披露候而、右寺領へ御」普請已下被申付間敷事、肝要候、」此由可申旨候、恐々謹言、

（元亀二年カ）十二月廿二日　元武（国司）（花押）
元良（児玉）（花押）

赤川木工允（安近）殿
新藤豊後守（就勝）殿
井上源右衛門（就正）殿　其外御奉行中

○以下裏紙、

「（奥切封ウハ書）（墨引）　児玉三郎右衛門尉
国司右□〔京〕亮

元就存命の時

直江

赤川木工允殿
新藤豊後〔守〕殿　　元武
井上源右衛門殿　其外御奉行中　」

二六六　毛利氏奉行人連署書状（折紙）　二七・〇×四六・一

其元于今御逗留、御」辛労之至候、仍直江」之儀、田辺対馬守爰」元罷出ニ付而申理、落」着之条、可被得其心候、」和(栄芸)多坊被罷登儀候間、」被申談用段共候者、可」有逗留候、猶和多坊」可被申候、恐々謹言、

九月十日　　児三右
　　元良（児玉）（花押）
　　国飛
　　元相（国司）（花押）

品川次郎左衛門尉殿
井上宗右衛門尉殿まいる

○この文書、年未詳なるも、永禄十〜元亀二年のものならん、

和多坊領を秋上に遣わす

元就の定置く御判に相違あるべからず

二六七　福原貞俊書状

（本紙）二七・五×四二・六
（裏紙）二七・五×四二・六

○封帯あり、

和多坊（粟芸）拘分数ヶ所、各以御衆評上、」秋上ニ被遣候、彼代所雖被遣候、於」于今者、一所茂
安堵不仕之由、被申候、」一廉被立御用之儀候間、拝領候様、」御心得可然候、殊御領直江・
国富、」手堅被遣　御判候之条、通良（口羽）申談、」我等式まて被申付候而、添状仕候、従何」方申
候共、日頼（毛利元就）様被定置候御判、」無相違之様、可有御披露候、彼方」此方与候而者、不可然候、
第一、於杵築」○以下裏紙、御祈念之護摩、随分之儀候、弥」無懈怠之様、御分別専一候、最前」加判之
辻候之条、御両人まて申入候、」猶直可被申候条、不能具候、恐々謹言、

（元亀三年カ）卯月十日　　（福原）貞俊（花押）

左近允

「（奥切封ウハ書）（墨引）

国司右京亮（元武）殿　　貞俊

児玉三郎右衛門尉（元良）殿　御宿所」

二六八　毛利元秋書状

（本紙）二五・五×三九・六
（裏紙）二五・六×三九・三

○封帯切痕あり、

此表和多坊（栄芸）被罷越候之条、一筆」申上候、仍去々年、秋上現形之砌、」和多坊拝領之地大草其外歴々」秋上ニ被充遣候、就夫、易之地」三ケ所、和多坊へ雖被遣進候、于今」不相調之由被申候、此節相澄候之」様ニ、御取合肝要存候、上様（毛利輝元）」秋上間之御使仕候之条、申事候、」

○以下裏紙、

御披露所仰候、恐惶謹言、

（元亀三年）五月廿七日　（毛利）元秋（花押）

（奥切封ウハ書）
「（墨引）　少輔十郎

児玉三郎右衛門尉殿（元良）　元秋」

直江内高徳寺

二六九　某書状

二六・七×三八・一

当寺領直江之内高徳寺、久敷」和多坊相拘、惣山之役等被勤候、」然処、従米原志摩守方押領候、如何」仕儀候哉、当知行不可有相違之旨、」被成　御判候、去年茂当寺領分」直江・国富等之儀、従何方申候共、」被聞召入間敷之通、被成　御書候て、」当春又以窪新四郎方、右

之御書」御取寄之、被成御披見、弥不可有相違」之由、被仰出候条、各大慶候処、如此之〇下欠

〇本文書、年月日未詳なるも、直江・国富にかけ、暫くここに掲ぐ、

二七〇　佐々布慶輔書状　（本紙）二八・五×四一・九

稲岡長福寺

浮米を充行う

〇封帯切痕あり、

稲岡之内長福寺之儀付而、」度々被仰聞候、頓返事可」令申候、出入付候て延引候、抑」彼僧事、以忠儀之旨、従」大方被遣置之候、就夫」種々被申分候キ、雖然、隆慶（宍道）」以入魂頻加異見候之」処、〇以下裏紙、被致分別候、替在所」等無之候欤、先以対彼僧以」浮米充行之姿候、対貴僧」隆慶事随分之志欤と存候、」吾等式も涯分不存心疎」之故、相調大慶候、尚使者」可申入候間、不能詳候、恐々謹言、

十月十六日　慶輔（佐々布）（花押）

「（奥切封ウハ書）（墨引）　佐々布又次郎

和多坊参御同宿中　慶輔」

〇本文書及び次号文書、年未詳なるも、永禄年中～天正初年のものならん、なお、裏紙は東京大学史料編纂所所蔵影写本により翻刻す、

二七一　佐々布慶輔書状　　二五・七×三八・八

長福寺打渡状

（端裏捻封ウハ書）
「　　　　　　　佐々布又次郎
（墨引）井上坊まいる　御返答　慶輔」

又々御懇和多坊へも、可預」御心得候〳〵矣、
長福寺打渡状之儀付而、」示預候、則調進之候、可」被付遣之候、爰許于今」御滞留候□致無沙汰候、必」参候て、可申達候、恐々謹言、
十月廿九日　　慶輔（花押）

二七二　毛利氏奉行人連署奉書（折紙）　二九・四×四四・六

寺領百姓公用未進にて他出

御寺領分百姓、」公用未進にて、」他出仕候欤、曲」事之儀候、何之」領分ニ罷居候共、」可被召返候、御法」度之儀候、異」儀有間敷候、自」然抱惜之仁候者、」何ヶ度も被相」届之、（○以下見返、）可被任御」存分由、可申旨候、」恐々謹言、
二月十七日　元蔵（花押）
国司助六
二宮太郎右衛門尉
就辰（花押）

鰐渕寺
　年行事
　　和多坊（栄芸）

○本文書、年未詳なるも、天正元年以後のものならん、

二七三　毛利輝元書状案

（本紙）二六・七×四〇・〇
（裏紙）二六・七×三九・八

当寺領直江・国富守護不」入之儀、先判数通令披」見之候、其旨、聊不可有相違候、」仍和多（栄芸）坊江進置之候下地之」儀茂、先判之辻、弥不可有違」儀候、殊日頼院建立之段、祝」着候、尚国右（国司元武）・児三（児玉元良）右可申候、恐々謹言、

六月十六日（天正元年カ）　輝元（毛利）

鰐渕寺衆徒中
同和多坊御同宿中

○以下裏紙、

「（奥ウハ書）
日頼院建立　　右馬頭

鰐渕寺衆徒中
同和多坊　御同宿中　　輝元」

二七四　吉川元春等連署書状案

三四・〇×五二・九

元（毛利）就御存命之時、為志、和多坊栄芸江、」下地被進之候、然間為御報恩、於鰐」渕寺一寺在建□（立）之、号日頼院、末」代為菩提所、日夜之御弔、日坏（牌）・常灯、」其外諸入目等、悉従和多坊、以右之地御」調、近比御入魂之至候、就夫、寺領之書立・」御判物、弥厳重候、然上者、如何様之仁申」掠之、寺領等相妨候共、為各無相違様ニ、」可申分候間、末代御弔、無懈怠可有」御沙汰事専一候、恐々、

月　日　　隆（小早川）景
貞（福原）俊
通（口羽）良
元（吉川）春

和多坊栄芸
参

○本文書、年月日未詳なるも、天正元・二年のものならん、

元就菩提所として鰐淵寺内に日頼院建立

二七五　毛利輝元書状

三四・〇×五二・八

日頼(毛利元就)存命之時、為此方志対和多坊栄芸」下地令進之候、然間為御報恩、於鰐渕寺」極楽寺与申旧跡、在建立改之号日」頼院、末代為菩提所位牌被立置之、」日夜御弔勤行無怠転之由候、然上者」日坏(牌)・常灯、其外諸入目書立在別紙、以下其調」肝要候、於向後茂彼地従和多坊裁判候て、」日頼院之入目可被調之候、若於緩者、従惣山」彼地被相計、御弔無相違之様、執沙汰専一候、」猶国司右京亮(元武)・児玉三郎右衛門尉(元良)可申候、恐々謹言、

天正二
卯月十日　輝元(毛利)（花押）

雲州鰐渕寺
和多坊栄芸律師

二七六　毛利輝元書状

(封紙)五三・〇×三三・八
(本紙)三三・九×五二・八

(封紙ウハ書)
「　　　　　毛利
雲州
鰐渕寺衆徒中　輝元」

鰐淵寺本堂再興すべし
此方裁判の国衆

〇封帯切痕あり、

鰐渕寺本堂建立之事、雲州弓箭」従最前日頼（毛利元就）被申儀候之条、此節可令」再興候、然者此方裁判之国衆江茂、」志次第奉加可有御勧候、只今以」書状雖可申候、数多之儀候条、以奉加之」旨重而企書札、祝着之通可申候、」何茂祈禱之事候之間、不可有」余儀候、猶国司右京亮（元武）・児玉三郎（元良）右衛門尉」可申候、恐々謹言、

（天正二年カ）卯月十日　　輝元（花押）

雲州
　鰐渕寺衆徒中

二七七　摩陀羅神領胡麻田百姓職請文

二七・四×四五・二

□□□□□□□□

一、四貫文　屋職（敷）銭、但近年八貫文ニテ候へ共、色々御侘言」申候て、如此御定候、然上者、
　屋職（敷）弐ケ所」より、毎年取沙汰可申候、

一、畠地子　大豆四斗、年貢升同前也、
　　　小麦四斗、同升、

一、修正引声之間、さうち之人夫、壱人充、」いつものことく、無油断進上可申候、
一、御節料　ほん御さい少充進上可申候、
右、種々御佗言申上候付而、被成御定、御（〆候）一書被」下候、忝存候、然上者、御一書之旨、少も無沙汰之」儀候者、百姓職悉可被召放候、其時、於子々」孫々も、少も異儀申間敷候、為其如此、以連判」申上候、毛上悪候はん年は、御内検被遣候て、可」被下候、何時も郷法例ニ八申間敷候、仍為堅之」状如件、

天正弐年甲戌七月朔日　朝山之内摩多羅神領胡麻田百姓中
久屋助兵衛（略押）
同九郎右衛「門尉」（異筆、筆軸印ト同筆カ）（筆軸印）

（第一紙）三一・四×三七・六
（第二紙）三一・四×四四・五

二七八　青蓮院尊朝法親王直書

（端裏附箋）「二品親王尊朝御判」
（端裏書）「」

材木採用

当寺本堂造営之事、」毛利輝元依入魂、頓」材木採用之由、近比神妙候、」仏神三宝崇敬之段、」濁末之時分寄特之儀候、」弥可為家門繁昌候、』〇以下モト裏紙、所詮此節衆僧中各令」馳走、早速可廻造畢」籌策事、肝要候也、

（天正四年）三月七日　（尊朝法親王）（花押）

鰐渕寺衆徒中」

（奥切封ウハ書）「（墨引）

二七九　鳥居小路経孝書状（切紙）

一六・五×四三・二

〇封帯あり、

（端裏切封）「（墨引）」

猶々、御掛字円頓者」被染御筆候間、進入候、以上、

勧進帳扇短冊御歌

両度之御状、即令披露、」勧進帳幷扇短冊御」歌申調、下進之候、本堂」御建立之由、尤珍重候、次」護摩堂御造営之儀ニ付、」内々藤本坊迄被仰越候、其」表被立聞、重而被差越御使、」可被仰談之旨候条、諸事御」馳走肝要候、猶追而可申承候、」恐々謹言、

青蓮院庁務鳥居小路経孝

（天正四年）三月七日　（鳥居小路）経孝（花押）

和多坊(栄芸)
御返報

唐墨

二八〇　鳥居小路経孝書状（切紙）

（封紙）二八・六×一七・九
（本紙）一八・二×四七・二

（封紙ウハ書）
「庁務大蔵卿
経孝(鳥居小路)
和多坊(栄芸)
御返報　　」

○封帯あり、

（端裏切封）
「（墨引）」

御状之趣、即拝見申候、」為御音信両種被進之候、」御祝着之旨候、殊唐墨」被入御稔〔念〕之段、
感思食之」由、相意得可申旨候、爰元之」儀、万御馳走不可有御」油断候、委曲使者可被申
候、」恐々謹言、

六月廿五日　　経孝（花押）

和多坊
御返報

○本文書、年未詳なるも、鳥居小路経孝にかけ、暫くここに収む、

二八一　毛利輝元袖判毛利氏奉行人連署掟書

（第一紙）三三・二×五〇・九
（第二紙）三三・二×三五・〇

（毛利輝元）
（花押）

就鰐渕寺本堂造営掟之事

本堂造営掟

一、衆徒中遂評定、諸篇相応之儀被」申与者、上中下僧無違背、不顧辛労」励其功、可有造畢之事、

一、勧進物之事、国衆之家中、其外於」在々所々奉加之員数等具誌之、可被懸」御目、以其上御祝着之旨可被仰之事、

離山不住之輩

一、寺僧之中、令退屈、於有離山不住之族」者、縦雖為替進退、御分国中令居」住者、追々可被加成敗事、

一、鰐渕寺山江、自然従麓辺猥於有竹木」採用之輩者、如前々堅可有禁制事、

番匠作料は杵築大社之例に準ずべし

一、当寺造営之時者、番匠作料、準』杵築大社之例可被申付之事、

右条々、於違背之輩者、忽可被処」厳科之旨、依　仰下知如件、

天正四
　三月十日　　国司右京亮
　　　　　　　元武（花押）

材木等寺着

粟屋右京亮
元勝（花押）
児玉三郎右衛門尉
元良（花押）
粟屋掃部助
元真（花押）
桂左衛門大夫
就宣（花押）

鰐渕寺
両年行事

○紙継目裏に児玉元良・国司元武の花押あり、

二八二　毛利氏奉行人連署奉書（折紙）

二七・五×四〇・一

鰐渕寺本堂御」建立付而、材木等」寺着之儀、郡中へ」被仰付候、為其対」寺家被成　」御書候、無緩」可申付事肝」要候、聊不可有」油断候、委細□」□件、（○以下見返、）

（天正四年カ）
三月十日　国司
元武（花押）
粟屋
元勝（花押）
児玉
元良（花押）
粟屋
元真（花押）
桂
就宣（花押）

飯石郡

（封紙）三二・〇×八・九
（本紙）一八・一×四三・二

二八三　毛利輝元書状（切紙）

（封紙ウハ書）
「　　　　　　右馬頭
（宍道）
隆慶　御宿所　　　　（毛利）
輝元」
（端裏切封）
「（墨引）」

飯石郡

以下三二四号文書に至るまで二九九号三〇六号三〇七号文書を除き本堂建立のことにかかる

鰐渕寺本堂建立之」儀、対寺家中催候、国中」之儀候之条、別而御入魂」頼存候、殊去年者
材木」被遣之由本望候、弥御馳走」肝要候、猶国司右京亮（元武）・児玉」三郎（元良）右衛門尉可申候、
恐々謹言、
（天正四年カ）三月十八日　　輝元（花押）
隆慶
　御宿所

二八四　毛利輝元書状（切紙）

（封紙）三〇・二×八・九
（本紙）一八・五×四四・四
（封紙ウハ書）「　　右馬頭
（三吉）広高　御宿所　　輝元（毛利）」
○封帯あり、
（端裏切封）「（墨引）」
雲州鰐渕寺本堂建」立之儀、対寺家中催」之条、別而御入魂頼存候、」為其衆徒中参入候、」猶
国司右京亮（元武）・児玉三郎（元良）右衛門尉」可令申候、恐々謹言、
（天正四年カ）三月十八日　　輝元（花押）

広高　御宿所

二八五　毛利輝元書状（切紙）

（封紙）三〇・三×八・五
（本紙）一八・三×四四・一

「（封紙ウハ書）
　　　　　右馬頭
元通（山内）　御宿所　輝元（毛利）」

○封帯切痕あり、

「（端裏切封）（墨引）」

雲州鰐渕寺本堂建」立之儀、対寺家中催候」条、別而御入魂頼存候、為」其衆徒中参入候、猶国司」右京亮（元武）・児玉三郎右衛門尉（元良）」可申候、恐々謹言、

三月十八日（天正四年ヵ）　　輝元（花押）

元通　御宿所

二八六　毛利輝元書状（切紙）

（封紙）三一・九×八・五
（本紙）一八・三×四四・〇

「（封紙ウハ書）
　　　　右馬頭

隆重(天野)　御宿所　　輝元(毛利)」

○封帯あり、

(端裏切封)「(墨引)」

鰐渕寺本堂建立」之儀、対寺家申催之候、」国中之儀候条、別而諸篇」御入魂頼存候、為其衆徒」中参入候、猶国司右京亮(元武)・」児玉三郎右衛門尉(元良)可令申候、恐々」謹言、

(天正四年カ)三月十八日　　輝元（花押）

隆重　御宿所

二八七　毛利輝元書状

（本紙）二七・五×四三・三
（裏紙）二七・四×四三・六

○封帯切痕あり、

当寺本堂材木寺家江」運上之事、郡中無残」申付之条、存其旨可被申付候、」猶国司右京亮(元武)・児玉三郎右衛門尉(元良)」可申候、恐々謹言、

(天正四年カ)三月十八日　　輝元(毛利)（花押）

鰐渕寺衆徒中

○以下裏紙、

「（奥切封ウハ書）（墨引）　毛利
鰐渕寺衆徒中　輝元」

二八八　毛利輝元書状（切紙）

（封紙）二二・九×七・五
（本紙）一八・五×四四・四

「（封紙ウハ書）　毛利
多賀山新兵衛尉（通定）殿　輝元
御宿所　」

○封帯あり、

「（端裏切封）（墨引）」

雲州鰐渕寺本堂建」立之儀、対寺家申催之候、」別而御入魂頼存候、為」其衆徒中参入候、尚
国司（元武）」右京亮・児玉三郎（元良）右衛門尉」可申候、恐々謹言、

（天正四年カ）三月十八日　輝元（花押）

多賀山新兵衛尉殿
御宿所

二八九　吉川元春書状（切紙）

（封紙）三一・六×九・三
（本紙）一八・四×四六・〇

「（封紙ウハ書）
駿河守
（吉川）元春」
都野弥三郎殿
御宿所

○封帯あり、

（端裏切封）「（墨引）」

雲州鰐渕寺本堂」就建立之儀、従吉田茂」被用奉書候、祈念所与」申之、末代之儀候条、」被副御心候て可給候、」御領分其外其表奉」加勧度之由候、材木」以下別而御入魂頼」存候、委細寺僧可有」演説候、恐々謹言、

（天正四年カ）三月廿三日　元春（花押）

都野弥三郎殿
御宿所

二九〇　吉川元春書状（切紙）

二一・三×五一・一

○封帯切痕あり、

(端裏切封)「(墨引)」

就鰐渕寺本堂建立之儀、」従輝元茂被申入候、祈念所」与申、末代之儀候条、被副」御心候而可給候、御領分其」外所々奉加勧度之由候、」材木以下、別而御入魂」頼存候、去年茂材木被遣」之由、可然候、委細寺僧可有」演説候、恐々謹言、

(天正四年ヵ)三月廿三日　(吉川)元春（花押）

(宍道)隆慶

御宿所

(封紙)二二・九×七・五
(本紙)一六・四×三九・一

二九一　毛利輝元書状（切紙）

(封紙ウハ書)「　　右馬頭
(小笠原)長旌　御宿所　(毛利)輝元」

〇封帯切痕あり、

(端裏切封)「(墨引)」

雲州鰐渕寺本堂」建立之儀、対寺家」申催之候、別而被付御心」候者、可然候、為其衆徒」中

参入候、猶国司右京亮(元武)・」児玉三郎(元良)右衛門尉可申候、恐々」謹言、
(天正四年カ)三月廿八日　輝元（花押）
長旌　御宿所

二九二　杉原盛重書状（切紙）

(封紙)二八・九×九・〇
(本紙)一七・七×四六・二

(封紙ウハ書)
「　　　播磨守
輝元(毛利)参貴報　　盛重(杉原)」

○封帯あり、
(端裏切封)
「(墨引)」

貴礼致拝見候、雲州」鰐渕寺本堂御建立」之儀、被仰付候段、尤可然」奉存候、就夫、以使僧被申」越候条、奉加之儀、申談候、」猶従鰐渕寺可被申入候、」恐惶謹言、
(天正四年カ)三月廿九日　盛重（花押）
輝元参　貴報

二九三　杉原盛重書状（切紙）

（封紙）二八・九×九・〇
（本紙）一七・七×四六・五

（封紙ウハ書）
「　　　　播磨守
（吉川）元春参御返報　　（杉原）盛重」

○封帯あり、

（端裏切封）
「（墨引）」

雲州鰐渕寺本堂」御建立之儀ニ付而、従」吉田茂、被仰聞せ、御方様茂」示預候間、奉加之儀、申」談候、猶委細従鰐渕寺」可被申入候、恐々謹言、

（天正四年カ）
三月廿九日　　盛重（花押）

元春参　御返報

二九四　杉原盛重書状（折紙）

二七・三×四六・二

雲州鰐渕寺」本堂御建立之」儀ニ付而、奉加之儀、」御分国中被仰」出候哉、就夫、吾等式」江茂、自鰐渕寺」預使僧候之間、奉」加之儀、申談候、領分」材木等、是又心を」付可申候、可然之様可」預御心得候、恐々謹言、

杉原
（天正四年カ）
三月廿九日　盛重（花押）

○以下見返、
（奥ウハ書）
「国司右京亮（元武）殿
児玉三郎（元良）右衛門尉殿
御返報」

二九五　山口好衡書状（折紙）

三四・二×四七・四

材木の津出

其御寺就御」建立之儀、両度預」御折紙候、拝見本懐候、」御使者江如申入候、」津出之事者、
随分」緩存間敷候、材木」出之儀、中太（中村春続）江被仰候」而可然候、委細之段者御」使僧江申入候、
恐々」謹言、

（天正四年カ）
五月三日　山口弥四郎
好衡（花押）

鰐渕寺年行事
（栄芸）
和多坊
参　回答

因幡材木の津出を同国衆中に依頼す
方角之儀

二九六　毛利輝元書状

(本紙)二七・八×四五・一
(裏紙)二七・七×四六・二

鰐渕寺本堂建立之儀付而、」於因州材木取用之由候、然者、出」津之儀、彼国衆中江被付御
心候様、」被仰遣候者可然候、時分柄如何候」へ共、方角之儀候間申事候、猶自」彼衆徒中可
被申述候、恐々謹言、

五月廿四日(天正四年ヵ)　輝元(毛利)(花押)

元春(吉川)
　御陣所

○以下裏紙、

(奥切封ウハ書)
「(墨引)　右馬頭
元春　御陣所　輝元」

二九七　毛利輝元書状(切紙)

(封紙)二九・五×八・八
(本紙)一八・五×四六・四

(封紙ウハ書)
「　　　右馬頭
豊国(山名)　進覧之候　輝元(毛利)」

○封帯あり、

因幡の材木を採用す

（端裏切封）「（墨引）」
雲州鰐渕寺本堂」建立之儀申付之候、然者」於其表材木取用之由候」間、出津等之事被付御
心」候者可畏入候、猶従彼衆」徒中可被得御意候、恐々」謹言、
（天正四年ヵ）五月廿四日　輝元（花押）
豊国　進覧之候

二九八　吉川元春書状（切紙）

（封紙）二九・五×八・八
（本紙）一七・八×四五・八

（封紙ウハ書）
「　　吉川駿河守
豊国（山名）参　人々御中　元春」

○封帯あり、
（端裏切封）「（墨引）」
就鰐渕寺本堂建立之儀、」於其表材木採用候、乍御」造作、津出等之儀被仰付候者、可」畏入
之由候、従輝元（毛利）直雖可申入候、」内々我等可得御意之由候、伽藍」所之儀候条、乍恐被付御
心候者」肝要候、於趣者、去年中村」対馬守（春続）殿迄令申様候、定而可被」得貴意候条、不能詳

候、恐惶」謹言、

（天正四年カ）六月四日　　元春（花押）

豊国参人々御中

二九九　今藤直久書状（折紙）

銀子借用の依頼

二七・四×三九・六

返々、去年秋中、」内儀養性付而、当時」不及繁多是非候間、」○以下行間、此度之御気遣之段、」外聞実儀可忝候〳〵、」被罷上候時分之事、」以外急々ニ被仰出候而、」気遣被申候、其元迄、」得御意候旨、可被成御」察候、田方なと、手前」覚候之間、今度之銀子之儀、」是非共御雉〔馳〕走可目出度候、」御調候段、偏ニ〳〵」奉待候〳〵矣、

態令啓上候、其以後者」不得御意候、爰許」長々被成御逗留候処、」無沙汰被申候、我等迄致」迷惑候、仍近比不寄思召」被申事候へ共、今度、至」作州表、可被差出候由、」両度被仰出候、時分」柄、遠国、彼是以難相」届御事候旨、重畳御」侘言被申候へ共、不被成」御分別、早々可被罷」上之通、弥被仰聞候而、」俄得御意候、誠御無心」之儀候へ共、銀子を被成」御○以下見返、雉〔馳〕走候而、五枚程当」座預御借候へかし、来」秋、其表以土貢御調、」堅固可致其沙汰之」由被申候、御造作之被申」事候へ共、何とそ以御」気遣、右之銀、御他借」候而、借被下候

は丶、一段」御合力と、可忝之由」被申候、偏ニ〱奉頼候而、」用飛脚候、是非共」御心遣
候而、御調可」目出度候、尚直被」得御意候、此由可預」御披露候、恐惶謹言、

（天正四年カ）六月十九日　　今藤和泉守
直久（花押）

和多坊御内
長田殿　御申之

（封紙）二七・五×七・七
（本紙）一六・六×四一・二

三〇〇　毛利輝元書状（切紙）

（封紙ウハ書）「金子左衛門大夫殿　　（毛利）輝元」

（端裏切封）「（墨引）」

○封帯あり、

鰐渕寺本堂建立」之儀、対寺家相催之候、」別而入魂可然候、為其」衆徒中被差越候、」猶従国
司右京亮（元武）・児玉」三郎右衛門尉（元良）所可申候、恐々」謹言、

（天正四年カ）六月廿二日　輝元（花押）

金子左衛門大夫殿

材木津出の事
人足百人

三〇一　武田豊信書状（切紙）　一六・九×三九・九

（端裏切封）
「（墨引）」
鰐渕寺本堂御建立」事被仰付候、就夫、於此」表材木御執用相調候」条、津出之事可遂馳走」由、被成御意候、最前任御」意、即人足百人之辻」申付候、於手前相当之儀者、」全非如在候、
恐惶謹言、
（天正四年ヵ）七月四日　（武田）豊信（花押）
（元春）吉川駿河守殿
人々御返報

三〇二　武田豊信書状（切紙）　一六・四×三九・六

（端裏切封）
「（墨引）」
雲州鰐渕寺本堂御」建立之儀、被仰付候欤、」於当表材木執用之」由候間、津出之義、此已
前」任御下知、人足百人辻」申付進之候キ、於手前」不存緩疎候、此等之旨」可預御披露候、
恐惶謹言、
（天正四年ヵ）七月四日　（武田）豊信（花押）

児玉三郎(元良)右衛門尉殿

三〇三　武田豊信書状（折紙）

二五・四×四一・八

就鰐渕寺本堂」御建立之儀、被成　」御直書候、致拝受候、」然間津出可申付」旨、最前自元(吉川)春」蒙仰之条、任　」御下知、人足百人」申付、遂馳走候キ、」定而旁以可為」御存知候、当時我等」事、諸所就不」知行(〇以下見返、)、存程者不」致奉公候事、無念」至極候、乍去所及」少身之者、令馳」走候之条、可然様」御執成奉頼候、恐々」謹言、

武田右衛門尉

七月四日(天正四年カ)　豊信（花押）

「(奥切封ウハ書)（墨引）

国司右京亮(元武)殿

児玉小次郎(元兼)殿

御返報」

不知行により存ずる程の者奉公せざるは無念

(本紙)二五・一×四〇・二
(裏紙)二五・一×三九・九

三〇四　三沢為清書状

○封帯あり、

尊書謹而致拝上候、抑」貴寺本堂御建立之儀、」芸州以馳走被思召立候乎、」至某以下被仰聞候、相応之」式不可存疎略候、随而御祈」念之御巻数幷御樽・御肴」送被下候、拝領忝存候、猶」重畳申入候条、可有」御演説候、恐惶謹言、

○以下裏紙、

(天正四年カ)
七月五日　　　(三沢)為清(花押)

(奥切封)
「(墨引)」

(封紙)四三・七×二七・六
(本紙)二八・四×四四・九

三〇五　三沢為虎書状

(封紙ウハ書)
「鰐渕寺　年行事
　　　　　　　　　　三沢少輔八良
　池本坊　　　　　　　　　為虎
　大蓮房
　密厳院
　和多坊(栄芸)　参　尊報　　」

○封帯あり、

具足一両誂う

尊書拝見仕候、抑貴寺」本堂就御建立之儀、相応之」可遂馳走由被仰聞候、最」存其旨候、随而御祈禱之」御巻数幷御樽・肴斉〔済〕々被」懸御意候、忝致拝領候、猶重々」竹本坊（豪円カ）得貴意候条、可有」御衆達候之条、不覃祥〔詳〕候、」○以下裏紙、恐惶敬白、

（天正四年カ）七月五日　　為虎（花押）

「（奥切封）（墨引）」

○本文書、裏紙は、東京大学史料編纂所所蔵影写本により翻刻す、

三〇六　国司元蔵書状（折紙）

二五・九×三五・八

近日者、不得」御意候、爰元長々」御逗留之事候、」無沙汰無申計候、」及承候へハ、今程」新御造営被」仰付、御気遣」奉察候、仍於富」田、我等具足」一両誂申候、俄ニ」出来申候て、○以下見返、罷下候、」就夫、調之銀子」無之候条、其元」にて被成御取」替、右之銀子渡」被遣候は、、可忝候、」委細従和泉守（今藤直久）」可得御意候、恐々」謹言、

国司助六

（天正四年カ）七月五日　元蔵（花押）

「（墨引）」（奥切封ウハ書）

和多坊(栄芸)
御同宿中」

三〇七　今藤直久書状（折紙）

（第一紙）二六・一×三五・六
（第二紙）二六・〇×三五・六

銀子借用

国司元蔵富田にて具足を買う

先日者、元武(国司)作州」出陣付而、御無心之旨」申候処、過分之御取」替を以、銀子三枚借」被下候、慥請取被申候、」来十日ニ礑被罷立候」御調にて、先可被任」存分候、目出度存候、」仍所務御調時分」にて、無之候へ共、内々」御心中被存候付而、」最前も被申候、其元にて、」重而○以下見返、被申候事、如何」存候へ共、助六(国司元蔵)於富田、」彼具足壱両買」被申候、俄出来候而罷」下候、調之銀、当時」無之候、今度、元武」出陣付而、少も無所持候」条、御手前にて、銀子」六拾目、被成御取替、」彼方へ渡被遣候而」被下候ハヽ可忝之由、」元蔵被申候、何ケ度」申候而も、今程納所」時分にて無之候ニ、」重々御取替之段、」難申上候、第一」大普請被思召立候ニ、」如此之被申事、」御心中致迷惑候へ共、」若人之事ニ候へ者、」取懸被申事候間、」是非共、以御雉走(馳)を、」右之銀預御調候ハヽ、」可忝候、来秋、御手」前より被仰付候」銀、御持せ之時、於彼」条者、相副申候而、」元武所へ、其段」可申聞候、聊」不可有相違候、何」ケ度申上候ても、」○以下見返、御取替之段、偏ニ〳〵」奉頼存候、委細従」助六所も、以書状被」申上候間、不能多筆候、」

恐惶謹言、

今藤和泉守

七月五日（天正四年カ）　直久（花押）

和多坊（采芸）

長田殿　御申之

三〇八　三沢為清書状（切紙）

一五・四×三八・六

（端裏切封）「（墨引）」

御札令拝見候、仍当国」鰐渕寺本堂就御」造立、被仰越通、為虎（三沢）」相応之可致馳走之由」申候、
尤可然存候、於趣者」和多坊（采芸）江申談候之条、」不能一二候、恐々謹言、

七月七日（天正四年カ）　為清（三沢）（花押）

隆家（宍戸）参　御返報

三〇九　都治隆行書状

二五・六×三九・九

○封帯あり、

勧進物

御本堂御建立付而、」勧進物等之事、蒙仰候、」不被甲斐候共、参拾貫文」可致馳走候、愚領進之儀」申付、廿貫文可進置候、此由」御坊様江可預御心得候、又」御奉書致御請候、可預御心」得候、猶期後喜候、恐々謹言、

（天正四年カ）七月十三日　　（都治）隆行（花押）

小内〔少納〕言殿

三位殿

○本文書、切封墨引無し、裏紙欠損か、

（封紙）二七・〇×八・四
（本紙）一六・〇×四〇・二

三一〇　山口好衡書状（切紙）

「（封紙ウハ書）
　山口平右衛門尉
吉川（元春）駿河守殿　　好衡
　参　御返報　」

○封帯あり、

（端裏切封）「（墨引）」

材木山出

就鰐渕材木之」儀、預遠札候、令拝」悦候、然者山出之事」者、人足等無調法」之事候間、難

成候、津」役之儀者、拙者承」知之事候間、可申」付候、尚期後信候、」恐々謹言、

（天正四年ヵ）七月廿八日　好衡（花押）

吉川駿河守殿

参

御返報

鰐淵寺本堂普請役

能義郡は遠方故近辺の者の雇用を望む

余郡並に勤むべし

三一一　毛利氏奉行人連署書状（折紙）

二七・七×四五・九

鰐渕寺本堂」普請之儀付而、去」年茂以奉書申候、」其趣、何茂被仰」触之、各分別之」由示給候、然処、」能儀郡之儀者」程遠候間、近辺之」者可相雇之由、郡」使申候哉、在々所々」相見一通候処ニ、」（〇以下見返、）出入申之由候、所詮、」余郡並ニ普請」可被仰付候、委細」自鰐渕寺可被」申候、恐々謹言、

（天正五年ヵ）二月十日　国司右京亮　元武（花押）

児玉三郎右衛門尉　元良（花押）

赤川木工允殿（就武）

熊谷(旧浦)越後守殿
二宮(右忠)隠岐守殿

三一二　毛利輝元書状

（本紙）二七・一×四〇・一
（裏紙）二七・三×三九・九

○封帯切痕あり、

鰐渕寺本堂普請之儀、」国中江申付候、然処、能儀」郡于今無沙汰之由候、幸其」表御出之事候条、被付御心、」郡使江可被仰聞之候、大普」請之儀候間、無緩様ニ与存」事候、於趣者自鰐渕寺」可被申候、恐々謹言、

(天正五年カ)二月十四日　輝元(毛利)（花押）

(吉川)元春まいる申給へ　右馬頭

○以下裏紙、

(奥切封ウハ書)「（墨引）

元春まいる　申給へ　輝元」

能義郡鰐淵寺本堂普請役を今に沙汰せず在出雲の元春に郡使への督促を依頼す

奉加

三一三　毛利輝元書状（切紙）　一八・一×四六・〇

「（封紙ウハ書）
右馬頭
元康（毛利）　御宿所　輝元（同）」

○封帯あり、

「（端裏切封）（墨引）」

就鰐渕寺本堂再興」之儀、被付御心之趣、奉」加張〔帳〕令披見、本望候、」弥御馳走可為祝着候、」恐々謹言、

三月五日（天正五年カ）　輝元（花押）

元康　御宿所

三一四　毛利輝元書状（切紙）　（封紙）二九・二×八・八　（本紙）一八・二×四五・九

「（封紙ウハ書）
右馬頭
赤穴右京亮（幸清）殿　御宿所　輝元（毛利）」

○封帯あり、

（端裏切封）「（墨引）」

就鰐渕寺本堂再」興之儀、被付御心之通、」奉加張（帳）令披見、本望候、」弥御馳走可為祝着候、」

恐々謹言、

（天正五年カ）三月五日　輝元（花押）

赤穴右京亮殿

御宿所

三一五　毛利輝元書状（切紙）

（封紙）二九・一×九・三
（本紙）一八・三×四五・八

右馬頭

（封紙ウハ書）「（佐波）恵連　御宿所　（毛利）輝元」

○封帯あり、

（端裏切封）「（墨引）」

就鰐渕寺本堂再」興之儀、被付御心之通、」奉加張（帳）令披見、祝着候、」弥御馳走可為本望候、」

恐々謹言、

（天正五年カ）三月五日　輝元（花押）

恵連　御宿所

三一六　毛利輝元書状（切紙）

（封紙）二九・三×九・三
（本紙）一八・二×四六・〇

（封紙ウハ書）「　　右馬頭
為虎（三沢）　御宿所　輝元（毛利）」

○封帯あり、

（端裏切封）「（墨引）」

就鰐渕寺本堂再」興之儀、被付御心之趣、」奉加張〔帳〕披見之、祝着候、」弥御馳走可為本望候、」
恐々謹言、
（天正五年カ）三月五日　輝元（花押）
為虎　御宿所

三一七　毛利輝元書状（切紙）

（封紙）二九・四×九・三
（本紙）一八・五×四五・八

（封紙ウハ書）「　右馬頭

隆重(天野)　御宿所　輝元(毛利)」

○封帯あり、

(端裏切封)「（墨引）」

就鰐渕寺本堂再興」之儀、被付御心之由、祝」着之至候、奉加張(帳)令披」見候、弥御馳走候者、
可」為欣悦候、恐々謹言、

(天正五年カ)三月五日　輝元（花押）

隆重　御宿所

(封紙)二九・一×九・四
(本紙)一八・四×四五・九

三一八　毛利輝元書状（切紙）

(封紙ウハ書)「
右馬頭
富永兵庫頭殿(元康カ)　輝元(毛利)
御宿所　」

○封帯あり、

(端裏切封)「（墨引）」

就鰐渕寺本堂再」興之儀、被付御心之通、」奉加張(帳)令披見、本望候、」弥御馳走可為祝着候、」

恐々謹言、
（天正五年ヵ）
三月五日　輝元（花押）
富永兵庫頭殿
御宿所

三一九　毛利輝元書状（切紙）

（封紙）二九・一×九・二
（本紙）一八・二×四六・〇

（封紙ウハ書）
「　　　毛利
三刀屋弾（久扶）正忠殿　輝元
御宿所　　　　　」

○封帯あり、

（端裏切封）
「（墨引）」

就鰐渕寺本堂再」興之儀、被付御心之通、」奉加張（帳）令披見、本望候、」弥御馳走可為祝着候、」

恐々謹言、
（天正五年ヵ）
三月五日　輝元（花押）
三刀屋弾正忠殿
御宿所

三二〇　毛利輝元書状（切紙）

（封紙）二九・三×九・四
（本紙）一八・三×四六・〇

「（封紙ウハ書）
　　　　　　毛利
完〔宍〕道八郎（政慶）殿　御宿所　輝元」

○封帯あり、

「（端裏切封）（墨引）」
就鰐渕〔寺脱〕本堂再興之」儀、被付御心之趣、奉加張〔帳〕」令披見、祝着之至候、」弥御馳走可為本望候、」恐々謹言、
（天正五年カ）
三月五日　　輝元（花押）
完〔宍〕道八郎殿
　　御宿所

三二一　毛利輝元書状（切紙）

（封紙）二九・三×九・一
（本紙）一八・三×四六・一

「（封紙ウハ書）
　　　　　　毛利
湯民部少輔（家綱）殿　御宿所　輝元」

○封帯あり、
（端裏切封）「（墨引）」
就鰐渕寺本堂再」興之儀、被付御心之通、」本〔奉〕加張〔帳〕披見次令承」知本望候、弥御馳走可」為祝着候、恐々謹言、
（天正五年カ）三月五日　輝元（花押）
湯民部少輔殿
御宿所

三二二　日頼院縁起案

（第一紙）二三・九×三〇・二
（第二紙）二三・九×三四・一
（第三紙）二三・九×三三・六
（第四紙）二三・九×一〇・六

極楽寺の旧地を日頼院とす

右、日頼院興起之来由者、毛利陸〔奥〕奥〔陸〕守」大江元就朝臣（号御法名洞春〔日頼〕洞春大居士、）当国属御」手以降、和多坊栄芸江、為御祈念料」、寺領等被附下候、為報此御恩、天正元癸酉」歳、改極楽寺之旧地、号日頼院、令建」立之、洞春大居士之御位牌、奉安置之矣」者也、栄芸仁被下候。〔以〕地之内、当院不断之」賄灯油坊具建立〔修理〕以下、悉従和多坊」相調之、毎日之御弔・勤行・月坏〔牌〕等奉」備之者也、件寺領之内、日頼院江雖」可分付候、寺領之取扱、世帯等之心遣」有之者、勤行・

日頼院住持は豪怡

御弔等茂、傍ニ可成候条、』悉皆自和多坊相計之、諸事相調候、」然上者、至末代於惣山衆中茂、無別儀」日頼院へ副心之、至末代不可有疎略之由（×也）」衆儀候、就中当院為御住持、比叡山」西塔院北尾之金善坊探題大阿闍梨」豪怡法印、愛宕山ニ御座候ヲ致招請候、

抑鰐渕寺開山之濫觴者、推古天皇之」勅願、智春上人之御草創也、夙夜ニ」祈天長地久之御願、晨夕尽鎮護」国安（家）之要術霊場也、因茲、往古者勅」附之地数多雖在之、依送一千余」廻之星霜、連々不知行候、雖然、直江・」国富之儀者、従昔至于今、無改替寺」領也、殊当御代ニも、直江・国富百姓職共ニ、』如往古、無抜目為守護使不入之地、」歴々御証判重々被成下之、一円当山」被任進退候、然則当寺本堂仏前」挑常灯并構新壇、毎日之護摩」供修行之、又於杵築大社神前も、毎」年正・五・九月一七ケ日充之護摩供、」一山衆中遂社籠致（令）修行之、是併」杵築社与鰐渕寺二而不二而、現神明」顕仏陀、為中道両足所以、出」九識真如都、清八識心田垢、治」国利民運丹誠、励御武運」長久之祈誓者也、依御信心、」弥御家門繁昌而、御名誉無比」類候也、仍裏書之旨如件、』

天正五年丁丑六月十四日

施主　鰐渕寺北院内

和多坊栄芸敬白

三二三　日頼院縁起案

（第一紙）二四・四×三五・一
（第二紙）二四・四×三六・一
（第三紙）二四・四×三六・二
（第四紙）二四・四×三六・二
（第五紙）二四・四×三五・七
（第六紙）二四・六×一二・一

（端裏書）
「案文」

右、日頼院興起之来由者、」毛利奥(ママ)陸守大江元就朝臣号御法名日頼洞春、」雲州属御手以来、和多坊栄芸江、」為御祈念料、寺領等被附下候、」為報此御恩、天正元癸酉歳、改極楽寺之」旧地、令建立之、号日頼院、」洞春大居士之御位牌奉安置之、」栄芸仁被下候地之内を以、日頼院」不断之賄灯油坊具修理』以下、悉従和多坊相調之、毎日之」御弔・勤行・日坏〔牌〕等、奉備之者也、」件寺領之内、日頼院江雖可分」付候、寺領之取扱、世帯等之」心遣有之者、勤行・御弔等茂、」傍ニ可成候条、悉皆自和多坊」相計之、諸事相調候、然上者、於」惣山衆中茂、無別儀、日頼院江」副心之、至末代不可有疎略」衆儀ニ候、』

極楽寺の旧地を改め日頼院とす

就中、日頼院為御住持、比叡」山西塔北尾之金善坊採題大」阿闍梨法印豪怡、愛宕山ニ御」座候ヲ致招請候也、

日頼院住持は豪怡

抑鰐渕寺開山之濫觴者、」推古天皇之勅願、智春上人之」御草創也、夙夜ニ祈天長」地久之

御願、晨夕ニ尽鎮護」国家之要術霊場也、因茲、往」古者勅附之地数多雖在之、』依送一千余廻之星霜、連々」不知行候、雖然、直江・国富之儀者、」従昔至于今、無改替寺領也、」殊当御代ニも、従最前其御理」申上之、直江・国富百姓職共ニ、如」往古、無抜目為守護使不入之」地、歴々御証判重々被成下之、」両郷弥無相違、当山任進退候、」就夫、為御祈念、当寺本堂、挑」仏前常灯并構新壇、毎日之」護摩供致修行、御武運長」久之御祈精無緩候、又於杵築大社も、』毎年正・五・九月一七ケ日充之」護摩供、一山衆中遂社籠、」禁足禁酒にて令修行、息災」延命・御家門繁昌之懇祈、」無緩候者也、

経之うら書、うつし進入候、」其方にて、御引なをし候へく候、」』

(異筆)『天正三年乙亥七月十六日、惣一栄哉禅師、」拝見ノ次ニ写之置者也、可秘々々、努々人ニ」不可見せ候也〳〵、

御判之人数多々候へ共、先初五行ノ人数」書之置候也、」』

○異筆部分、もと別の文書の奥書ならん、

輝元御願により伽藍一宇造営

三二四　鰐渕寺本堂再建棟札案

（第一紙）二九・〇×四一・八
（第二紙）二九・〇×四一・〇
（第三紙）二九・〇×四〇・四
（第四紙）二九・〇×一七・八

伏以、扶桑朝雲州浮浪山鰐渕寺者、」神代昔、西天霊鷲山艮隅欠、浮東海之」浪流来、素戔嗚尊築留之、故曰浮」浪山矣、粤以嶺晴真如之月、高顕仏」陀本地、麓山法性之都、遙示霊神垂迹、」所以鰐渕与杵築本迹不二幷如牛角云云、抑尋其濫觴、人王三十四代　」推古天皇勅定之勝地、智春上人草」創之霊崛也、挑舎那出現之法灯、」以降幾星霜乎、雖然、去天文廿暦」辛亥卯月十一日、天火頓起堂舎忽回」禄訖、自尓已来、依国之忩劇徒送歳」月焉、爰起自　大守毛利右馬頭大江輝元」朝臣御願心、如旧一宇伽藍遂造営畢、」于時天正五丁丑歳首夏廿三日釿始、同十」月廿七日調棟上儀、則霜月廿九日修新』造供養之法会、奉遷医王・千手両」躯尊容、誠是主将御敬奉之故、冥賢（顕）」諸天隠形添力哉、纔一百余日之造」畢、前代未聞之勝事也、伝聞、薬師者、発」十二大願、衆病悉除誓約無違、観音者、」除三毒七難於身上、授二求両願於心」中、夫諸仏菩薩者、出無想究竟之」宮、雖同居有余之境、導苦海群生、」発願雖区、無如此二尊之誓願、兼亦」奉安置不動明王、禅侶代番々遂参」籠、勤修長日護摩供、是払三障四魔」之怨敵、祈願効験不可疑者也、皆是明」君当理世、帰仏徳、治国家、招福禄始等也、」因茲、信心御願主、保東朔西母仙齢、」振武運兵略一天矣、就中今此根本堂」者、以往古差図建之、猶良木広大」宛超過古閣、夫柱五十九本者、薬師』十二大願・観音三十三身・不動十四根本印契」都象之、椽数多、表示一念三千法門、又内」陣外陣四土階級分浄穢、正面九間顕極楽」九品三輩、在天表九曜、脇七間七仏薬師、」又表七星云々、特者、当山両院三重之衆僧、」一日片時茂不懈、或入山林求良材、或巧匠番」匠与力不顧辛苦、是併殖仏種於心田感」果也、次当州十郡之人、乞曳木運石、外応」公事順役、内催渇仰心緒、皆得一善勝利、」証二世安楽者也、仰願、金輪聖皇、玉体安」穏・天下泰平・五穀豊楽、乃至施与之類、」結縁之族、現当所願速疾成弁、重乞」造立事畢、梁棟欄循、不朽僧祇却之」霜、修営功成、寺院繁興而至慈尊会」之暁、仍棟札之旨趣如件、

天正五丁丑十一月廿九日』

大檀主従五位下行右馬頭大江輝元朝臣判

国司右京亮藤原朝臣元武判

寺奉行

児玉三郎右衛門尉平朝臣元良判

三二五　吉川元長書状（切紙）　一八・九×四四・四

（端裏切封）「（墨引）」

為歳暮之御祝儀、」御祈念之御巻数畏入候、」殊更鳥目五十疋御懇之」儀候、猶明春早々可申承候、」恐々謹言、

十二月廿四日　元長（吉川）（花押）

鰐渕寺まいる御返報

○本文書、年未詳なるも、天正元〜七年のものならん、また、紙背中央下部に「千代松丸殿」との習書あり、

三二六　児玉元良書状（折紙）　二七・一×三八・四

先度申入候　」日頼院御祠堂」米并和多房（栄芸）」預ケ物等之儀、矢田（兼貞）・」坂本（良家）被存儀候条、」用捨候様、可有御」理之由、申入キ、口上等、」然々不申分候付而、」于今無御分別候哉、」自余ニ相易たる」儀候間、旁以御分別」（○以下見返、）肝要存候、委細者、」従和多房可被」申候、恐々謹言、

児玉三郎右衛門尉

卯月廿三日（天正八年）　元良（花押）

祠堂米
預ケ物

綿貫（元重）木工助殿
三宅（吉秀）孫右衛門尉殿

○本文書、天正八年毛利領物国平均徳政にかかるものならん、

三二七　国司元蔵書状（切紙）　一六・九×四六・三

○封帯切痕あり、

（端裏切封）「（墨引）」

為歳暮之御祝儀、」親（国司元武）候者所江、御札幷」鳥目五拾疋被懸」御意候、忝存候、御返事」可申入
候、作州于今致」逗留候間、従是御祝儀」可被得御意候、恐々」謹言、
（天正八年カ）十二月十日　（国司）元蔵（花押）
（栄芸）和多坊
参　尊報

三二八　国司元蔵書状　二六・七×四六・二

（端裏捻封ウハ書）
「（墨引）　長田殿
進之候　国助
（国司）元□（蔵）」

中気

元蔵在陣

返々、於御逗留者、懸御目、可」申承候〳〵、

御使と候て御下之事候、雪中」御辛労、無申計候、昨日者、」御出之由申候処、少腹中気候て、」不懸御目候、口惜存候、明日」御上之由候間、御返事持せ、進之候、」親候（同元武）者所へ、種々御丁寧之儀共候、」于今在陣申候条、我等事申入□（候）、」殊去夏者、於方角俄之用段」申入候処、預御調候、旁之御取合と、」畏入存候、内々可預御取成候、恐々かしく、

十二月（天正八年カ）十日　　元蔵（同）（花押）

三二九　今藤直久書状（折紙）

二六・八×四六・四

国司元武美作に在陣す

国富土貢

銀子

尚々、為御歳暮」之儀、我等へ弐十疋」被仰付候、乍毎々」忝存候〳〵、此等之趣、」

（○以下行間、）可預御心得候〳〵、

為御歳暮御祝儀、」御使者被差越、被」仰聞候、則申聞、委細」御返事銘々被申候、

一、元武（国司）事、夏以来、于今」作州表逗留被申候」条、御返事不被申候、」助六（同元蔵）所より被得御意候、

一、元武所へ、為御音信」銀子壱枚被進之候、」慥請取、申聞候、

一、国富土貢御調之内、」去夏被仰付候、又」其後、於其方角、」元蔵為内用之儀、」得御意候付而、銀子」六拾目、今度又、」銀子四拾壱文目、」（○以下見返、）幷代弐百疋、同御」調之次第、御算用状」

浮米

副被下候、銘々存」其旨候、当土貢之」前、堅固被仰付候」段、元武帰陣之時、」具申聞候、
重而可被得」御意候、尤忝存候〳〵、
一、近年被成御合力候」浮米之儀、年行事」御手前之儀、年内」何とそ被成御気遣、」可被懸御
意哉之通」申上候而、一両日以前ニ」飛脚差上申候、」定可罷上候哉、追々」御造作御大儀
之儀候へ共、」俄越年可仕之由被」仰出候間、彼是為支度候」而、得御意候、偏ニ奉頼候、」
恐惶謹言、
(天正八年)十二月十日　今藤和泉守　直久（花押）
長田殿　御申之

三三〇　福原元俊・同貞俊連署書状

三〇・八×四九・六

直江

就当御寺領直江之儀、蒙」仰之通令承知候、誠無御余儀候、」於此条者、元春(吉川)江別而御懇望」
可為簡要候、我等式分際之儀、」不可存疎意候、猶御使僧江申入之」条不能詳候、恐々謹言、
十二月十日　貞俊(福原)（花押）
元俊(同)（花押）

鰐渕寺
年行事
其外御坊中　□報

○本文書、年未詳なるも、天正八・九年のものならん、

三三一　吉川元春書状

（本紙）二九・一×四六・一
（裏紙）二九・一×四六・一

○封帯切痕あり、

直江
毛利元康異見

直江之儀、元康（毛利）種々令異見、半」分充ニ相澄申候、鰐渕寺衆迷」惑之通、重畳雖被申候、為我等」申理、右之分ニ落着候、於其元、弥」被仰渡、納得候て可被差上事、」肝要存知候、恐惶謹言、

九月廿八日　元春（吉川）（花押）

児市（児玉春種）
御申之

○以下裏紙、

（奥切封ウハ書）
「（墨引）　駿河守

児市
御申之　　元春」

○本文書、年未詳なるも、天正八・九年頃のものならん、

三三二　吉川元春書状案

（本紙）二七・二×四六・四
（裏紙）二七・二×四六・二

うつし

直江之儀、元康（毛利）種々令異見、半」分充ニ相澄申候、鰐渕寺衆迷」惑之通、重畳雖被申候、為我等」申理、右之分ニ落着候、於其元、弥」被仰渡、納得候て可被差上事、」肝要存知候、恐惶謹言、

九月廿八日　元春（吉川）

児市（児玉春種）
御申之

○以下裏紙、

「（奥切封ウハ書）（墨引）　駿河守
児市　元春
御申之　」

（本紙）二九・二×四六・一
（裏紙）二九・二×四六・一

三三三　吉川元春書状

○封帯切痕あり、

直江之儀、重畳雖申理候、元康《(毛利)》」無分別付而、御存分之様ニ不相調候、」我等気遣疎之様候て、御心中口惜」敷候、於分目者、児市《(児玉春種)》可申達」候之条、御分別可為本望候、仍於」伯州、一寺可進置之通令申候、」然者、彼表任存分候之条、引合可」申談候、猶任口上候、恐々謹言、

九月廿八日　　元春《(吉川)》（花押）

和多坊《(栄芸)》
　御同宿中

○以下裏紙、

（奥切封ウハ書）
「（墨引）　　駿河守
和多坊　　　元春」
　御同宿中

○本文書、年未詳なるも、天正八・九年頃のものならん、

元康無分別

三三四　吉川元春書状　　二八・七×四五・五

○封帯切痕あり、

直江之儀、重畳申理、半分寺」家へ付申候、追而元康（毛利）へ替地被進」置候て、右之地、如前々
帰附候之様ニ」可令裁判候、恐々謹言、

九月廿八日　元春（吉川）（花押）

鰐渕寺
　年行事
　和多坊（栄芸）
　　御同宿中

○本文書、年未詳なるも、天正八・九年頃のものならん、

三三五　口羽通良書状（切紙）　一六・二×三九・七

○封帯切痕あり、

（端裏切封）「（墨引）」

誠新春之御嘉祥、」重畳雖申旧候、尚以」弥重々々、仍　大社被遂」御参籠、毎年之護摩」御

執行候而、御巻数・御守」札幷百疋、被懸御意、」令拝領候、御叮寧之至、」過分存候、自是
者、毎」事致無沙汰、口惜候、」何様重而可申候、恐々」謹言、

三月七日　　通良（口羽）（花押）

鰐渕寺
　年行事
　　御返報

○本文書、年未詳なるも、天正十年以前のものならん、

（第一紙）二五・四×三九・六
（第二紙）二五・四×三九・六
（第三紙）二五・四×一一・六

三三六　口羽通良書状

「（端裏切封ウハ書）（墨引）　　　口下
児三右（児玉元良）　御陣所　　通良（口羽）」

○封帯切痕あり、

呉々、和多坊（栄芸）事忠儀被申、」洞春様（毛利元就）別而被加　御憐愍候間、御方」渕底御存知之
儀候、上よりも被付御」心候而可然候」〳〵、

鰐渕寺領直江之内、百貫前、暫借」候而、元康（毛利）へ被遣之候、然処ニ従寺家」児市（児玉春種）へ被伺候へ

直江の内百貫を元康へ遣わす

元康不足の由申す

ハ、百貫前ニ三百俵尻」之坪付被渡候へ之由候とて、其分ニ」被調、従　元春(吉川)様寺家へ御一通被遣」候之条、我等茂加判仕候之処ニ、元康」不足之由候て、直江六分一成共、五百俵尻」成共、可請取之由被仰候て、相支之由候、」自最前和多坊へ被遣之候内を以、於」寺家建立候　日頼院寺領茂候、」又渡辺左衛門尉抱分茂候、坊々経田茂、」少充在是之由候間、彼是以三百俵尻』にて相澄候之様ニ、御故実専一候、幸其」元御在陣之儀候間、相調候之様ニ、元康へ」可被申候、此田地之儀者仮地之儀候条、明地」候はゝ、鰐渕寺へ可被成御返候之間、可有其」御心得候、鞆へも人夫七ケ年詰置之由候、」又　上へ被相理候とて、人足七人、夏」以来　元長(同)へも被召仕候、又従卯月平田」之番をも被仕之由候、其外様々御祈」念等無油断被仕之由候、今度之陣立も」従　元春様被仰候とて、一廉馳走被申、」于今爰許各在番候、役目数多之儀ニ」候而、寺家中迷惑之由候、以御透御」披露候而、何とそ被加御憐愍候而可然候、」殊島根御陣以来、于今似相之御馳走」被申候、洞春様以来之御判数通之儀」候、其段者不能申候、伽監(藍)所之儀候条、」元康へも御分別候様ニ、能々御申候而』○中欠肝要候、猶重而可申承候、恐々謹言、

鰐淵寺鞆へ七年間人夫を詰置く

十月廿五日　　通良(花押)

児□(三)右　御陣所

○本文書、年未詳なるも、口羽通良の没年にかけ、暫くここに収む、

三三七　口羽通平・二宮就辰連署書状

（本紙）二八・一×四六・八
（裏紙）二八・〇×四六・六

○封帯切痕あり、

御寺領分之内、元康（毛利）へ百貫前」雖被遣候、互被仰事候之条、先」従上様（同輝元）、中途与被仰出候之間、」御検使被遣候、来春、以御談合之上、」可被仰出之由候間、自元康茂従」寺家茂被入御手間敷候、此由」可申之旨候、恐々謹言、

十一月晦日　通平（口羽）（花押）
就辰（二宮）（花押）

鰐渕寺
年行事
同　和多坊（栄芸）
御同宿中

○以下裏紙、

（奥切封ウハ書）
「
二宮太郎右衛門尉
口羽善九郎

中途

鰐渕寺年行事
同　和多坊　御同宿中　通平」

○本文書、年未詳なるも、前号文書の内容にかけ、暫くここに収む、

三三八　口羽通平書状　二七・六×四五・六

呉々、元康(毛利)よりの検使衆」を茂、早々可被帰之由、堅自」上の検使衆へ申候之条、其分」可被仰候」く、

直江之公用、此已前被納置候」処を、上ニ茂被成御分別候間、」可御心安候、検使衆被示候已後ハ、」其元被入御手間敷候、為御心得候、」恐々謹言、

極月八日　通平(口羽)(花押)

口善九

(奥捻封ウハ書)「

(墨引)　和多坊(栄芸)まいる人々　通平
申給へ」

○本文書、年未詳なるも、前々号文書の内容にかけ、ここに収む、

元康の検使衆
上の検使衆

三三九　吉川元春書状　二九・七×四三・〇

（端裏捻封ウハ書）
「（墨引）児三右（児玉元良）まいる　元春（吉川）
　申給へ　　　　　　　　　　駿河」

伯耆表陣取

元康公用を押領す

和多坊（栄芸）事、春以来罷出、于今在」陣被申候、仍彼領分之儀、何と様成共」被仰聞、御返候て可然存候、如御存之、去」年茂伯州表陣取付而申触候之処、」無異儀分過之馳走被申候、自先年打」続如此候、殊去年者領分公用等、元康（毛利）へ」被押取候、洞春様（毛利元就）以来被遣候地之事者」不及申、自先年之坊領等迄被相離」候之間、被加御憐愍之、可然存候、猶彼」可被得御意候、恐惶謹言、

六月廿七日　元春（花押）

○本文書、年未詳なるも、天正八・九年頃のものならん、

三四〇　毛利氏奉行人連署奉書（折紙）　二七・八×四五・二

鰐渕寺山村々より切荒す

当寺山之事、従」前々採用停止之」処、近年従村々猥ニ」切荒之由、太以不可」然候、於向後者、如先規、」堅可被制止候、猶以」於違（背）輩之族者、可」被処厳科之由、被　」仰出候、此条

至諸」村茂用奉書候、被得」其心之、堅固可被申」付之由、可申旨候、恐々謹言、

天正拾

卯月十六日　　国司右京亮

元武（花押）

○以下見返、

児玉小次郎

元兼（花押）

粟屋右京亮

元勝（花押）

粟屋掃部助

元真（花押）

桂平次郎

元綱（花押）

鰐渕寺衆徒中

三四一　神魂大社建立棟札表書写

（第一紙）四五・七×三〇・七
（第二紙）四七・七×三〇・七
（第三紙）四七・二×三〇・七

（上部）

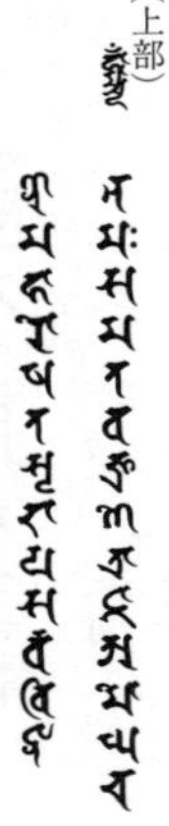

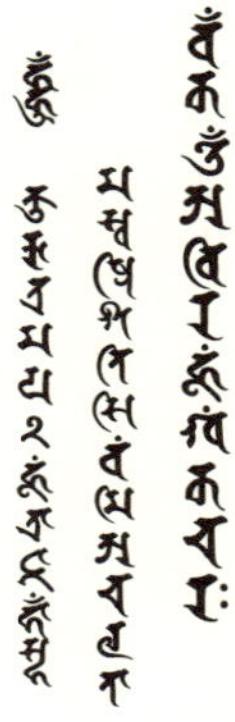

（下部）
天正十一年癸未　門客人社　井垣
西之宮　鳥居　出雲宿祢国造千家義広
熊野三所　鐘楼
伊勢太神宮　長庁
杵築太社　舞殿　鰐渕寺
奉建立神魂太社并末社　等悉皆成就所　道師　法印豪円
貴船社　御供所　竹本房
外山社　神宮寺　出雲宿祢国造北島久孝
十二月廿二日　大江輝元朝臣在判（毛利）　藤原朝臣元春在判（吉川）

（第一紙）四〇・〇×二七・一
（第二紙）四〇・〇×二七・一
（第三紙）一八・五×二七・一

三四二　神魂大社建立棟札裏書写

夫神魂大明神者、天神第七代伊弉諾・伊弉冊尊也（治天二万三千四十歳）、此二神於天浮橋上共儀〔議〕曰、此下豈無国乎、下御鉾探蒼海原、無障物、指挙御鉾、滴凝成一島、」其島二神降居、始有男

天正十一年二月二十二日落雷

造営奉行和多坊

七月二日釿始
極月二十二日棟上

女之彼〔約カ〕、先造大八十島、次生草木、次生一女三男、為国主、自尓以降、移地神御代也、視夫、真女〔如〕空寂不改転兮感応道災、法性湛然ー」無去来兮霊徳利衆、爰以、酌流尋源、可報者神明之厚徳也、嗅香討根、可謝者仏陀之高恩也、柳〔抑〕伺御本地、十一面聖容之応作焉、礼讃帰依之輩・」信心恭敬之人、二求両願皆満足、三毒七難悉遠離、依機見不同趣、普門利益・本地方便、超余神明者乎、就中於当社者、毎至三十三稔星霜、造改九重八雲之ー全」殿、神降以来之法度也、其年月漸廻来時節、不測、当年二月廿二日夜半、天災之一炬落本社之棟、忽成灰燼訖、是併非神道衰患、祇令値遇造営、有済度諸人方便也、因茲、大檀主」中国太守毛利右馬頭大江輝元朝臣癸丑御歳、吉川駿河守藤原朝臣元春庚寅御歳、其外御家門中、各抽無二丹誠、則鰐渕寺和多坊仁造営奉行之事被仰出之、国中在々所々、任」先例、不謂神木共採用之、同七月二日壬午翼宿釿始、同極月廿二日庚午房宿棟上、遷宮調之畢、天降最初之厳茂、豈過之乎、只当社之中興当斯時者也、若尓者信心御願主武運兵略加威、握九夷」八極於掌、東作西母授〔朔〕齢、収四海八延〔埏〕之列、将亦社家社官具祐之室、傾貴敬冠、無祭祀怠、殊更鰐渕社僧真俗周備顕密法灯、継茲〔慈カ〕尊会、加之、国中無事・万民快楽・当所富貴・諸ー人」攘災而巳、冀本社・末社並庇、縦過楼至仏之出世、弥昌栄、国主・黎民充富、復送星宿劫之春秋、尚無殲、重乞金輪聖王、宝祚遠長、一天風静、普界安全、仍棟札

段別奉行

意趣若斯、

天正十一年癸未　極月廿二日　　造営奉行并段別奉行　鰐渕寺　和多坊法印栄芸

同奉行　多陀寺清円

輝元取次

児玉小次郎元兼

元春取次

桂与三兵衛尉春忠

神魂神主

秋上左衛門尉良忠

同別火

秋上長門守久国

寛永九年壬申九月廿九日、大庭ニテ」書写畢、ウラカキ也、

鰐渕寺桜本坊法印豪仟調畢、

三四三　毛利輝元袖判制札案

二八・六×四一・三

(端裏書)「輝元(毛利)公御袖判制札写」

制札　輝元公御袖判　鰐渕寺

右、当寺山中竹木採用事、」任往古之例、堅令停止訖、若於」有違犯之輩者、可処厳科」者也、

仍執達如件、

児玉

天正十二年三月二日　三郎(元良)右衛門尉奉

国司

右京亮(元武)

粟屋

右京亮(元勝)

桂

左衛門大夫(就宣)

三四四　来成寺御幣文

二八・二×四七・〇

（端裏書）
（異筆）
「「六月」
来成寺御幣　　金剛院」

再拝々々、　惟当歳次天正。十二年甲申」六月十四日、　今日ハ是レ銀ノ花開、　金ノ」実結、　吉日良辰ヲ選ヒ定テ、　掛クモ忝ク、」本迹高広ニ御座ス、　牛頭天王ノ御神」前ニシテ、　信心ノ大施主、　抽テ無二ノ懇志ヲ、」捧幣帛ヲ、　備ヘテ種々ノ供具ヲ、　令驚」啓給フ処也、　仰願ハ、　早ク垂納受ヲ、　諸」人福祐増長・無病延命・所願成就」一々満足シタマヘ、　再拝々々、

南院桜本坊豪住（ママ）之、

三四五　毛利輝元書状

（本紙）二八・二×四六・六
（裏紙）二七・九×四六・六

○封帯切痕あり、

今度御煩火急之由、　無心元候、」就夫、　跡目之儀、　対西本坊栄哉」可有相続之由、　令承知候、　何篇」不可有相違之条、　可被申談候、」猶国右（国司元武）・児三右（児玉元良）可申候、　恐々謹言、

（天正十二年）
七月廿九日　　輝元（毛利）（花押）

栄芸煩火急
跡目は栄哉

和多坊（栄芸）

○以下裏紙、

（奥切封ウハ書）
「（墨引）　右馬頭
和多坊　　輝元」

三四六　吉川元長・同元春連署書状

（本紙）二九・一×四六・二
（裏紙）二九・〇×四五・九

○封帯あり、

神魂造営

今度御所労気、于今無快」験候哉、何共咲止候、併御療治」不可有緩之条、可為御快気候、」然者、御跡目之儀、西本坊栄哉ニ」可有御相続之由候之間、既　」輝元（毛利）被書載　御一通候上者、雖」不及申候、勿論於我等、不可存」余儀候、誠　神魂之御造営、」別而以　御気遣之御造謐（畢）」之儀候、其外連々御馳走之」段、吉田不可有御忘却候、」○以下裏紙、猶自是可申之条、不能詳之候、」恐々謹言、

（天正十二年）
七月晦日　　元春（吉川）（花押）
　　　　　　元長（同）（花押）

（奥切封ウハ書）
「（墨引）　駿河守
治部少輔
（栄芸）
和多坊　御返報　元春」

三四七　毛利輝元判物

二九・七×四三・九

栄哉の相続を認む

和多坊栄芸法印跡目之」儀、対弟子栄哉律師被譲」与之由、栄芸一通令承知畢、」仍和多坊領幷栄芸進置之」知行等之事、任譲状之旨、」銘々先判之辻、全領知、聊不可」有相違之状如件、

天正拾弐年八月十九日　（毛利）輝元（花押）

鰐渕寺
和多坊栄哉律師

三四八　吉川元長・同元春連署書状

（本紙）二九・四×四六・八
（裏紙）二九・四×四六・〇

○封帯切痕あり、

和多坊跡目之儀、対弟子」栄哉被仰付、尤可然存候、向」後之儀、栄芸不相易被加御」意、可然存候、委細彼衆中可被」申候、恐惶謹言、

（天正十二年）八月廿六日　（吉川）元春（花押）

（同）元長（花押）

（児玉春種）児市　御申之

○以下裏紙、

（奥切封ウハ書）「（墨引）　駿河守
治部少輔

児市　御申之　元春」

三四九　吉川元長・同元春連署書状

（本紙）二九・四×四六・三
（裏紙）二九・三×四六・二

○封帯あり、

鰐渕寺和多坊栄芸法印」跡目之儀、対弟子栄哉律師」譲状之旨、全可有領知之由、」既輝（毛利）元被成御判之条、尤肝」要候、栄芸・我等別而申談候之条、」旁以不存余儀候、向後弥御馳」走肝心候、恐々謹言、

天正十弐

八月廿六日　（吉川）元春（花押）

元長（同）（花押）
鰐淵寺
和多坊栄哉律師

○以下裏紙、

「（奥切封ウハ書）
（墨引）
駿河守
治部少輔
元春」
鰐淵寺
和多坊栄哉律師

三五〇　小早川隆景書状

（本紙）二九・九×四四・四
（裏紙）二九・七×四四・〇

○封帯あり、

鰐淵寺和多坊栄芸法印」跡目之儀、対栄哉律師譲状之旨」無相違、既輝元（毛利）被成御一行之」条、尤忻然候、向後弥御馳走肝」要候、恐々謹言、

九月廿六日（天正十二年）
隆景（小早川）（花押）

鰐淵寺
和多坊栄哉律師
御同宿中

○以下裏紙、
（奥切封ウハ書）
「（墨引）　　左衛門佐
鰐渕寺　和多坊栄哉律師　　隆景
　　　　　　御同宿中　　」

三五一　毛利輝元書状　　二八・二×四七・〇

竹本宮内卿先年逆心

（端裏捻封ウハ書）
「（墨引）　国右（国司元武）　輝元（毛利）
　　　　　児三右（児玉元良）　」

先竹本宮内卿之事、先」年逆心付而、離山之儀、日頼（毛利元就）」被仰付候、然者、和多坊栄芸」遠行候之間、自然帰寺之」儀望候共、向後不可有許（容）」要之由、栄芸被申置候之通、」竹本法印（豪円）・和多坊栄哉被申」分、令分別候、不可有忘却」候之条、可心安之通、年行事」并両人具可申渡候、謹言、

（天正十二年）九月廿九日　　輝元（花押）

三五二　番匠児屋大事　　二四・四×三四・六

（端裏書）
「番匠児屋大事　同鈔　同枰（坪、下同）　豪賢」

神道番匠児屋大事

先護身法如常、

次無所不至印、

南無金剛薩埵・釈迦・薬師・天地日月、

次合掌、秘歌曰、

千葉振神代ノ神モ聞召セユルサセ給汗〔汚カ〕穢モ不浄モ、三反、

同鈔《ノコキリ》之大

重泰印、合掌シテ頭指内ヘ交ヘテ二大気ヲクサリテ右ヲ上ニシテ内ヘ入ヨ、

向木時可修之、其後此文誦也、

衆怨悉退散、妙音、観世音、□〔梵〕音、海潮音、勝彼世間音、三反、

同枰《ツホ》之大　本地大日如来、

先智拳印、　次独古印、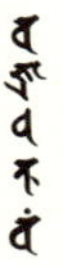

児屋入テ、先印呪可修之、又云、水新器ニ取テ硯ニテ」墨ヲ摺ヘシ、水ハ是無熱池ノ水、

大悲ノ智水、墨ハ是澄〔楞〕」巌〔厳〕三昧味ノ石墨、両部真言以摺入レ、木ニ写ス事」即神明也、

天正十二年十月一日　　豪賢

法印栄信以御本写之、

三五三　吉川元長・同元春連署書状　　二九・四×四六・二

（端裏捻封ウハ書）
「　　　　　　　　　駿河守
　　　　　　　　　　治部少輔
（墨引）　竹本法印（豪円）　　元春（吉川）
　　　　和多坊（栄哉）　御同宿中　　」

先竹本宮内卿之儀、自然」此節可有帰寺之望哉之由候而、」上江御申之趣、具承知、殊ニ」御捻委細拝見候、於父子茂、不」可有疎略候条、可御心安候、」猶児市（児玉春種）可申候、恐々謹言、

（天正十二年）十月十日　　元春（花押）

　　　　　　　　　　　　元長（吉川）（花押）

竹本宮内卿逆心

三五四　毛利氏奉行人連署奉書（折紙）　　二七・六×四五・九

先竹本宮内卿」事、先年対御当」家逆心付而、日頼（毛利元就）」様、寺家被作追放候、」然者、和多坊栄

芸於」死去者、自然宮内卿」帰寺之御侘言雖被申上、」最前之首尾、無御失念」様ニ可申上之由、栄芸病」中被申置之通、豪円（竹本坊）」法印・栄哉（和多坊）御申之通、」遂披露候之処、縦宮内卿」雖被望申之、聊不可有」御忘脚（却）之由、対元武（国司）・」元良（児玉）　御書如此候、」副遣之候、（〇以下見返、）此等之趣、対」隆景（小早川）・元春（吉川）・貞俊（福原）父子茂」申伺候処、是又不可」有御余儀之由、銘々御」壱通被遣之置候条、旁」以可御心安候、然時者、」為内儀、宮内卿事、」寺家出入・参会、向」後堅可有停止事」肝要候、右之趣、至年」行事・衆徒中茂申」渡候条、可有其御心得候」由、能々可申旨候、恐々」謹言、

（天正十二年）十月十六日　国司右京亮
元武（花押）

児玉三郎右衛門尉
元良（花押）

竹本法印（豪円）御坊

和多坊（栄哉）参

（第一紙）三一・六×四八・八　○モト本紙
（第二紙）三一・五×四〇・四　○モト裏紙（前半）
（第三紙）三一・〇×七・四　○モト裏紙（後半）

三五五　福原元俊・同貞俊連署書状

○封帯切痕あり、

鰐渕寺和多坊之儀、被任」栄芸譲状之旨、不可有」御相違之通、被成御一行之」条、尤可然候、弥御馳走可為」簡要候、恐々謹言、

（天正十三年）
二月廿日　（福原）貞俊（花押）
（同）元俊（花押）

和多坊栄哉律師
御同宿中

○以下裏紙、

（奥切封ウハ書）
「（墨引）　福原式部少輔
同出羽守
和多坊栄哉律師　貞俊」
御同宿中

寺作事
銀子百目

三五六　児玉元良書状

二七・八×四六・〇

対両人御捻拝見候、仍寺作事」申付之間、為御合力、銀子百目被」懸御意候、御繁多之砌、
被付御」心、御懇之儀、難申尽候、委以面可」申述候、恐々謹言、
二月廿四日　(児玉)元良（花押）
児三右
(奥捻封ウハ書)
「（墨引）　和多坊参御返人々申給へ　元良」

○本文書、年未詳なるも、児玉元良の没年にかけ暫くここに収む、

三五七　正親町天皇口宣案（宿紙）

三一・三×四二・八

(端裏書)
「口　宣案」
上卿　権中納言
天正十三年六月二日　宣旨
権大僧都豪村
宜叙法印
蔵人左少弁藤原(中御門)宣光奉

三五八　成田慶孝書状（折紙）　二五・六×三九・〇

稲岡長福寺
栄芸の時進置
く

稲岡長福寺之」儀付而、被仰越之」趣、即令披露候、」栄芸之時、被進」置之辻、不可有」相違之由、被申候、」則以書状被申候、於」様躰者、御使僧へ申」〇以下見返、入候之間、不能多」筆候、恐惶謹言、

卯月廿一日　成田采女丞
　　　　　　　慶孝（花押）

和多（栄哉）坊
　　参御報

〇本文書、年未詳なるも、天正十三・十四年頃のものならん、

三五九　宍道政慶書状

（本紙）二六・〇×三九・三
（裏紙）二六・〇×三九・二

〇封帯切痕あり、

就長福寺之儀、御懇之」預御使者、本望存候、殊御樽・肴」幷銀子一、被懸□□□〔御意候カ〕、」栄芸不相易候、為□」何様従是以使札可申述候、」恐々謹言、

五月三日　政慶（宍道）（花押）

和多坊（栄哉）まいる御返報

○以下裏紙、

（奥切封ウハ書）
「（墨引）　式部少輔

和多坊　御返報　政慶」

○本文書、年未詳なるも、天正十三・十四年頃のものならん、

三六〇　吉川元春書状（切紙）　一七・五×四七・三

○封帯あり、

（端裏切封）
「（墨引）」

為年頭之青銅」弐百疋、被懸御意候、」御丁寧之至、畏」入候、猶御慶逐日」可申承候、恐惶
謹言、

二月十七日　元春（吉川）（花押）

鰐渕寺
年行事
尊報

○本文書、年未詳なるも、吉川元春の没年にかけ、暫くここに収む、

(本紙)二七・八×四五・八
(裏紙)二七・七×四六・二

三六一　吉川元春書状

呉々、奉加被付置候衆中へ茂、」此節御催可然候〳〵矣、

当寺本堂瓦、寒国之故、相」損候付而、葺替度之由、尤可然」存知候、相応之儀、涯分付心可申候、」従吉田茂其趣被申越候、然間、」各無緩之様御心得肝要候、恐々」謹言、

六月十七日　元春(吉川)(花押)

鰐渕寺
　衆徒中

本堂瓦寒国の故破損す

○以下裏紙、

(奥切封ウハ書)
「(墨引)　駿河守
　鰐渕寺
　　衆徒中　元春」

○本文書、年未詳なるも、吉川元春の没年にかけ、暫くここに収む、

三六二　吉川元春書状（切紙）

（封紙）三三・四×八・八
（本紙）一八・八×四八・〇

「（封紙ウハ書）
鰐渕寺
年行事
　御返報
　　　　　駿河守
　　　　　　（吉川）元春」

○封帯あり、

「（端裏切封）（墨引）」

御音札拝見候、仍於当」山御宝前被抽精誠、御」巻数送給候、毎事御懇祈」之段畏入候、随而為御音信、」百疋被懸御意候、御丁寧之」儀、畏悦之至候、猶期来喜候、」恐々謹言、

六月廿日　　元春（花押）

鰐渕寺
　年行事　御返報

○本文書、年未詳なるも、吉川元春の没年にかけ、暫くここに収む、

三六三　吉川元春書状（折紙）

二七・五×四五・八

此表就出張之」儀、繁多之段、察」被存、為御音信」八木百荷幷樽肴」送給候、御入魂之至、」

令喜悦候、恐々謹言、

九月十二日　駿河守
元春（吉川）（花押）

鰐渕寺
年行事
御返報

○本文書、年未詳なるも、吉川元春の没年にかけ暫くここに収む、

三六四　宍道政慶書状

二七・四×三八・二

長福寺を和多坊に進さんとす

（端裏ウハ書）
「（墨引）兵庫助殿（宍道国清）　政慶（宍道）」

具趣ハ、この間神四郎（安威豊信）以重畳」申給へく候、

長福之儀、去年被上候へ共、」近辺之事候条、和多坊（栄哉）」進之度候、此由和多坊へ」可申渡候、

恐々謹言、

（天正十五年）
九月十二日　政慶（花押）

長福寺返付に就き宍道国清に対し一通あり

肥後一揆

三六五　友雲斎安栖書状（折紙）　二五・八×四一・〇

尚々、長福寺へ、」早々人ヲ可」被遣候、我等迄」（○以下行間、）目出度存候、」委曲此者」可申入候、

かしく、

態々可申候、長福寺」之儀、返被進之由、」被対国清（宍道）御」一通候、従我等」可申達候条、」彼一通進上申候、」尤拙者可致」祗候候へ共、一」両日腹中相」煩候間、又十」（○以下見返、）進上申候、就中、」御陣立之事、」肥後之一揆等」被打果之由、従」羽奥（佐々成政）・隆景（小早川）様、」書中案文、」自新庄（吉川広家）一昨日」到来候、今之」分候は、、相延可」申かとの御事候、」恐惶謹言、

友雲斎

（天正十五年）九月十二日　安栖（花押）

和多坊（栄哉）参　御同宿中

三六六　友雲斎安栖書状（折紙）　二五・八×四〇・八

尚々、」役等之儀、重而」可被申事」（○以下行間、）不可有之候間、」可御心易候、」委曲御使へ」申入候、

又彼」一通添進之候、」かしく、

芳書致拝見候、」昨日者、長福寺」之儀付而、又十進」上仕候処、御懇」之由忝存候、殊」御樽

和多坊当年の長福寺返付を斟酌す

肴被懸」御意候は、、過分之至候、」就中長福寺」之儀、当年之」事は、御斟」酌之者候へ共、」○以下見返、被寄存候て、返」被進候上者、御」用捨不入御事候、」殊国清茂(宍道)、昨日」在所へ被罷帰、」被成御斟酌」候つるよしをは、」具披露可申候、」一両日中ニ、御」使僧一人被参候て、」可然存候、

恐惶謹言、

菊月十三日(天正十五年)　友雲斎　安栖（花押）

和多坊(栄哉)参　貴報

三六七　安威豊信書状（折紙）

三〇・一×四四・一

長福寺を進すは祈念の為

態御使僧被差」越、殊御樽五肴被」進之、御丁寧之趣」則申聞候、過分至」極之由被申事候、」委曲以直札被申」入候、就中長福寺之」儀、可進置之由、安栖(友雲斎)」迄被申事候之処、」○以下見返、被申達候歟、御祝着之」由本望令存候、於此」一寺者、為祈念如此候之」条、向後別而預」御入魂者、勿論御」公役等茂御座有間」敷候、猶池本坊へ具」申入候、恐惶謹言、

九月十四日(天正十五年カ)　安威神四郎　豊信（花押）

和多坊（栄哉）参尊報

三六八　徳川家康起請文

（第一紙）二八・四×四二・五
（第二紙）二八・七×三八・五

敬白　起請文

一、其方御父子（北条氏政・氏直）之儀、於　殿下（豊臣秀吉）」御前悪様申なし、佞人之」覚悟を構へ、御分国中毛頭」不相望事、

一、今月中、以兄弟衆、京都へ」御礼可被申上事、

一、出仕之儀、於無納得者、家康（徳川）娘（督姫、氏直室）」可返給事、』

右条々、存曲折令違犯者、

梵天・帝釈・四大天王、惣日本国」中六十余州大小神祇、別伊豆・」箱根両所権現、三島大明神・」八幡大菩薩・天満大自在天神、」部類眷属神罰・冥罰可罷」蒙者也、仍起請文如件、

天正十六年

五月廿一日　家康（花押）（○花押の上に血判あり、）

北条左京大夫殿（氏直）
北条相模守殿（氏政）

○第一紙・第二紙ともに、那智滝宝印の紙背に記す、

元康直江を上表においては寺家へ還補せん

輝元上洛

三六九　児玉春種奉書（折紙）　二八・二×四八・二

当御寺領直江」半分之儀、元康（毛利）」於御上表者、御寺」家へ被成還補候」様、吉田（毛利輝元）可被申」伺之由、最前被申」入候、只今之儀、御」上洛刻候之条、」以御下向之上、可被」成御寺訴之通、」従吉（○以下見返、）田御奉行」中被申入候哉、尤候、」右如申入候、追而被」仰越之、不可有」疎意之由、可申」旨候、恐惶謹言、

（天正十六年）六月廿三日　児玉市介　春種（花押）

鰐渕寺
衆徒御中

三七〇　青蓮院尊朝法親王直書　三三一・三×四九・一

（端裏書）
「しやう　尊勝ゐん儀□□□□□□□者也、」

以今度上洛之次、」相改和多坊、所令」号尊勝院也、
（天正十六年）
八月廿七日
天台座主二品親王（尊朝法親王）（花押）

和多坊を改め尊勝院と号せしむ

三七一　上乗院道順書状（切紙）　一七・六×四二・九

（端裏切封）
「（墨引）」
門跡（尊朝法親王）被成御書候之間、」令啓候、仍御公用之儀、当」年者、妙音院江可被相渡候、」従来年、可被差下別人」之由候、然者為案内者、此仁ニ」使者相副、可被下候之間、先」為入魂、如此候、猶期後音之」時候也、謹言、
（天正十六年）
九月二日　（上乗院道順）（花押）
（栄哉）
和多坊御房

三七二　延暦寺根本中堂僧綱職補任状

三六・三×三九・六

補任根本中堂僧綱職事
　　権少僧都栄哉
　宜転権大僧都法印
右、任　勅宣之旨、以人令補処也、」宜被承知之状如件、
　天正十六九月　日　目代
執行法印探題僧正大和尚位豪盛
○「延暦政所」の朱方印十三顆を捺す、

三七三　毛利輝元書状

（本紙）三一・九×四四・五
（裏紙）三一・九×四四・四

出雲国鰐渕寺本堂供」養之事、頓令成就之由、且」為国家護特〔持〕、且為武運」長久、尤感悦之
至候者也、
天正十六年十二月五日
　従四位下行参議輝元（毛利）（花押）

本堂供養

一山衆徒中

○裏紙あり、

三七四　延暦寺正覚院豪盛請状（折紙）

当院百廿尊」行用幷面受抄、」先年錯乱之砌」紛失畢、依茲」鰐渕寺尊勝院（栄哉）」面受抄書写、池本坊（豪村）」百廿尊書写、料紙」尊勝院新調之、」昔者従当山被下、」今者従鰐渕寺」寄進、本末契約」筋目、満山三宝之」（○以下見返、）感応、指掌者欤、」然上者至于未来際」迄、法流互申合、」可為仏法相続之」基者也、仍如件、

天正拾七年

夷則吉祥日

延暦寺　正覚院

探題僧正豪盛記之、

○本文書、東京大学史料編纂所所蔵影写本により翻刻す、

先年錯乱

三七五　毛利氏奉行人連署寺領打渡状

（第一紙）二九・一×四六・〇
（第二紙）二九・一×四六・〇

雲州鰐渕寺領

一、八石五斗壱升三合　林木庄

一、四石壱斗　美談庄

一、七百弐拾八石八斗九升六合　国富庄
（異筆、下同）
「此替、九拾九石弐斗四升五合、別名村ニ有之、」

「一、九拾六石五斗八升弐合　宇賀郷

一、弐石九斗五升　別所・辛川
「此替、拾弐石九斗七升、野志谷村ニ有之、」

「一、拾四石九斗三升　万田村

一、四拾石八斗六升四合　朝山郷

一、三拾九石三升四合　比津・法吉』

以上、九百三拾五石八斗六升九合

右之前、打渡如件、

天正十九年　佐世

十二月十六日　与三左衛門尉（元嘉）（花押）

二宮　太郎右衛門尉（就辰）（花押）

内藤　与三右衛門尉（元栄）（花押）

林　肥前守（就長）

鰐渕寺衆徒中

三七六　山田元宗等連署銀子請取状

二九・二×四五・九

請取申銀子之事

寺領辻　九百四拾参石八斗六升七合

右之銀、合百三文目八分弐輪（厘、下同）六毛

内　九文目四分参輪九毛、筆功

右之前、為　御判御礼銀請取」申所如件、　御判之儀、追而」調可進之候、以上、

文禄五年二月十一日　国司備後守《元武》（花押）
少林寺《周澄》（花押）
山田吉兵衛《元宗》（花押）

鰐渕寺惣山中

三七七　竹本坊豪円等連署祈禱注文案

三〇・〇×四六・一

（前欠）

一、毎月廿三夜御月待、三人、
　正・五・九月者十二人、
已上、
　　　　　　　　於竹本坊

一、愛染明王法　毎日修行之、
一、護摩供　　　長日修行之、
已上、
　　　　　　　　於和多坊

一、大威徳法　　毎日修行之、
一、護摩供　　毎月一七日修行之、
已上、
右之外、従前々仕来御祈念等、無」緩抽懇祈候、御取合所仰候、如件、
正月廿四日　　信芸
栄哉（和多坊）
豪円（竹本坊）
進上　正法寺（春盛）
佐世与三左衛門尉（元嘉）殿

○本文書、年未詳なるも、文禄年間以前のものならん、

三七八　東大寺地蔵院浄賢・観音院訓盛連署書状（切紙）　二〇・六×五三・一

（封紙ウハ書）
「東大寺地蔵院（浄賢）
観音院（訓盛）
佐世石見守入道殿（元嘉）
参　人□□□〔々御中〕」

国衙
伏見
広島

○封帯あり、

（端裏切封）
「（墨引）」

以上、

今度者、国衙之儀付、至伏見一」書以得御意候処、忽被立御耳、」彼者共無妨様ニ堅可被仰之由」預御報候、於満寺大慶ニ候、定而」彼者共至其表、種々様々ニ可申妨と」存候間、無御許容様ニ御分別専一候、」頓而各罷下於広島相来、猶々」可得尊意候由、両院より意得可」申入之由候、於趣者令附与得賀（得富重昌）口上ニ候、」恐惶謹言、

（慶長二年カ）
七月八日　　訓盛（花押）
　　　　　　浄賢（花押）

追而、
賀川去二朶之事、」是又無相違様ニ」御分別奉頼候、次」安楽寺八幡免之事、」下向之刻、達而可申試候、以上、

佐世石見守入道殿
　参　人々御中

○以下、年未詳の文書を日付順に掲ぐ、

義経弁慶書
西行書

三七九　佐世元嘉書状（折紙）

二九・一×四四・三

急度申候、当寺ニ」義経（源）・弁慶書物」在之之由候、殿様（毛利輝元）」より　御用之由候条、」爰許まて可
被」差越候、其外」西行書物、何も」古筆之物候は、、可」有御進上之候、方」角所持方候
は、、」是又承候は、、」可申達候、恐々謹言、

　　　　　　　　　　佐石
　　正月廿四日　　元嘉（佐世）（花押）

○以下見返、
鰐渕寺
　年行事
和多坊（栄哉）

義経判弁慶手
跡

三八〇　某書状（折紙）

二七・四×四二・一

　以上、
先刻請取申候」古筆之物之内ニ、」義経（源）御判候き、」斎藤武蔵坊（西塔カ）」弁慶手跡」と被極候を、完戸（宍）」
十郎兵（元真）にて、　殿様（毛利輝元）へ」上進被申候、相残」七ツをは、江角」○以下見返、惣兵ニ言伝候間、」可有御請取之
候、」恐惶謹言、

二月九日　（花押）

和田（栄哉）坊様

御同宿中

三八一　三輪元徳書状　　二七・二×四二・五

只今者、御出被成、遂面上忝候、」御逗留中、御やとへ御見舞可申候、」仍天王領之儀、御配ニハ石州（佐世元嘉）任」下知、除置申候、於下向者、可被仰」理候、猶面拝之時、可申候、恐惶謹言、

三月四日　　元徳（三輪）（花押）

（奥捻封ウハ書）「　　三加

（墨引）和多坊侍者　元徳」

三八二　里村玄仍書状（折紙）　　二七・八×四三・一

尊書披見、本望ニ」存候、仍御一巻御上被成候、」則紹巴（里村）へ遣、付墨候て」進入候、幷懐紙中付候、」発句者染愚筆候、」就中布ニヒロ送被下候、」御芳志之段、過分至」極ニ候、輝元（毛利）様御」在京にて候は、、定而」御上洛と存事候、」○以下見返、其節万々以面」御礼可申述候、恐惶」頓首、

里村紹巴

三月十三日　玄仍（里村）（花押）

鰐渕寺
尊勝院
　参御同宿中

真木嶋昭光の使者鰐渕寺に登山す

三八三　石原清善書状（折紙）

二五・二×三九・二

去比者、於吉田」重々得貴意候、」自爰元可申」上候処、致無沙汰」口惜候、仍此半田」七介殿、自昭光（真木嶋）様」為御使者、其元」御登山之儀候、」如被成御存知候、」（○以下見返、）御三殿、其外之」御用等、馳走之」人候間、御懇之」儀、乍恐肝要存候、」猶自是可得貴」意候、恐惶敬白、

五月十八日　石原重兵衛尉
　清善（花押）

進上　和多房（栄哉）
　御同宿中

三八四　毛利輝元書状（切紙）

（封紙）三〇・四×八・八
（本紙）一八・五×四五・八

（封紙ウハ書）
「鰐渕寺
　年行事
　　廻章　　右馬頭
　　　　　（毛利）輝元」

○封帯あり、

（端裏切封）
「（墨引）」

為五月之御祈念、於」杵築社頭、一七日之」護摩成就之守札・」巻数幷百疋送給之候、」尤太
悦之至候、猶期」後喜候、恐々謹言、
　六月八日　輝元（花押）
鰐渕寺
　年行事　廻章

三八五　山田元宗書状

三〇・九×四八・三

（端裏捻封ウハ書）
「（墨引）和多坊　御返報　（山田元宗）山吉兵」
　以上、
御状、殊御樽被懸御□〔意 候カ〕、御懇」之儀候、仍鰐渕寺祇候方儀、」（佐世元嘉）石州より被仰上候通、昨日

致」披露申、被成　御分別候条、」可御心安候、吾等事も晩・明朝」之間罷出候、重畳期後音候、」恐惶謹言、

七月十六日　　元宗（花押）

三八六　毛利輝元書状　　二七・三×四五・五

昨日者両種賞翫、祝着候、」談合衆被来候て取乱候故、」不令対面残多候、猶以面」可申候、恐々謹言、

九月四日　　輝元（毛利）（花押）

（奥捻封ウハ書）
「（墨引）　和多坊（栄哉）　輝元」

三八七　来原盛続書状（切紙）　　一七・〇×四三・五

○封帯あり、

尊書忝致拝見候、此表」就罷越、被付聞召、御使」僧、殊五十疋・焼炭三籠」被懸御意候、御丁寧之」儀難申尽候、爰許可」致逗留之条、従是」可得尊意候、猶御使僧江」申入候、恐惶謹言、

極月十二日　盛続（来原）（花押）
上執事
和多坊参　尊答御同宿中

段銭

三八八　佐世源友（清宗）書状

二七・八×四五・六

（端裏捻封ウハ書）
「（墨引）和多坊（栄哉）まいる御返　より　源友（佐世清宗）」

段銭之事、湯川（元常）殿江」被仰理、捻御取候て」可被成御上之由、元嘉（佐世）申候、」為御分別令申候、
恐惶」かしく、

十二月廿三日　源友（花押）

三八九　某申状案

（第一紙）二五・〇×一〇・三
（第二紙）二五・五×二二・九

敬申上候、

一、今度和多坊遠行被申候付、」跡職之事、

〇下欠

〇以下第二紙、

〇前欠

一、桜本之尊澄之弟子ニ栄芸と申」弟子有之、其弟子を則彼」和多坊へ被渡畢、

一、栄芸之弟子ニ栄哉と申弟子、」則跡を次畢、」

一、栄哉之弟子ニ金剛院と申弟子」有之、然共栄哉之由緒ニハ、桜本」信芸へ被譲与候キ、然処、栄哉弟子ニ」金剛院と申、彼和多坊を被渡畢、

一、金剛院、和多坊な□□死去之、〇下欠

花押一覧

2　別当阿闍梨

2　行事大法師

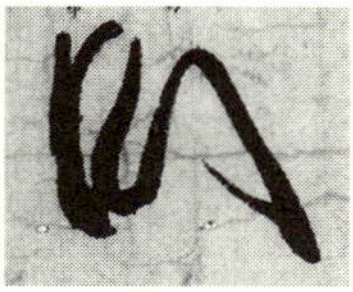
1　法橋上人位

3　惟宗孝実

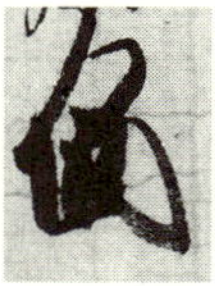
3　清原清定

3　菅野景盛

3　大内惟信

3　北条義時

3　中原（大江）広元

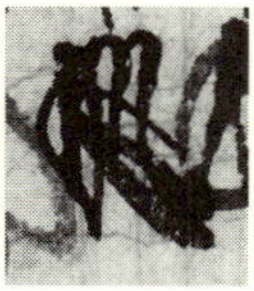
3　中原師俊

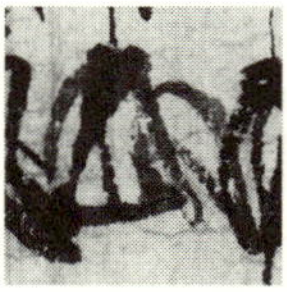
3　北条時房

3　大江親広

5　維光

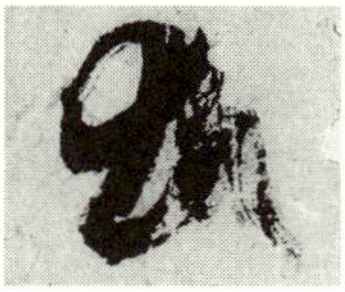
4　維光

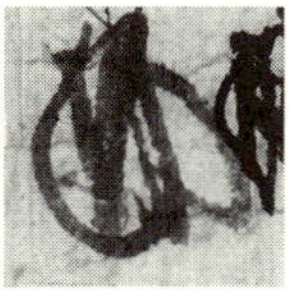
3　二階堂行光

6　日置正安

6　安部久依

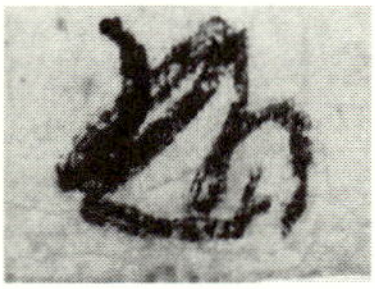
6　大中臣兼重

6　出雲真元

6　財吉末

6　安部友吉

6　出雲行高

6　出雲明盛

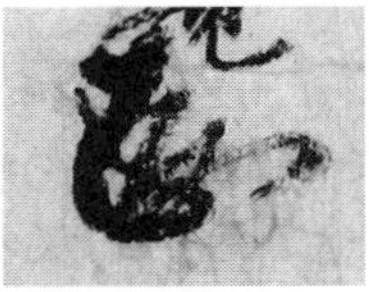
6　出雲政親

6　出雲義孝

6　出雲兼孝

6　藤原政泰

12　円琳

10　佐々木泰清

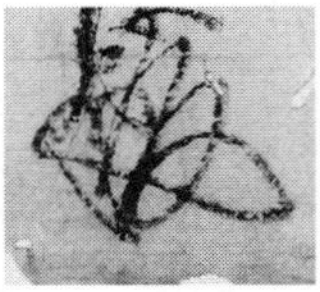
9　円観

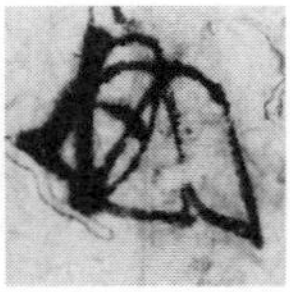
15　北条長時

14　佐々木泰清

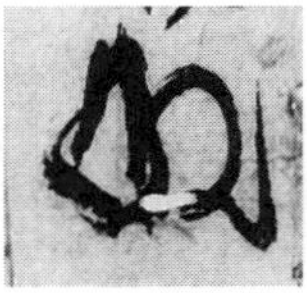
13　円観

19　藤原康能（写真）

16　佐々木泰清

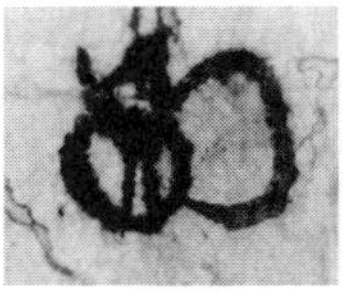
15　北条政村

20　左衛門尉

21　佐々木泰清

23　佐々木頼泰

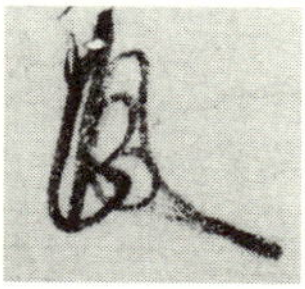
24　佐々木頼泰

25　松殿兼嗣カ

25　藤原時郷

26　北条時宗（写真）

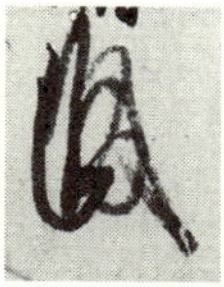
27　佐々木頼泰

28　北条宣時

28　北条貞時

29　北条宣時

29　北条貞時

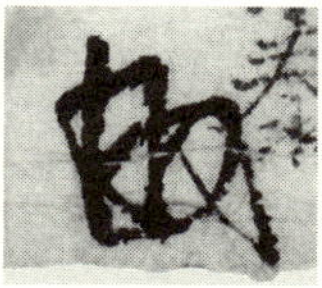
30　高岡宗泰

31　北条宣時

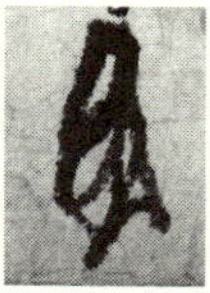
31　北条貞時

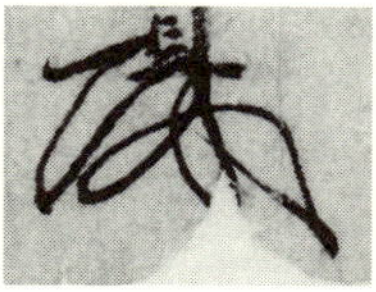
32　惟宗頼直

33　北条宗方

33　北条宗宣

34　平仲高

35　佐々木貞清

36　沙弥良恵

36　沙弥信蓮

37　良恵

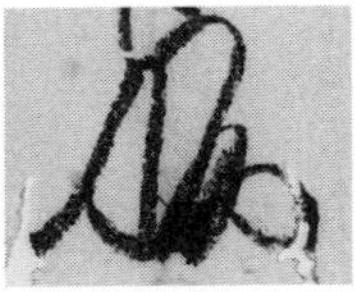
38　平顕棟

39　佐々木貞清

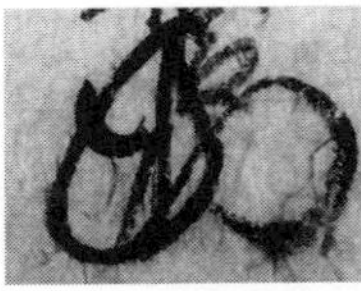
40　佐々木貞清

43　中御門宗兼

45　後醍醐天皇（写真）

46　千種忠顕

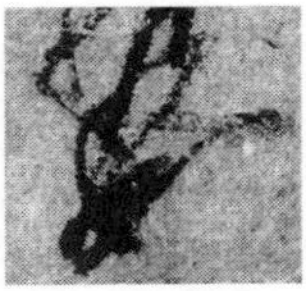
48　冷泉定親

49　甘露寺藤長

50　承陽

51　名和長年

52　足利尊氏

53　世尊寺行房

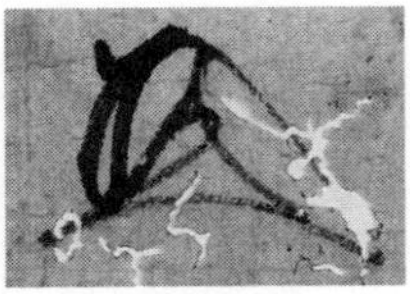
55　足利尊氏

56　定尋

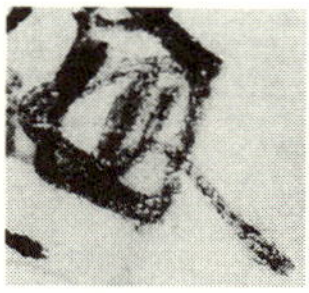

56　成慶

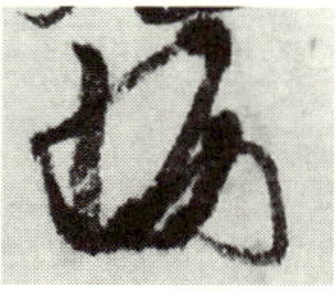

56　松石丸

56　義憲

56　栄運

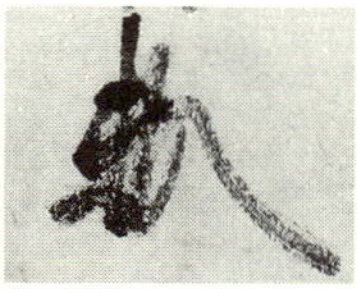

56　英実

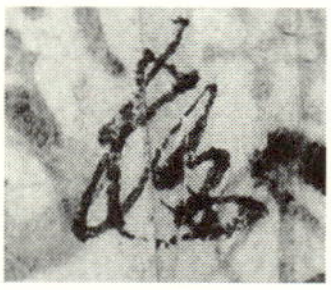

56　四至内御目代（継目裏１）

56　修理権別当

56　四至内御目代

58　中御門朝任

57　左中将

56　四至内御目代（継目裏２）

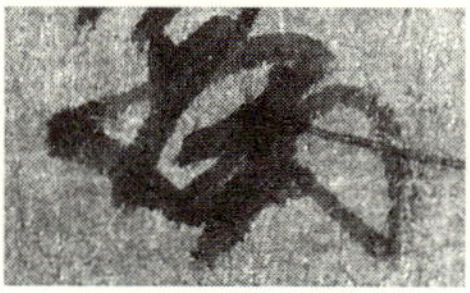

61　高倉朝任

60　朝山景連

59　足利直義

64　某

63　柳原資明

62　高岡高重

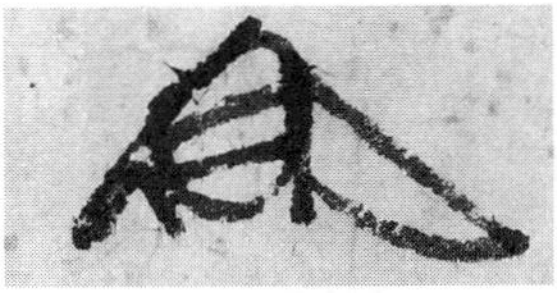

66　足利直冬

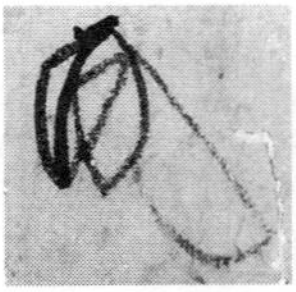

67　足利義詮

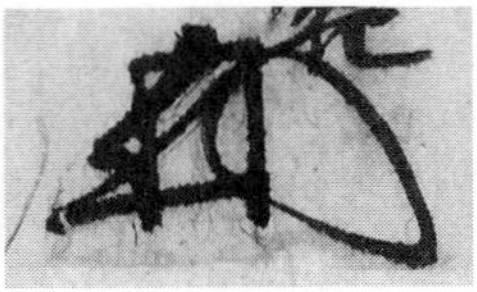

68　豊田種治

69　足利直冬

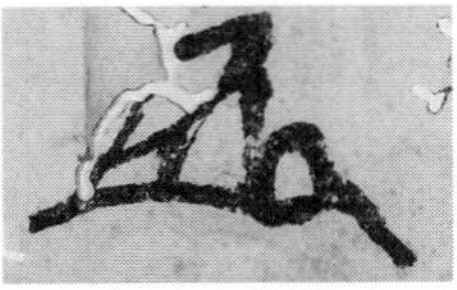

70　佐々木秀貞

71　足利義詮

72　後村上天皇

73　葉室光資（継目裏、写真）

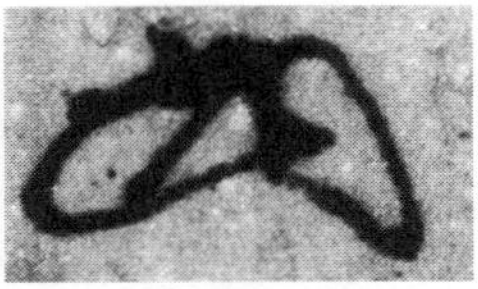

74　頼源（写真）

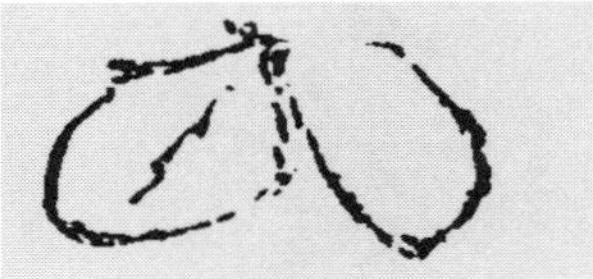

74　頼源（継目裏、影写本）

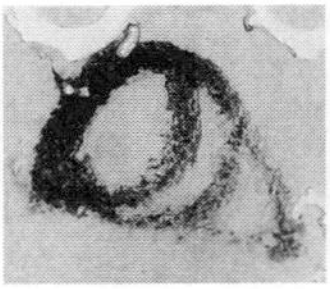

75　維弁

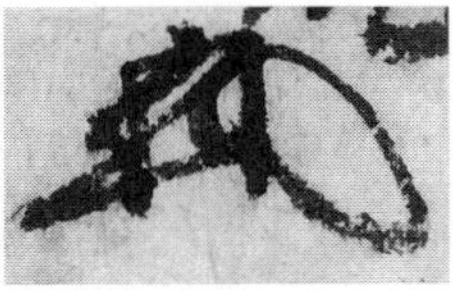

77　豊田種治

78　朝山貞景

79　佐々木導誉

80　押小路惟季

81　足利直冬

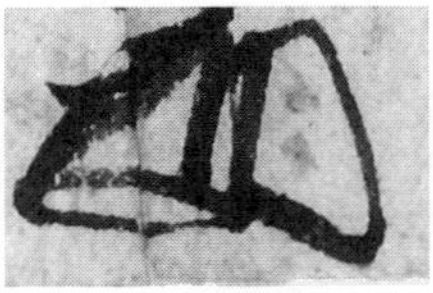

82　重円

83　勝部高家

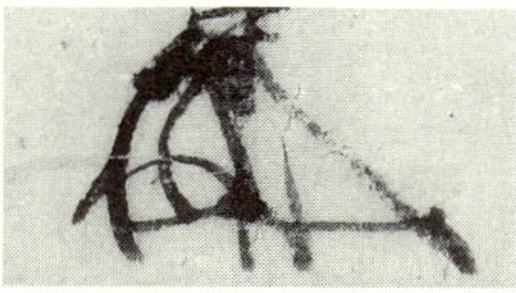
86　佐々木隠岐守

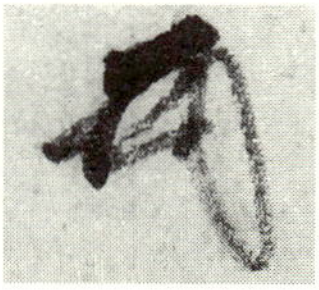
85　京極高秀

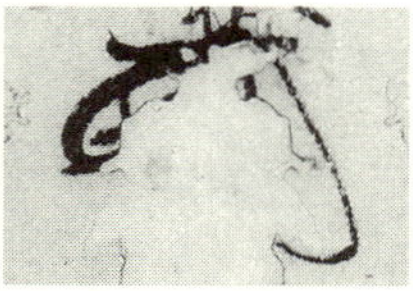
84　源秀泰

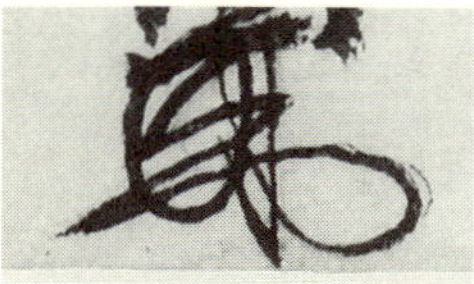
89　維円

88　京極高詮

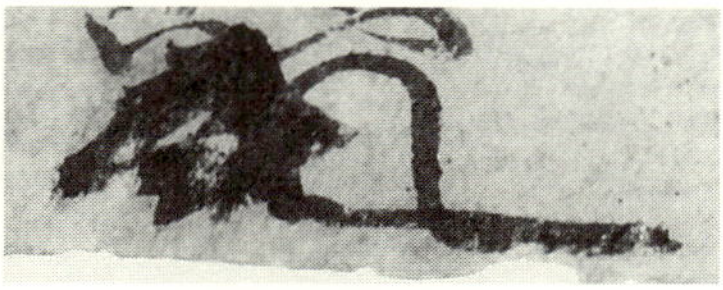
87　慶応

92　畠山基国

91　畠山基国

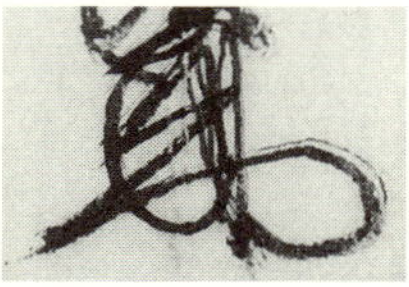
90　維円

96　鳥居小路経守

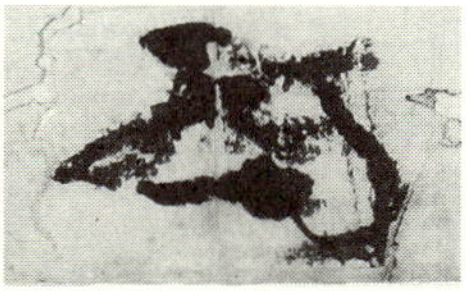
95　歓鎮

93　畠山基国

99　泰任（影写本）

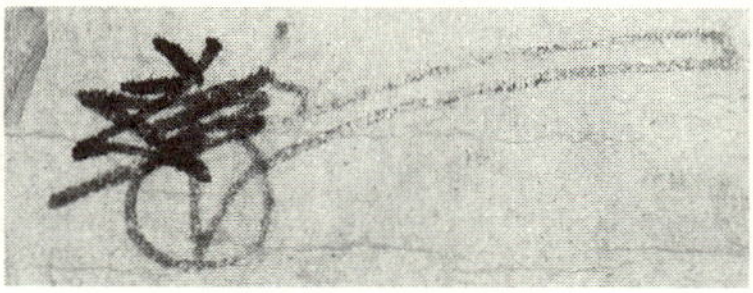
98　足利義持

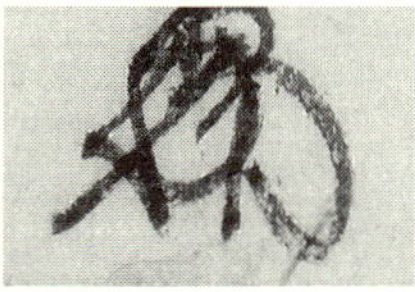
97　快秀

100　権少僧都

100　権少僧都

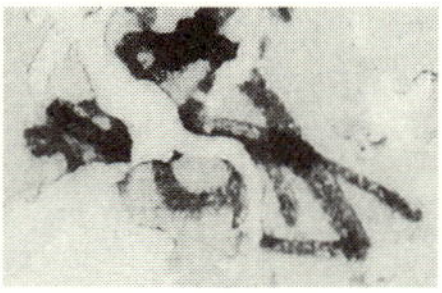
100　泰任

101　維亮

101　円慶

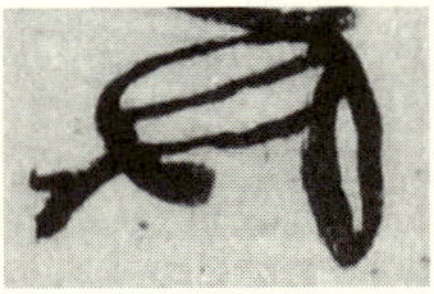

101　円運

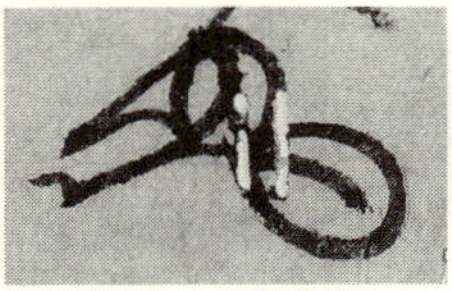

105　細川持之

104　足利義教

102　栄乗

107(2)　角印(紙背)

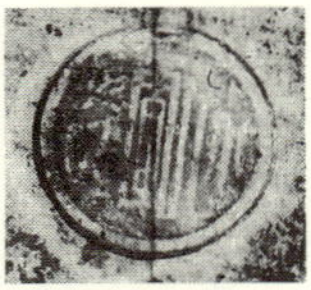

107(2)　某黒印

106　京極持高

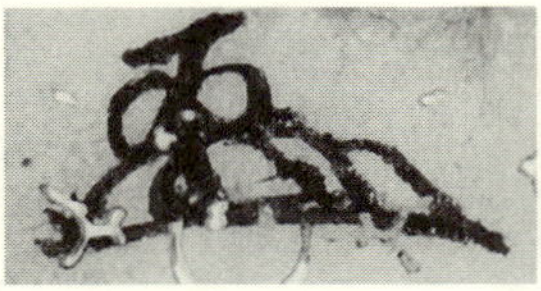

110　維栄

108　沙弥栄藤

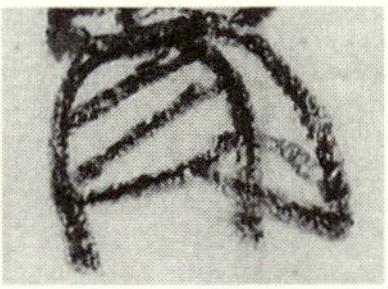

108　沙弥亨西

111　円盛

111　維亮

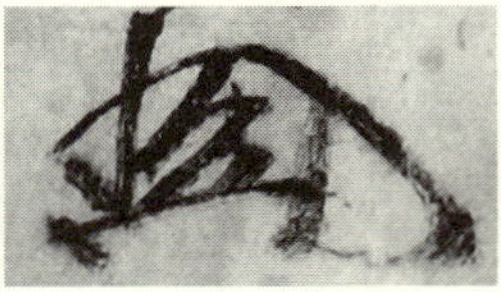

111　維成

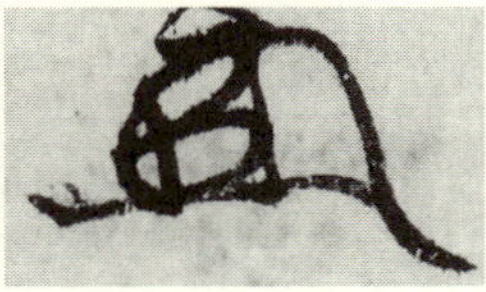

114　清賀

113　細川勝元

112　維栄

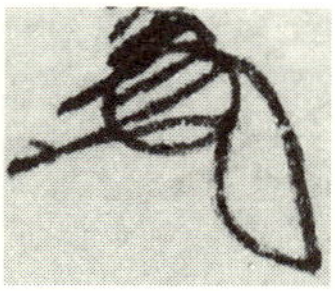

114　尭賀

115　清賀

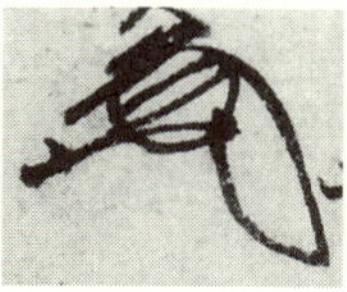

115　尭賀

118　京極持清

120　維栄

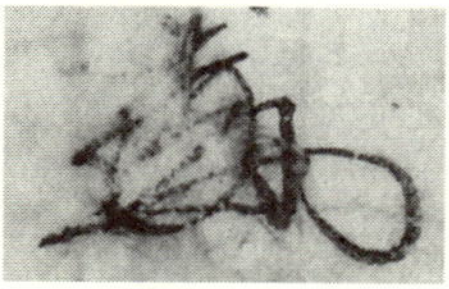

121　維栄

122　慈慶

123　某

124　足利義政

125　宣祐

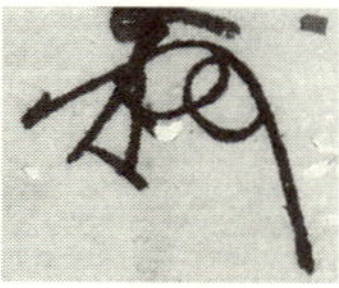

126　多賀秀長

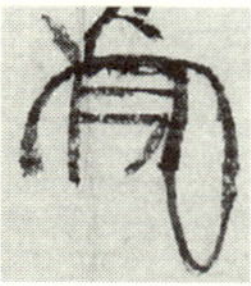

127　矢田助貞

127　守栄

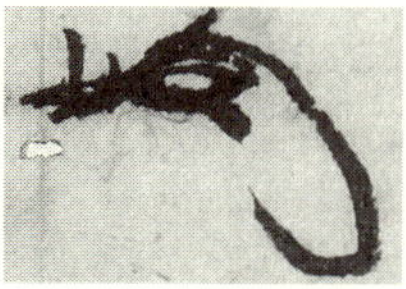

128　中村重秀

129　栄宣

130　栄宣

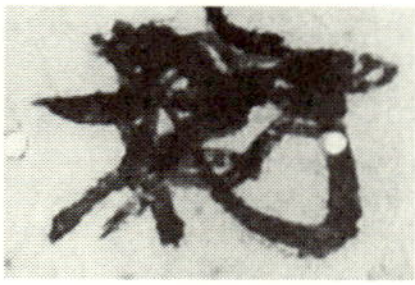

131　円誉

132　尼子経久

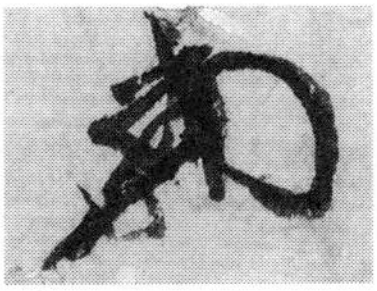
133　円秀

134　尼子経久

135　尼子経久

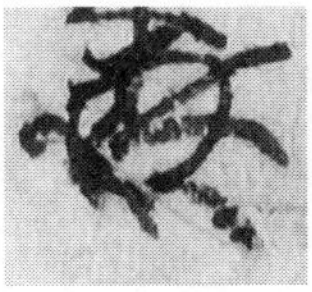
136　賢栄

136　頼春

136　栄伝

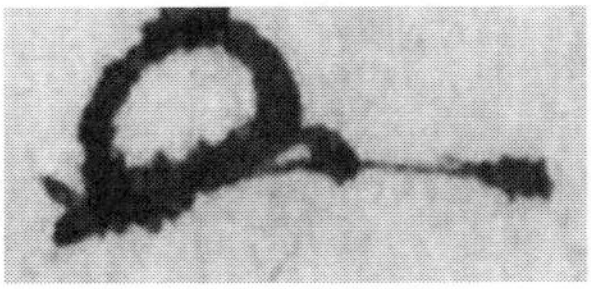
136　豪栄

137　円秀

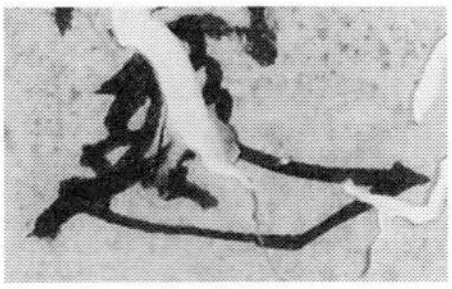
138　栄円

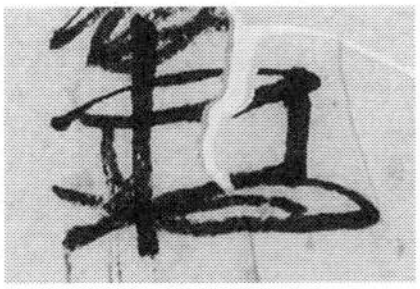
139　多賀経長

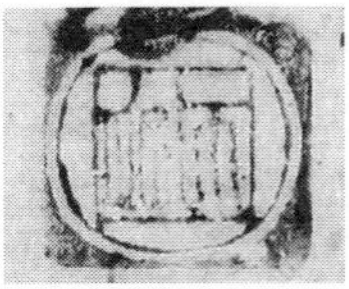
140　多賀経長

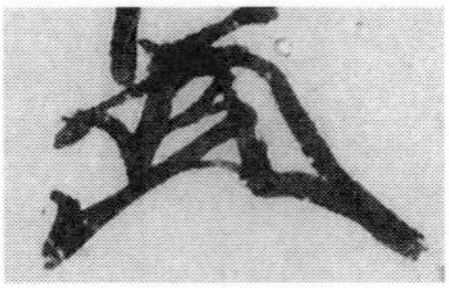
141　尊澄

142　亀井秀綱

143　北島雅孝

144　片寄久盛

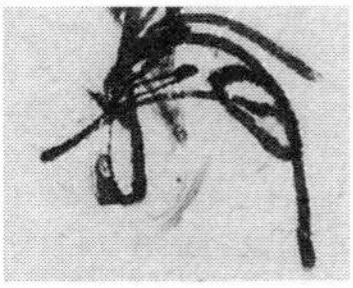
144　片寄久永

145　大内義隆

146　龍崎隆輔

150　尼子晴久

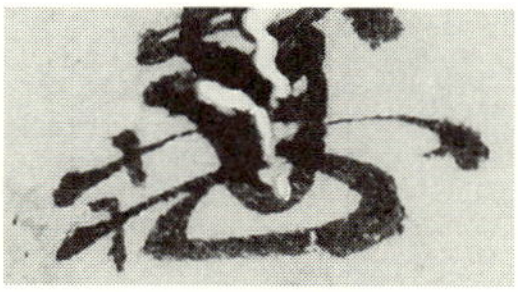
148　貫隆仲

146　青景隆著

152　多胡辰敬

152　立原幸隆

152　尼子晴久

154　尼子晴久

153　尼子国久

152　亀井国綱

155　牛尾幸清

155　尼子晴久

154　立原幸隆

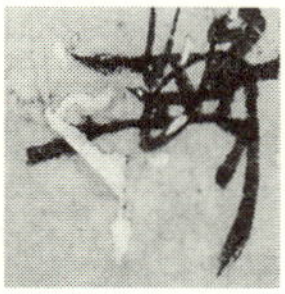
156　立原幸隆

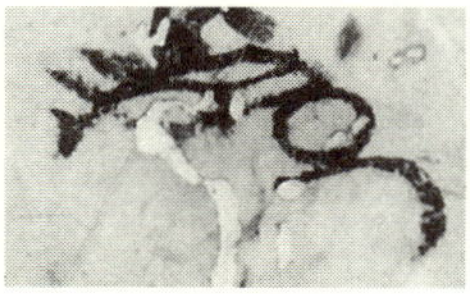
156　本田家吉

156　尼子晴久

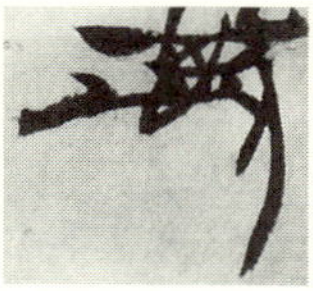
157　立原幸隆

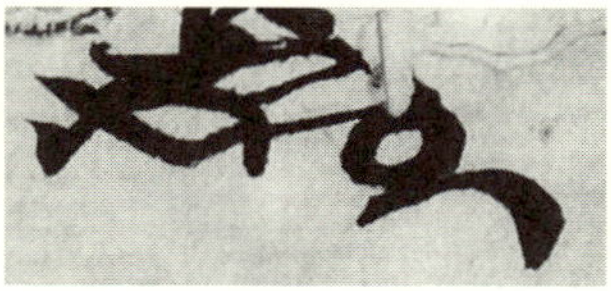
157　本田家吉

157　尼子晴久

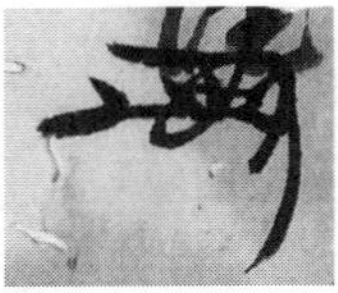
158　立原幸隆

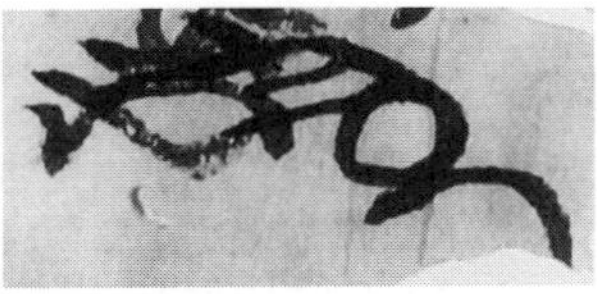
158　本田家吉

158　尼子晴久

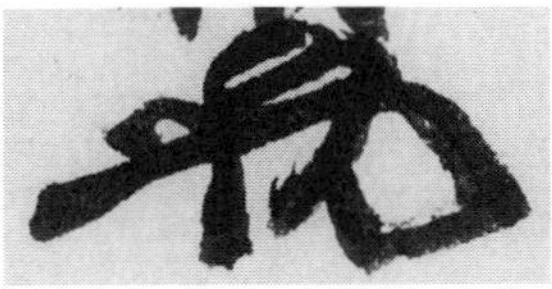
162　円精

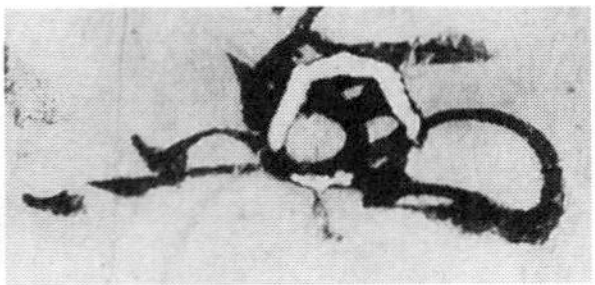
161　米原綱寛

160　友文

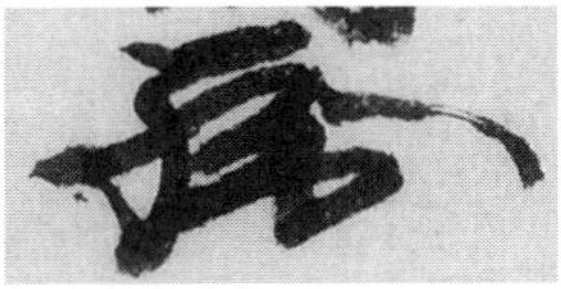
162　円高

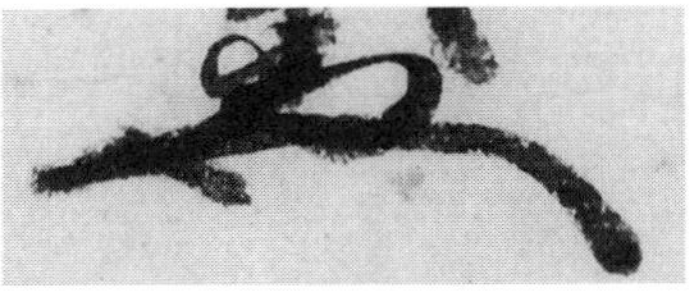
162　尊栄

162　栄叔

162　頼栄

162　豪澄

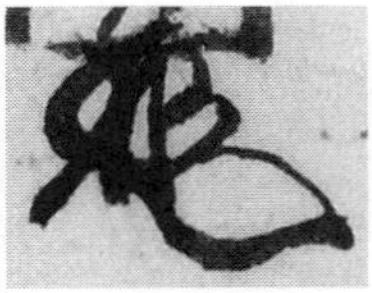
162　豪円

162　円金

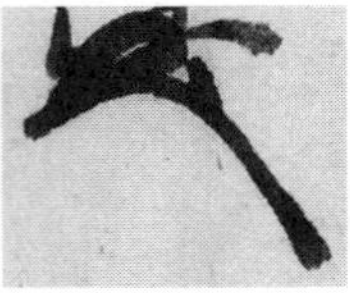
162　栄住

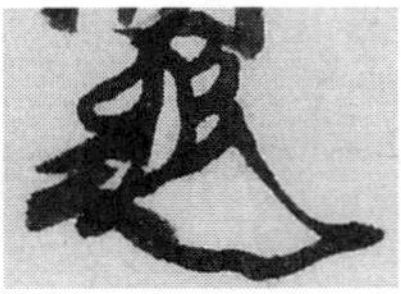
162　栄円

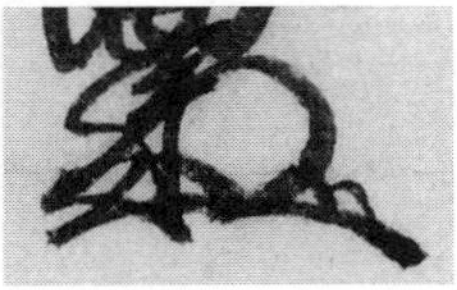
162　印海

162　円貞

162　栄慶

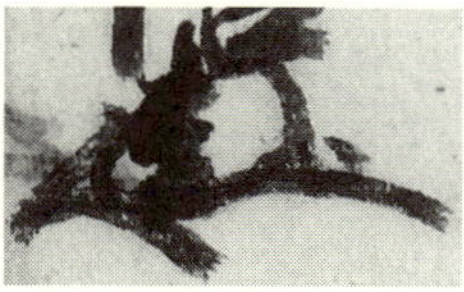

162　栄怡

162　栄真

162　円芸

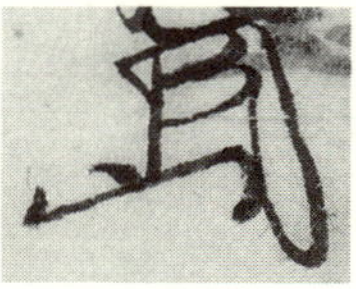

162　直澄

162　豪豊

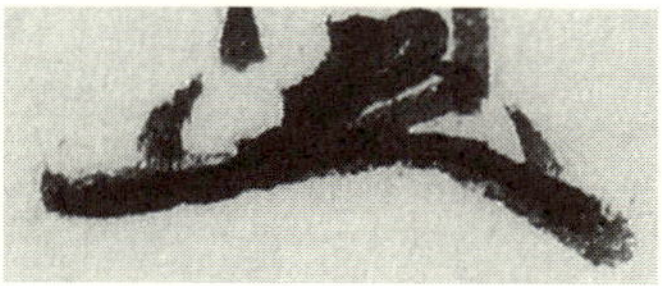

162　栄仲

162　栄澄

162　慶泉

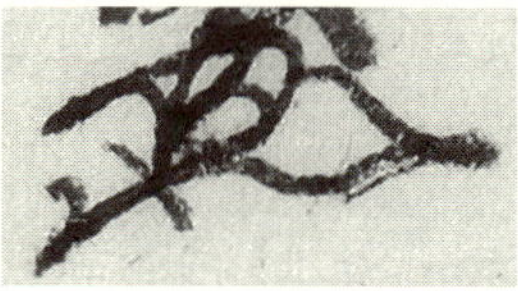

162　尊芸

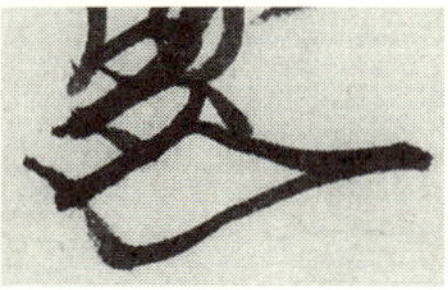

162　頼予

162　重弁

162　円玖

162　宗識

162　浄寅

162　栄受

162　栄泉

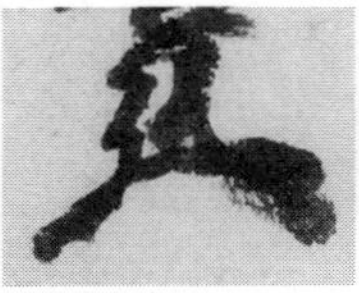
162　万善

162　頼尊

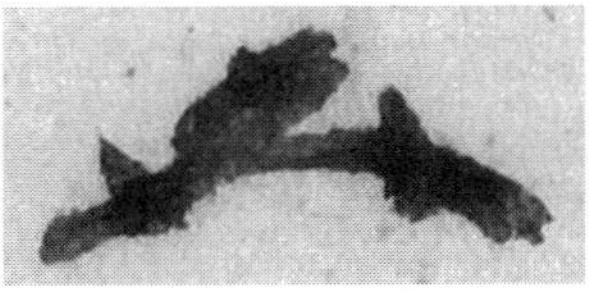
162　栄宗

162　浄円

162　慶善

162　宗得

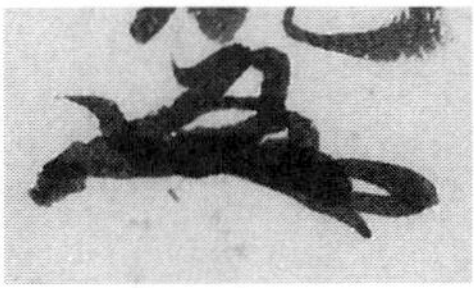
162　重泉

162　菊泉

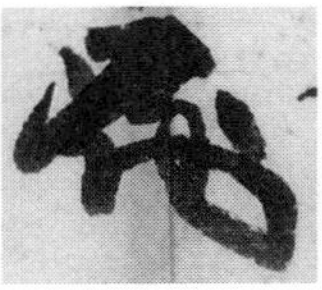
162　来善

162　重真

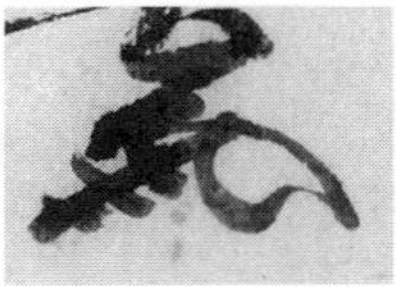
162　昌真

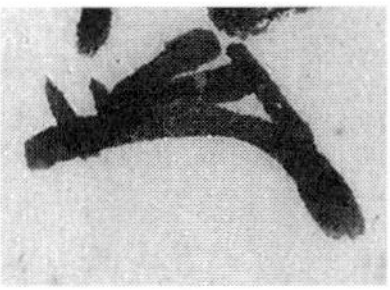
162　重珍

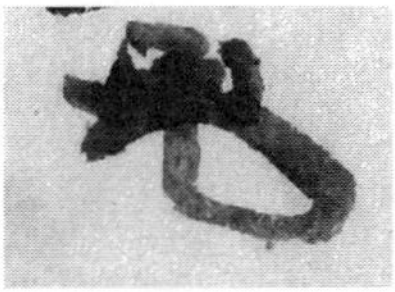
162　円直

162　国松

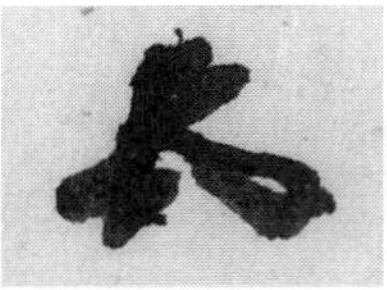
162　重円

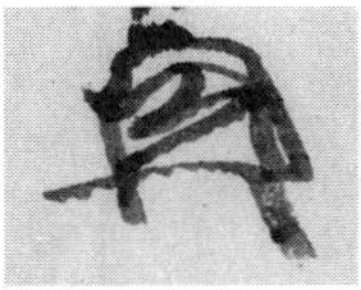
162　尭円

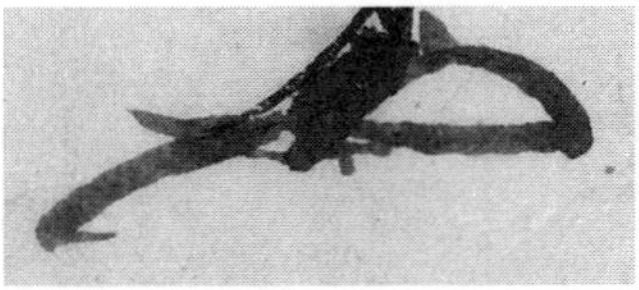
162　円才

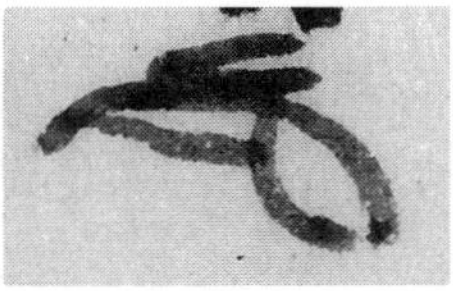
162　重玄

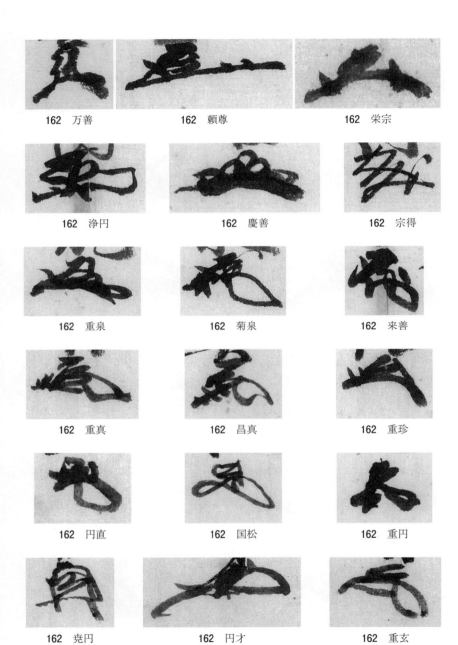

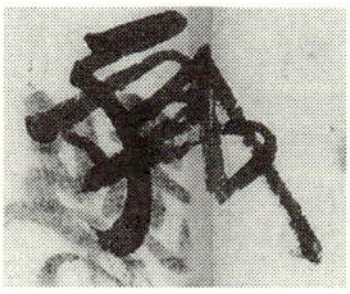

162　円高（継目裏２上）

162　栄澄（継目裏１下）

162　円高（継目裏１上）

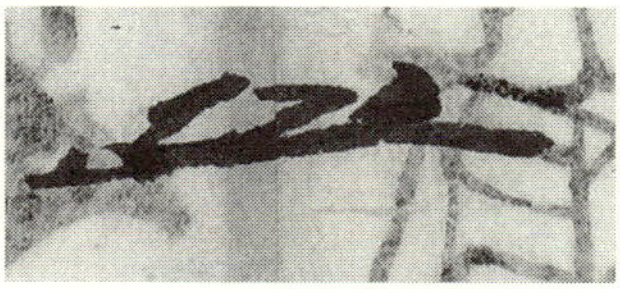

162　栄澄（継目裏３下）

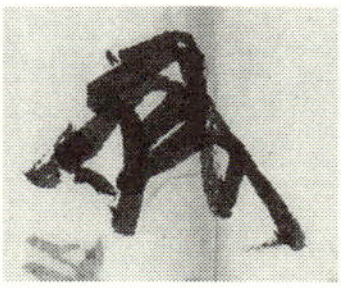

162　円高（継目裏３上）

162　栄澄（継目裏２下）

163　楞厳院別当代

162　栄澄（継目裏４下）

162　円高（継目裏４上）

166　覚源

164　柳原淳光

164　柳原淳光（封紙）

166　詮通

166　木聖

166　良賢

167　覚源

166　祐増

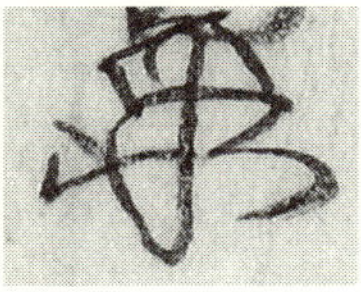

166　重秀

167　詮通

167　木聖

167　良賢

168　楞厳院別当代

167　祐増

167　重秀

169　楞厳院別当代

168　東塔執行代

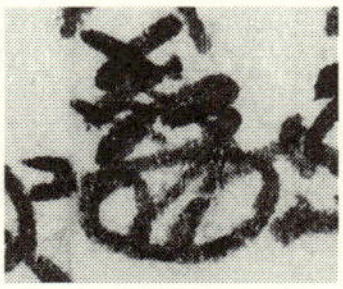

168　西塔執行代

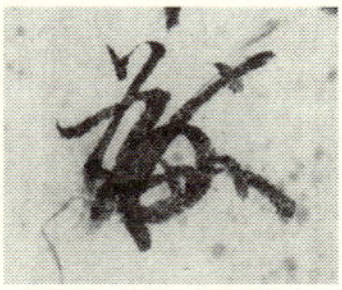

170　安居院覚澄

169　東塔執行代

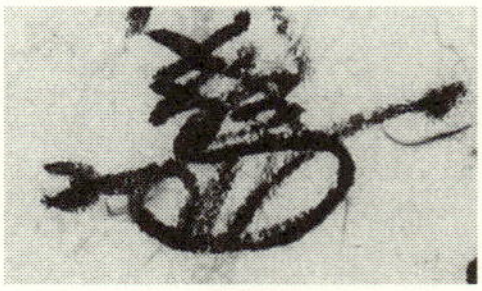

169　西塔執行代

172　横道久宗

172　馬木真綱

171　富小路任尚

175　解脱谷一和尚代

175　楞厳院別当代

173　立原幸隆

175　飯室谷一和尚代

175　般若谷一和尚代

175　戒心谷一和尚代

176　楞厳院別当代

175　都率谷一和尚代

175　椛尾谷一和尚代

177　暹俊

176　東塔執行代

176　西塔執行代

181　大館晴忠

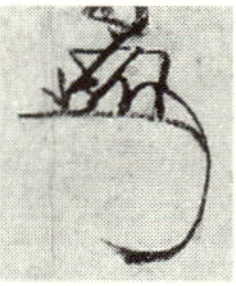
179　飯尾貞広

179　治部藤通

191　楞厳院別当代

189　永請

184　今小路行忠

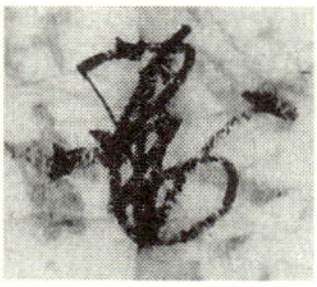
191　楞厳院別当代
（継目裏１下）

191　西塔院執行代（継目裏１上）

191　西塔院執行代

191　西塔院執行代（継目裏２上）

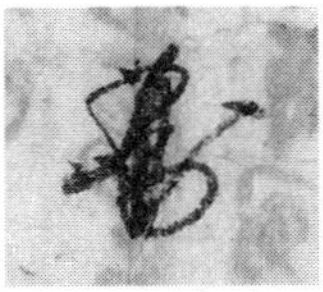
191　楞厳院別当代（継目裏２下）

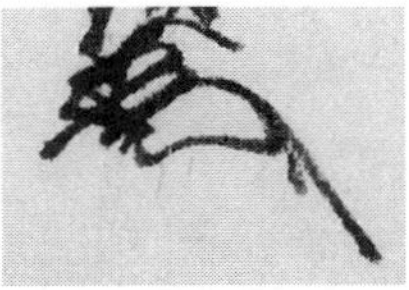
192　長谷玄穎

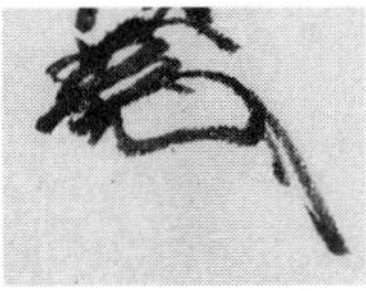
193　長谷玄穎

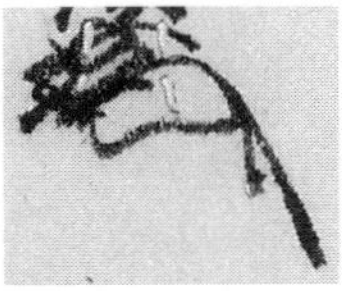
194　長谷玄穎

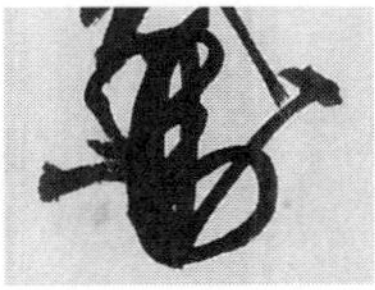
195　楞厳院別当代

195　西塔院執行代

196　安居院覚澄

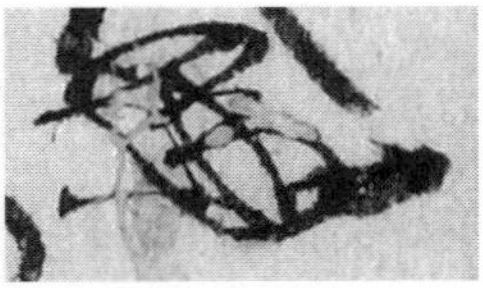
197　又別当代

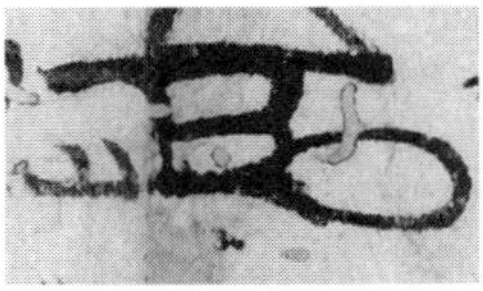
197　西塔執行代

197　秀存

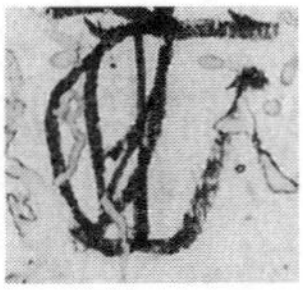
197　賢運

197　定実

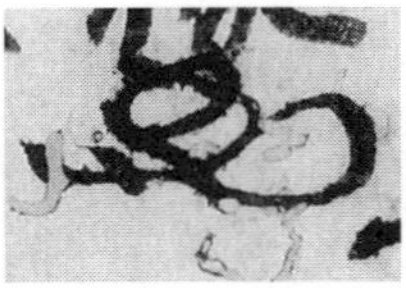
197　舜稼

197　幸源

197　栄源

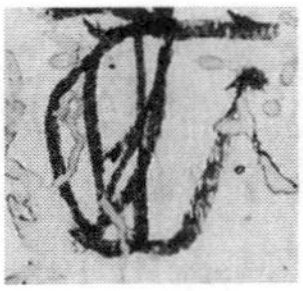
197　慶運

197　豪慶

197　定和

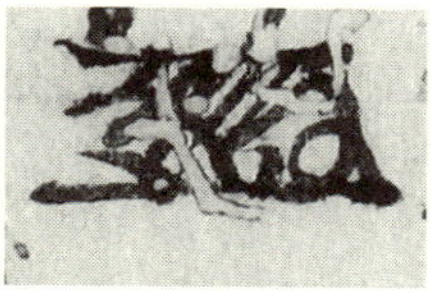
197　宗秀

197　賢慶

198　三好長慶

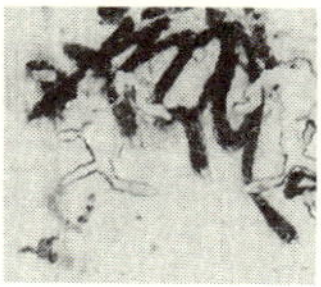
197　玄盛

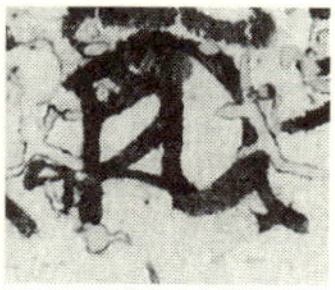
197　真芸

206　甘露寺経元

205　広橋国光

200　松永久秀

209　柳原資定

208　勧修寺尹豊

207　中山孝親

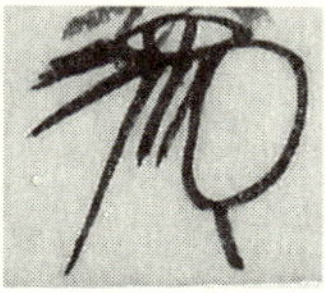
211　永田賢興

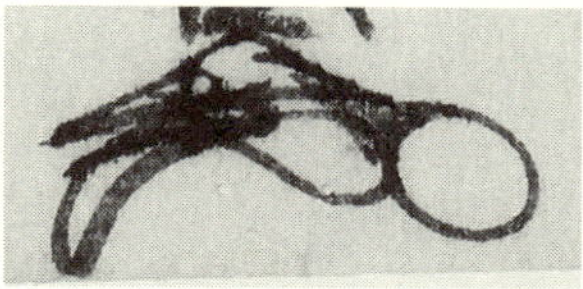
211　進藤賢盛

210　速水武益

212　円秀

212　玄珍

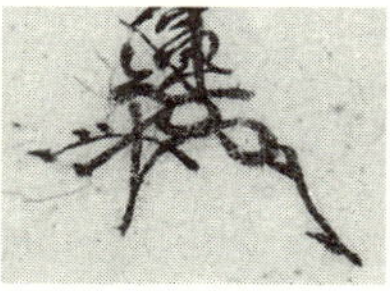
212　賢運

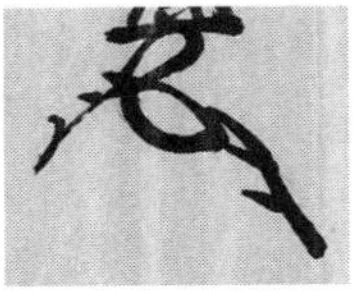
213　大原高保

214　楞厳院別当代

214　西塔執行代

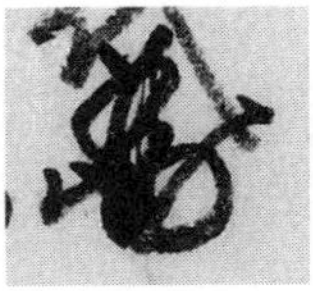
215　楞厳院別当代

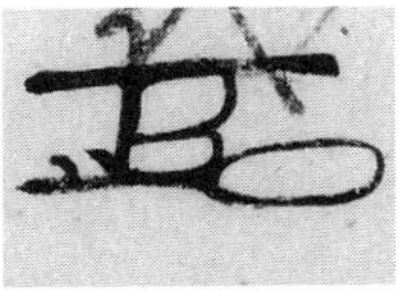
215　西塔執行代

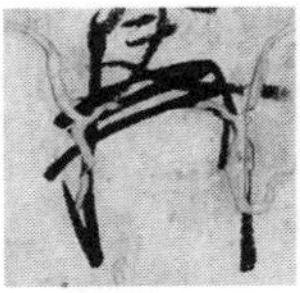
216　尼子晴久

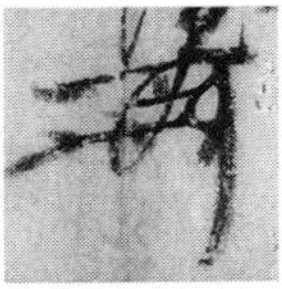
217　立原幸隆

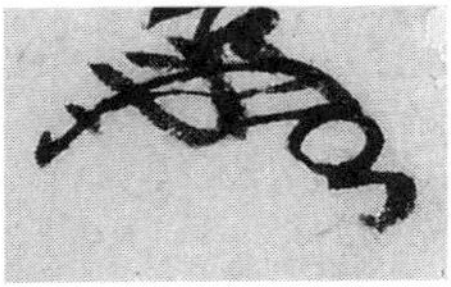
217　本田家吉

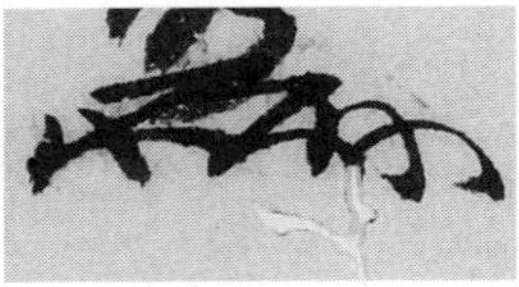
217　西光寺憲秀

218　柳原資定

219　中山孝親

220　勧修寺尹豊

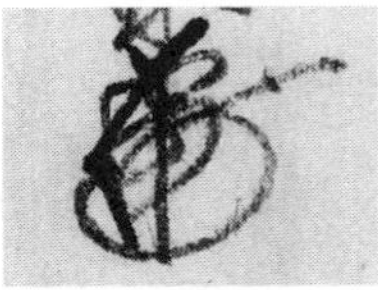
221　尊勝院慈承

223　楞厳院別当代

223　西塔執行代

224　安居院覚澄

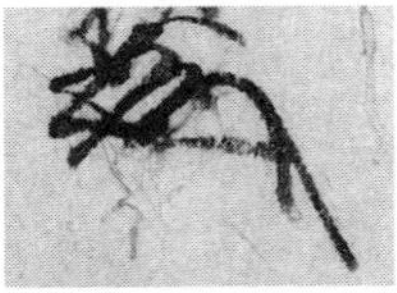
225　長谷玄穎

226　尼子義久

227　佐世清宗

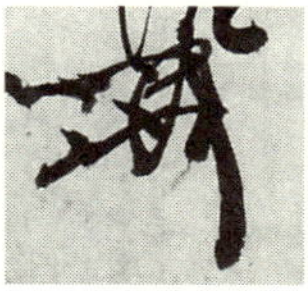
227　立原幸隆

227　尼子義久

228　本田秀親

228　本田家吉

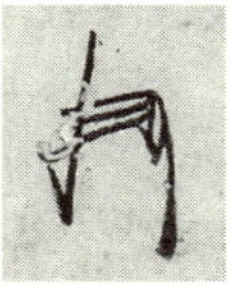
228　尼子義久

230　立原幸隆

229　円高

228　立原幸隆

231　立原幸隆

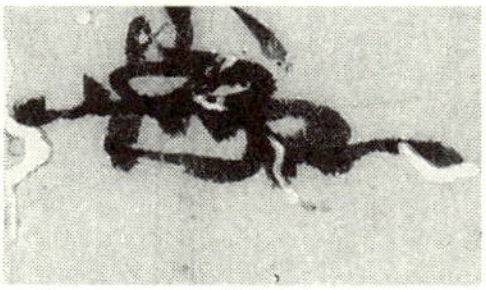
230　佐世清宗

230　本田家吉

232　毛利隆元

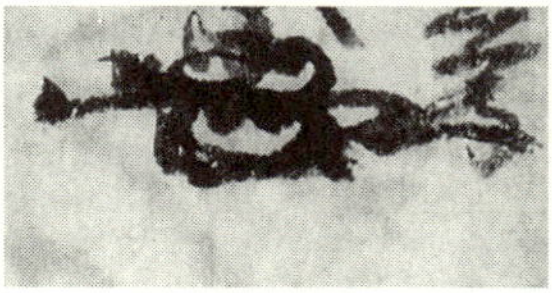
231　佐世清宗

231　本田家吉

234　児玉元実

234　国司元相

232　毛利元就

235　国司元相

235　児玉元良

234　国司元相(継目裏)

238　国司元相

237　毛利輝元(花押影)

236　毛利輝元

240　毛利輝元

239　毛利元就

238　児玉元良

243　毛利輝元

241　尼子勝久

240　毛利元就

243　児玉元良

243　国司元武

243　毛利元就

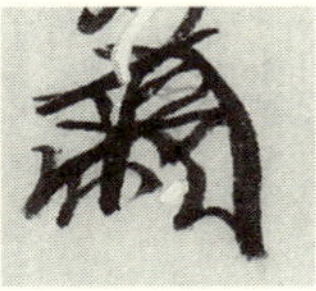

243　桂元忠

243　粟屋元種

243　井上就重

244　毛利元就

245　毛利元就

246　小早川隆景

246　吉川元春

247　小早川隆景

247　吉川元春

248　福原貞俊

248　口羽通良

250　毛利輝元

250　毛利元就

251　毛利元就

252　毛利元就

253　井上就重

254　児玉元良

254　井上就重

254　粟屋元種

254　国司元武

255　毛利輝元

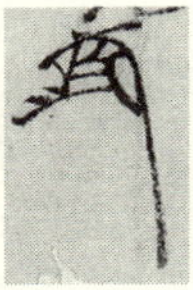
257　毛利輝元

256　毛利元就

256　毛利輝元

263　小早川隆景

262　森脇春親（写真）

257　毛利元就

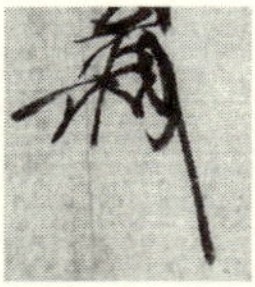
265　国司元武

264　天野隆重

264　毛利元秋

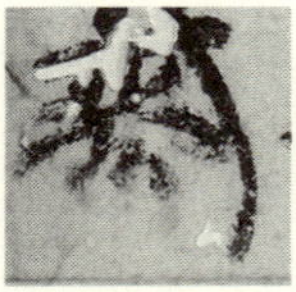
266　国司元相

266　児玉元良

265　児玉元良

270　佐々布慶輔（影写本）

268　毛利元秋

267　福原貞俊

272　国司元蔵

271　佐々布慶輔

276　毛利輝元

275　毛利輝元

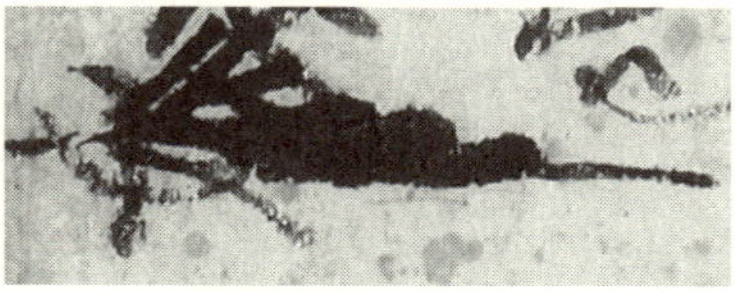
272　二宮就辰

278　尊朝法親王

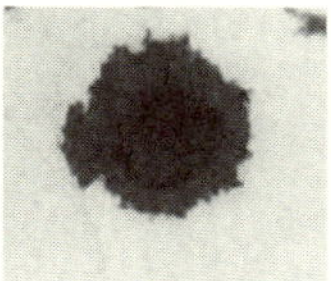
277　久屋九郎右衛門尉

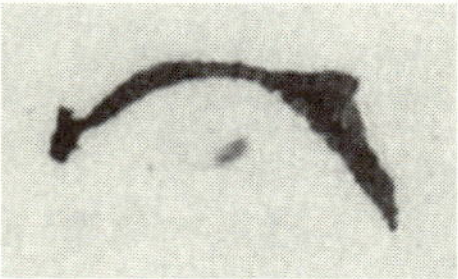
277　久屋助兵衛

281　毛利輝元

280　鳥居小路経孝

279　鳥居小路経孝

281　児玉元良

281　粟屋元勝

281　国司元武

281　児玉元良（継目裏）

281　桂就宣

281　粟屋元真

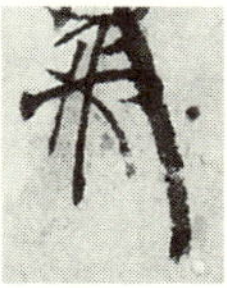
282　粟屋元勝

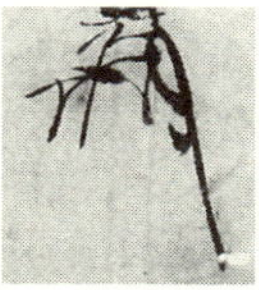
282　国司元武

281　国司元武（継目裏）

282　児玉元良

282　粟屋元真

282　桂就宣

283　毛利輝元

284　毛利輝元

285　毛利輝元

286　毛利輝元

287　毛利輝元

288　毛利輝元

289　吉川元春

290　吉川元春

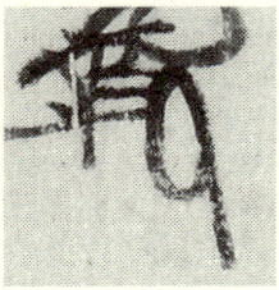
291　毛利輝元

292　杉原盛重

293　杉原盛重

294　杉原盛重

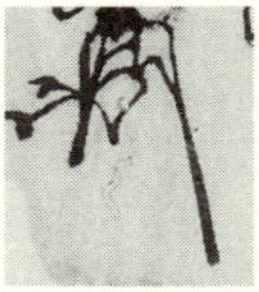
295　山口好衡

296　毛利輝元

297　毛利輝元

298　吉川元春

299　今藤直久

300　毛利輝元

301　武田豊信

302　武田豊信

303　武田豊信

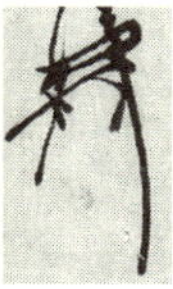
304　三沢為清

305　三沢為虎(影写本)

306　国司元蔵

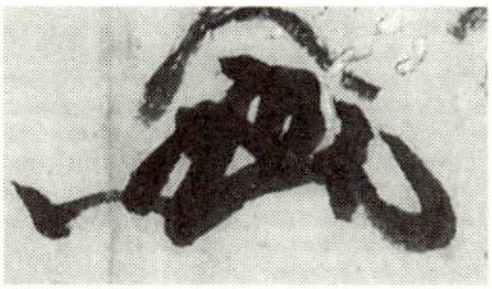
307　今藤直久

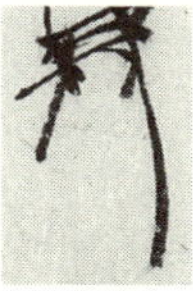
308　三沢為清

309　都治隆行

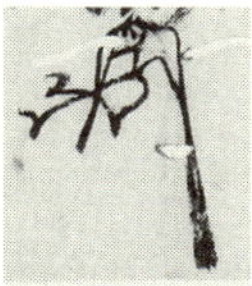
310　山口好衡

311　国司元武

311　児玉元良

312　毛利輝元

313　毛利輝元

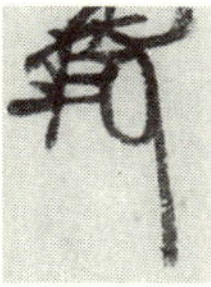
314　毛利輝元

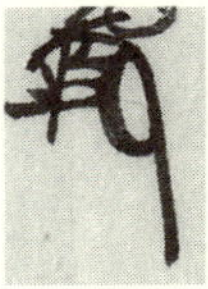

315　毛利輝元

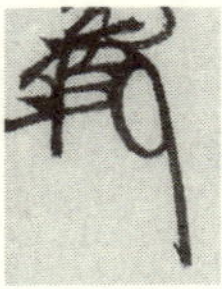

316　毛利輝元

317　毛利輝元

318　毛利輝元

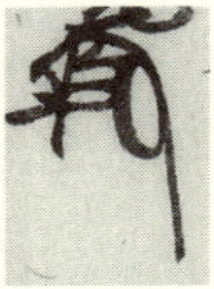

319　毛利輝元

320　毛利輝元

321　毛利輝元

325　吉川元長

326　児玉元良

327　国司元蔵

328　国司元蔵

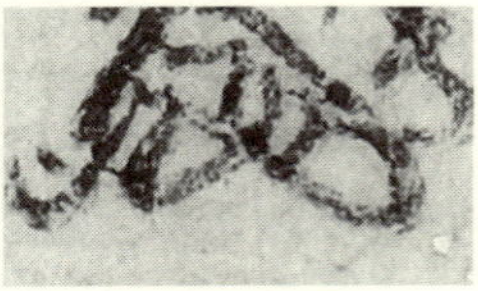

329　今藤直久

330　福原貞俊

330　福原元俊

331　吉川元春

333　吉川元春

334　吉川元春

335　口羽通良

336　口羽通良

337　口羽通平

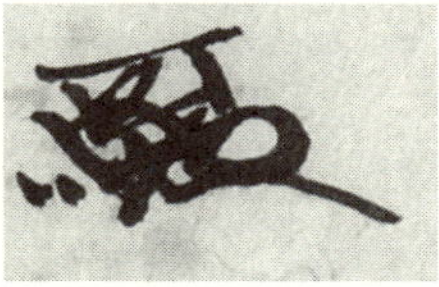

337　二宮就辰

338　口羽通平

339　吉川元春

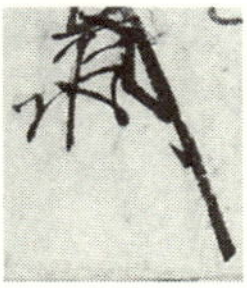

340　国司元武

340　児玉元兼

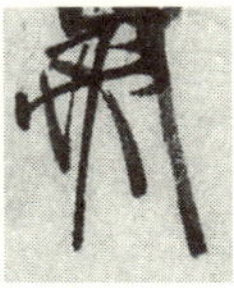

340　粟屋元勝

340　粟屋元真

340　桂元綱

345　毛利輝元

346　吉川元春

346　吉川元長

347　毛利輝元

348　吉川元春

348　吉川元長

349　吉川元春

349　吉川元長

350　小早川隆景

351　毛利輝元

353　吉川元春

353　吉川元長

354　国司元武

354　児玉元良

355　福原貞俊

355　福原元俊

356　児玉元良

358　成田慶孝

359　宍道政慶

360　吉川元春

361　吉川元春

362　吉川元春

363　吉川元春

364　宍道政慶

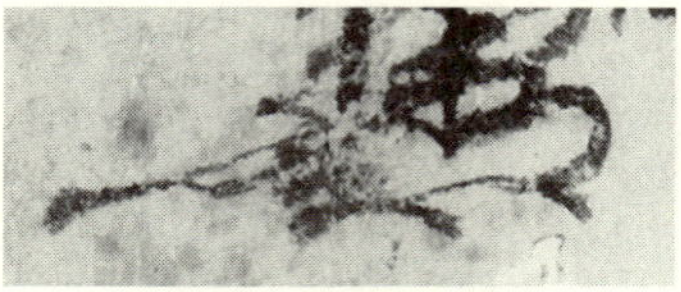
365　友雲斎安栖

367　安威豊信

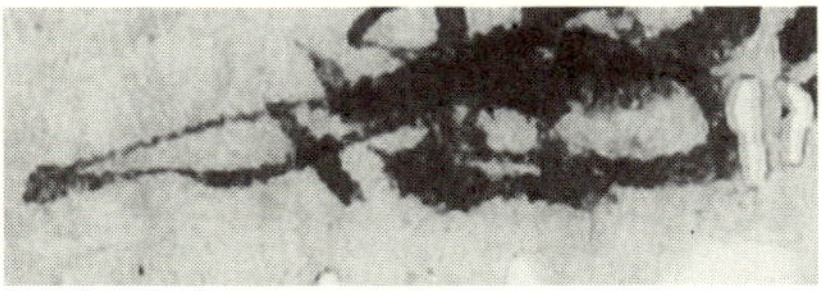
366　友雲斎安栖

370　尊朝法親王

369　児玉春種

368　徳川家康

373　毛利輝元

372　延暦政所

371　上乗院道順

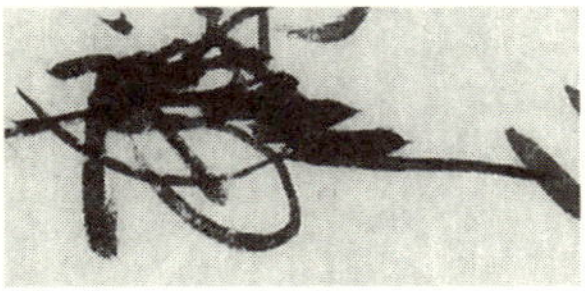
375　二宮就辰

375　内藤元栄

375　佐世元嘉

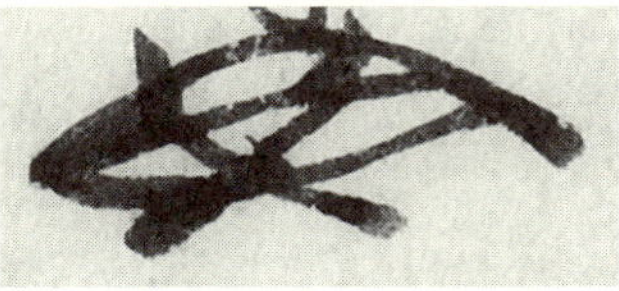
376　少林寺周澄

376　山田元宗

376　国司元武

379　佐世元嘉

378　浄賢

378　訓盛

381　三輪元嘉

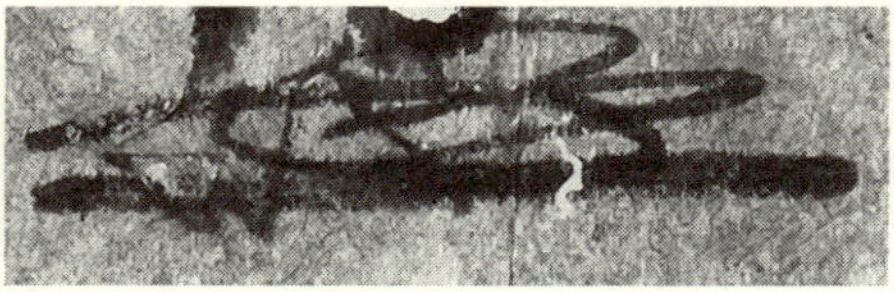

380　某

384　毛利輝元

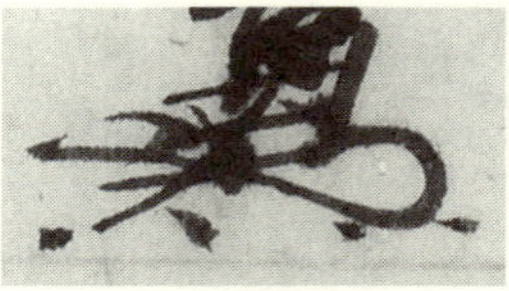

383　石原清善

382　里村玄仍

387　来原盛続

386　毛利輝元

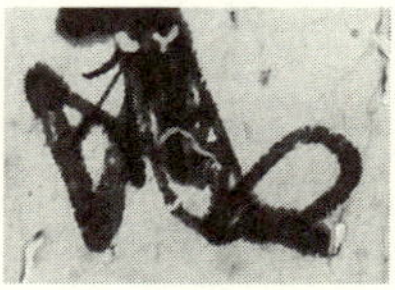

385　山田元宗

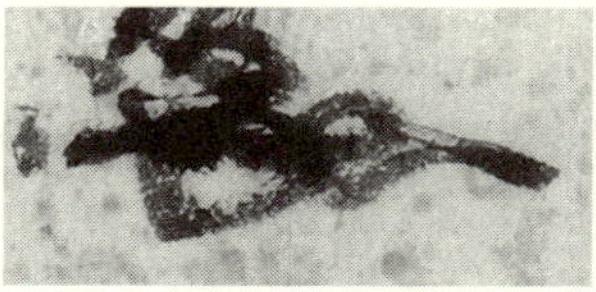

388　佐世源友

【編者略歴】

久留島典子(代表)	1955年生	東京大学史料編纂所　教授
野坂　俊之	1964年生	出雲市市民文化部文化財課　課長補佐
八幡　一寛	1985年生	出雲市市民文化部文化財課　史料調査嘱託員
木下　　聡	1976年生	白百合女子大学　非常勤講師
戸谷　穂高	1976年生	東京大学史料編纂所　学術支援専門職員
遠藤　珠紀	1977年生	東京大学史料編纂所　助教
小瀬　玄士	1980年生	東京大学史料編纂所　助教
西田　友広	1977年生	東京大学史料編纂所　助教
畑山　周平	1988年生	東京大学史料編纂所　助教
村井　祐樹	1971年生	東京大学史料編纂所　助教
杉山　　巖	1976年生	東京大学史料編纂所　学術支援専門職員
井上　寛司	1942年生	島根大学　名誉教授

出雲鰐淵寺文書

二〇一五年八月三〇日　初版第一刷発行

編　者　鰐淵寺文書研究会（代表 久留島典子）

発行者　西村明高

発行所　株式会社　法藏館
京都市下京区正面通烏丸東入
郵便番号　六〇〇-八一五三
電話　〇七五-三四三-〇〇三〇（編集）
〇七五-三四三-五六五六（営業）

印刷・製本　中村印刷株式会社

ISBN978-4-8318-5041-6 C3021